Heibonsha Library

［新版］ハングルの誕生

人間に

野間秀樹

平凡社

本書は、二〇一〇年五月に平凡社新書として刊行された『ハングルの誕生——音《おん》から文字を創る』の内容に加筆・変更し、副題を改めて新版としたものです。

目次

《凡例》

- 括弧（ ）のないローマ字はローマ字表記あるいは欧文の綴りを示す。
  deru　alphabet
- ［ ］内は発音記号ないしは発音を示す。　［deru］　［デル］
- ／ ／内は音素表記（一三一頁参照）を示す。　/deru/
- 参考文献は、著者名（発行年：頁）。
  ——河野六郎（一九九四：五三）とあれば、河野六郎の一九九四年の著作の五三頁を示している。
- 著作の書誌事項は巻末、四三四—四一三頁の文献一覧を参照。
- 本書の内容的な性格から、本文へ典拠などの注を付すと膨大になる。読みやすさを考え、原則として本文には注を付さず、全て文献案内に一括させていただいた。
- 人物の生没年は人名（生年—没年）の形式で示す。
  ——周時経（一八七六—一九一四）のごとく。参考文献の指示の形式と区別されたい。
- 人名の仮名表記は野間秀樹編著『韓国語教育論講座 第四巻』（二〇〇八、くろしお出版、xi頁、六八五頁）の方式による。
  ——姜信沆（カン・シナン）　李基文（イ・ギムン）
- 参考文献の日本語原著に仮名表記があるものは、基本的にそちらの表記を優先した。
  ——姜信沆（カン・シンハン）
- 人名については全て敬称を省かせていただいた。
- 本書では「言語音」を指す「音」の字は特に断りのない限り、全て「おん」と読む。

平凡社ライブラリー版 序

本書を手にとっていただき、まず何よりも、心の底からの感謝を捧げたい。

二〇一〇年に平凡社新書の一冊として刊行された『ハングルの誕生――音《おん》から文字を創る』を改め、本書は『新版 ハングルの誕生――人間にとって文字とは何か』の書名で平凡社ライブラリーというシリーズの一冊となった。今手にとってくださっているように、多くの方々が本書を共にしてくださったがゆえに、かく新たに誕生し得たわけである。読者の方々に最初に感謝を申し上げる理由が、ここにある。

平凡社新書版は韓国語＝朝鮮語にも翻訳され、先進的な人文書を多く出している韓国の出版社、돌베개《トルベゲ》から、単行本として日本語版刊行の翌二〇一一年に出版された。돌베개《トルベゲ》という社名は「石枕」の意、いかにも硬派な名である。部数は日韓でいずれも概ね同じほど、日本語版でも八刷、韓国語版でも一二刷を数えている。こんな嬉しいことはない。

このかん、一〇年以上が経った。ハングルという文字体系をめぐる位置づけなど、平凡社新書版で述べたことがらの根幹は、今なお揺るがない。ただし、述べるべきことに変わりはなくとも、述べ方は進歩してもよいはずである。

一方で、ハングルをめぐる今日の様々なありようも、劇的と言ってもよいほど、大きく動いている。「コンピュータの時代となって、さらに豊かな可能性を誇るものとなった」とは平凡社新書版のことばであるが、その通りに、可能性は大いに切り拓かれた。

様々な言語圏において、インターネット上ではハングルという文字を眼にすることが、珍しいことではなくなった。映像の中だけでなく、その下の書き込みにもハングルはあちらこちらに姿を現している。スマートフォンに象徴される韓国のIT産業の発達、K‐POPを始めとする音楽の国際的な受容、映画、ドラマ、あるいは日本語圏にあってはK文学への共感など、韓国文化の隆盛がハングルという文字を世界に知らしめたと言える。大韓民国と朝鮮民主主義人民共和国の南北会談といった政治的な出来事も記憶に新しい。

日本語圏では大学や高校などを始め、独習を含めると、毎年万を超える人々が、韓国語＝朝鮮語を新たに学び始めていると思われる。大きなネット書店で「韓国語入門」と検索すると、一〇〇〇件以上が、「ハングル入門」でも二〇〇〇件以上がヒットする。駅名の表示などにもハングルが用いられていて、日本ではハングルを見たことがない人を探す方が、難しそうである。

平凡社新書版が刊行される以前は、韓国や共和国に関心のある人でさえ、言語を学んでいなければ、「ハングルってのは仮名みたいなもんだろう」ほどの受け取り方が、ごく普通であったし、知識人や大学人などの間でもハングルについての頓珍漢《とんちんかん》な発言が少なくなかった。でも今は激減した。少なくとも、これはあんまりいい加減なことを言えない文字だ、これはちょっと「やばそうな」文字だ、くらいには、ハングルの存在感が増したと言ってよいだろう。
さあ、かくして、新版として手にとっていただける、充分な背景が醸成されたと言えよう。

平凡社新書版の導入部分や本文の末尾の部分は全面的に改稿した。本文もあちらこちらに手を加えたが、骨格は変えていない。年表や文献紹介と文献一覧、用語小辞典を兼ねる索引は、大幅に加筆、改稿した。図版なども一部改編したり付け加えたりしている。結果として、一〇〇頁近くが増え、全く新たな本に姿を変えてしまった。

そして巻末に九州大学の辻野裕紀先生が解説をお書きくださったことが、新版の何よりも嬉しいところである。これぞまさに「やばそうな」解説であるので、あるいは解説をお読みくださっただけで、読者の方々が満足なさって、本文にまで至らないなどとなったら、著者としてはどうしよう。

どうぞ、『ハングルの誕生』を隅々まで楽しんでくださいますように。

はじめに

ハングルとは一五世紀に朝鮮半島に生まれた文字体系の名称である。〈訓民正音《くんみんせいおん》〉あるいは〈正音《せいおん》〉とも呼ばれる。本書は、ハングルという文字がいかなるもので、どのような仕組みになっており、またハングルが歴史の中にいかに生まれたか、そしてハングルの誕生が〈書くこと〉はもちろん、さらには〈知〉のありようの、いかに深いところで起こったできごとであるかを見ながら、〈ことば〉や〈文字〉をめぐる問いを考えようとするものである。

ハングルという文字を知ることは、東アジアに生まれた一つのユニークな文字体系を知ることに留まらない。音《おん》によって成り立っている〈ことば〉というものが、いったい如何にして〈文字〉というものに造り上げられるのか、考えてみれば、これは不思議なことである。ハングルが生まれ来るさまを見ることは、実にその秘密へと分け入ることになる。空気の揺らぎを言語音として私たちが聴く、そうした営みの中で成り立つ〈話されたことば〉は、そもそもうして〈文字という視覚的な仕掛け〉を通した〈書かれたことば〉になりうるのだろうか。ハングルの仕組みを見据える中で、私たちは〈音が文字となる〉驚くべきシステムを目の当たりにすることになろう。ハングルを見る中で、一つの文字体系を知るに留まらず、ことばや、音と文字をめぐる普遍的なありようを見ることができるであろう。

ハングルという文字を、〈言語〉とは、〈音〉とは、〈文字〉とはといった、広い言語学的な視野から見る、そして広く〈知〉のありようの中で見る、これが本書の視座である。


言語学的な視野から、と言ったが、本書をお読みいただくにあたって、言語学や朝鮮語＝韓国語についての知識は特に必要としない。本書の書名に一刹那なりと眼を留めていただいたなら、もうここでの問いを共にしていただいていることになる。巻末には本書をきっかけにして読み進めていただくための、文献案内と、用語集を兼ねた索引、簡単な年表も付しておいた。本書を読んでいるうちに、気がついたら、言語学を、あるいは朝鮮語＝韓国語や日本語を考える楽しみに、思わず口許が——緩んでいたい。

なお、言語や文字そのものについて考えることを、とりあえず避けたい読者は、序章、第1章から第4章へと進んでいただいても構わない。


本書は次のような順序で語られる。

まずハングルを産んだ朝鮮語＝韓国語という言語の特徴に簡単に触れる。これには日本語と照らし合わせながら見るのが良いだろう。そのうえでハングルとはいかなるものかを見る。その仕組みを見る。日本語を書き表すのに広く用いられている〈かな〉や〈漢字〉、あるいは〈ローマ字〉といった文字をはじめ、他の文字と比べてみると、さらに広く〈文字とは〉といった問いも考えることができよう。中国で生まれ、朝鮮やヴェトナム、そして日本でも用いられるようになった漢字や、古典中国語である漢文との対峙のしかたについて注目することも、〈文字を創る〉ということを考えるうえでは、得るものが多いであろう。

ハングルの仕組みを見渡した後に、ハングルがいかに誕生したかに眼を転じる。ハングルの誕生にあたっては、そもそも〈文字を創る〉ということそのものが、時代の中で、時代の〈知〉の中で、まず問われた。ハングルを創製する知性たちに対して、〈文字を創る〉など、あってはならぬと、自らの存在を懸けて訴える知性たちがあった。のみならず、〈こんな仕組みの文字はあってはならない〉、それは〈知〉の破壊であると、訴える知性たちがあった。そこでは何が問われたのか？

また文字が創られたからといって、文字は誰もが使えるわけでもないし、使われるわけでもない。文字があるからといって、直ちに〈文〉や〈文章〉といったものができあがるわけではない。文字は〈文《センテンス》〉へ、そして〈文章《テクスト》〉へと飛躍せねばならない。これは単なる成長を意味しない。文字がテクストとなるのは、全く新たな地平を獲得する、謂《い》わば〈命懸けの飛躍〉である。テクストたり得ない文字は、刻まれた痕跡であったり、墨の濃淡であったりと、もはや文字でありつづけることさえ、覚束《おぼつか》ないのである。文字を創った知性たちは、ではどうする？

一方で文字そのものを〈書く〉ためのあらゆるシステムや技法も問われねばならない。身体があり、筆があり、墨があり、紙があり、書法があり、印刷術があり、書物がある。こうしたものはテクストが息づくための必要条件である。文字はこれらをも動かすのである。文字はやがてその文字で書かれるということ自体が、思索となり、思想となり、思潮となり、ポリティクスともなった。文字を生き、ことばを問うことが、しばしば人の存在をも脅やかす。ハングルという文字を創り出すこと。そこには単に〈文字〉をめぐる問いを超えた、〈書く〉という営みや〈書かれるもの〉、即ち〈エクリチュール〉écriture をめぐる、あるいは広く人間の〈知〉をめぐる巨大な問いが横たわっており、ハングルの誕生が〈知〉をめぐるドラマでもあったことがわかるであろう。

そして改めてハングルが世界史の中に登場することになった『訓民正音』という書物に分け入ってみよう。〈訓民正音〉とはこのように、文字体系の名称でもあり、書物の名でもある。『訓民正音』という書にはあたかも遠き二一世紀を予言したかのごとき、古《いにしえ》よりの知が息づいている。この書物が民族主義的な文脈の中で賞賛されることは多いが、実ははるかに普遍的な脈絡の中で、〈知〉の仕組みへと一条の光芒を放つものであることが見えてくる。

『訓民正音』以後も、ハングルはその成長史の中で劇的な時を幾度か迎えた。そのありようもまた、〈ことば〉をめぐる貴い問いを投げかけてくれるであろう。

ハングルの誕生――それは文字の誕生であり、知を構成する原子の誕生であり、〈書くこと〉〈書かれたもの〉即ち〈エクリチュール〉の革命であった。新たなる美を創り上げる〈ゲシュタルト Gestalt＝かたち〉の変革でもあった。本書がそういう巨大な誕生のドラマのただなかに分け入る、ささやかな手がかりとなれば、こんな嬉しいことはない。

野間秀樹

序章

ハングルの素描

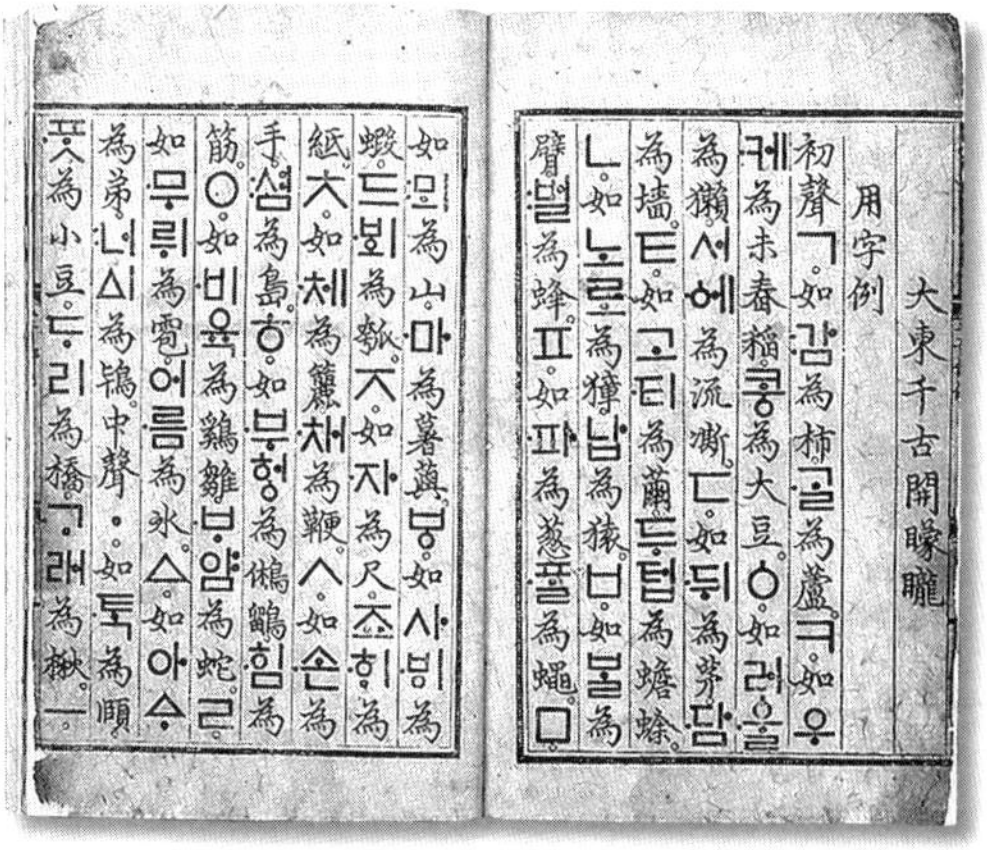
大東千古開矇矓

用字例

初聲ㄱ。如감爲柹。ᄀᆞᆯ爲蘆。ㅋ。如우
ᄎᆌ爲未舂稻。콩爲大豆。ㆁ。如러울
爲獺。서에爲流凘。ㄷ。如뒤爲茅。담
爲墻。ㅌ。如고티爲繭。두텁爲蟾蜍。
ㄴ。如노로爲獐。납爲猿。ㅂ。如ᄇᆞᆯ爲
臂。벌爲蜂。ㅍ。如파爲葱。ᄑᆞᆯ爲蠅。ㅁ。

如뫼爲山。마爲薯藇。ㅸ。如사ᄫᅵ爲
蝦。드ᄫᅴ爲瓠。ㅈ。如자爲尺。죠ᄒᆡ爲
紙。ㅊ。如체爲籭。채爲鞭。ㅅ。如손爲
手。셤爲島。ㅎ。如부헝爲鵂鶹。힘爲
筋。ㅇ。如비육爲鷄雛。ᄇᆡ얌爲蛇。ㄹ。
如무뤼爲雹。어름爲氷。ㅿ。如아ᅀᆞ
爲弟。너ᅌᅵ爲鴇。中聲。ㆍ。如ᄐᆞᆨ爲頤。
ᄑᆞᆺ爲小豆。ᄃᆞ리爲橋。ᄀᆞ래爲楸。ㅡ。

『訓民正音』解例本（1446年）。「解例」の「用字例」の部分。
潤松《カンソン》文庫所蔵

一　ハングルの仕組み

ハングルとはどのような文字かを、ごく簡単に見てから、私たちの旅を始めよう。

世界に存在する多くの文字を、ソシュール（一九四〇／一九七二：四二）は「表意文字」と「表音文字」の二種に分類している。「表意」と「表音」というこれらのことばは、同書の定義とはちょっと離れて、少し大雑把に、その文字一つ一つが意味を表すか、音《おん》を表すかほどに、一般には受け取られている。表意や表音といったことば自体が文字を考える上では、いろいろ面白いのだが、それらは後に触れることにして、ここではまずこの大雑把な受け取り方の方に沿って見ておこう。そうすると、漢字や古代エジプトの象形文字などが表意文字に分類され、ハングルは音を表す表音文字ということになる。

ハングルはローマ字のようなアルファベット式の文字になっている。

「ㅂ」はpを表し、「ㅏ」はaを表し、「ㅁ」はmを表す、といった具合に、一つの字母が、一つの音を表すわけである。さらに、それら字母を「밤」pamのように、一つの音節単位に

組み合わせ、一文字とする。ローマ字はpやaやmという一つの字母がいつも一文字なので、組み合わせて一文字とするハングルとは、この点で異なっている。

字母を組み合わせる際に、子音《しいん》を表す字母と、母音《ぼいん》を表す字母の二種に分ける点も、ローマ字にはない仕組みである。

図で見てみよう。子音pは「ㅂ」、母音aは「ㅏ」、子音mは「ㅁ」という字母で表し、これらを組み合わせてpam「밤」という一文字を造る。子音字母と母音字母の位置は文字の上でそれぞれ定まっていて、見た瞬間に区別できる。

母音aを表す字母「ㅏ」を、母音oを表す字母「ㅗ」に取り替えると、pom「봄」という別の一文字ができる。ㅣ《イ》ㅏ《ア》ㅓ《オ》ㅕ《ヨ》のように縦棒中心にできている母音字母は、비《ピ》바《パ》버《ポ》벼《ピョ》のごとく子音字母の右に書き、ㅡ《ウ》ㅗ《オ》ㅛ《ヨ》ㅠ《ユ》のように横棒中心にできている母音字母は、브《プ》보《ポ》뵤《ピョ》뷰《ピュ》のように子音字母の下に書く。

組み上げられたハングルの一文字一文字は、一つの音節を表す。日本語の平仮名「か」や片仮名「カ」は、基本的に一つの文字が一つの音節を表している。一文字＝一音節という性格からすると、ハングルも仮名と同様、音節文字である。

なるほどこの音節はp＋a＋mという音から構成されているな、といった具合に、ハングル

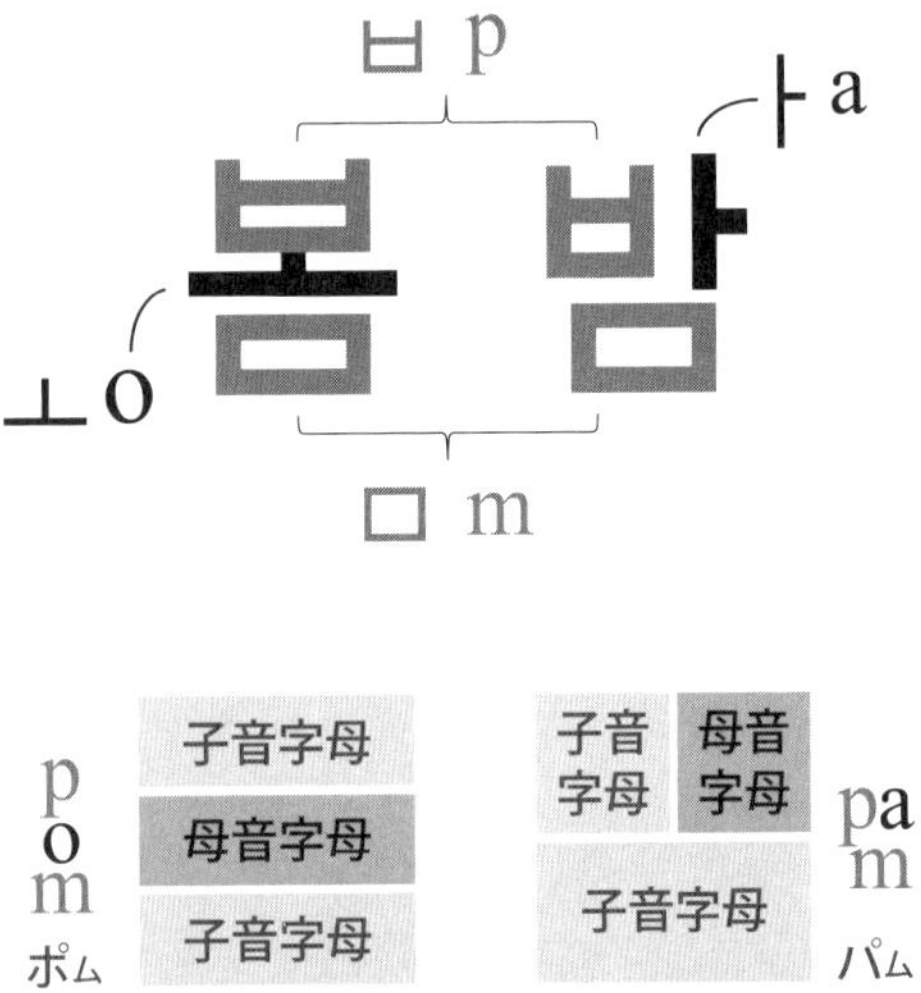

ハングルは子音字母と母音字母を組み合わせて一文字にする

は音節の内部構造が常に文字の上で視覚的に透けて見えている。仮名は「か」の内部構造がｋ＋ａという音から構成されているといったことは、見えない。文字と音の係わりについての、仮名とハングルのこうした違いも面白い。この点も後にゆっくり覗き見ることにしよう。

つまりハングルは、アルファベット的な単音文字でもあり、音節ごとにまとめて書き、音節の内部構造が見える、音節文字でもある。

文章に造る際は、縦書きも横書きも可能である。現代は横書きが主流となっている。単音文字でもあるので、「밤」を「ㅂㅏㅁ」のように一列に解いて並べて書いても、読むことができ、デザインなどではしばしばこうした記法も用いられている。

どんな字母がどんな音を表すかは、巻末三九七頁の表のごとくである。

字母それぞれの形も意図的に体系化して造られている。子音ｍは唇を結んで造る音なので、唇の形を象って、「ㅁ」という形に造った。子音ｐもやはり唇を結んでから放す音なので、ｍを表す「ㅁ」の縦の画を長めに伸ばして字母は「ㅂ」という形に造った。このように発音の方法と子音字母の形は常に係わりを持っている。後に見るように、このあたりのこともちょっと唸《うな》るくらいに、面白いところである。

ちなみに、例に挙げたｐａｍ「밤」はこれだけで「夜」の意、ｐｏｍ「봄」は「春」の意を表すことができる。一音節からなる単語であれば、このように一文字でも一つの単語を表すことができるので、この点ではハングルがまるで「表意文字」のような働きを、一部には担っている勘定になる。

ここまでごく簡単に述べたことの背景には、言語と文字、そして意味というものをめぐる、非常に深い面白さが満ち溢れている。さらりと述べたので、いろいろな問いが沸き立ったかもしれない。疑問をここでは大切に取っておいていただきたい。面白さも問いを解く楽しみも、これからの旅でゆっくりと満喫することにしよう。

二　『訓民正音《くんみんせいおん》』という書物

この〈ハングル〉は朝鮮王朝時代、第四代の王、世宗《セジョン》の命により一四四三年の陰暦一二月に創られ、一四四六年の陰暦九月に『訓民正音』という書物の形で公布された。『訓民正音』という書は、次のような内容になっている。

①世宗御製の序文
②例義
③「訓民正音解例」
④鄭麟趾《チョン・インジ》の序文

①はなぜこうした文字を創ったかについて、世宗自らが述べた序である。②は字母の定義と文字の構成、後述する傍点の解説を簡潔に述べた部分で、「例義」と一般に呼んでいる。③の「解例」は文字の成り立ちなどを述べた「制字解」「初声解」「中声解」「終声解」「合字解」と、

実際の単語で用例を示した「用字例」から構成されている。量的には最も大きな部分を占める。『訓民正音』には他のヴァージョンがあるが、「解例」が付されていることから、この書物は「解例本」と呼ばれている。④は〈訓民正音〉創製にあたった鄭麟趾による序文で、世宗の序文と区別し、「後序」とも呼ばれる。創製者たちの名も記されている。解例本のハングル以外の部分は全て漢字漢文で書かれている。

この『訓民正音』解例本は一冊、全三三張、つまり六六頁分の袋とじの木版本である。安《アン》・秉禧《ビョンヒ》（一九九七：一九三）によれば、縦二九・三センチ、横二〇・一センチ、四角に囲まれた匡郭《きょうかく》が縦二二・六センチ、横一六・一センチであるから、本自体はA4判ほどの大きさになる。①の世宗の序文と②の例義は、半葉つまり一頁が七行と文字が大きく、これが本文に当たる。七頁分がこれに充てられている。③の解例と④の鄭麟趾の後序は、半葉が八行からなり、文字は本文より小さくなっている。

〈訓民正音〉は、書物の名としても用いられ、同時に文字の名としても用いられているわけである。本書が見てゆくのは、この『訓民正音』という書物に始まる、〈訓民正音〉、略して〈正音〉と呼ばれる文字体系の物語である。

第1章

ハングルと言語をめぐって

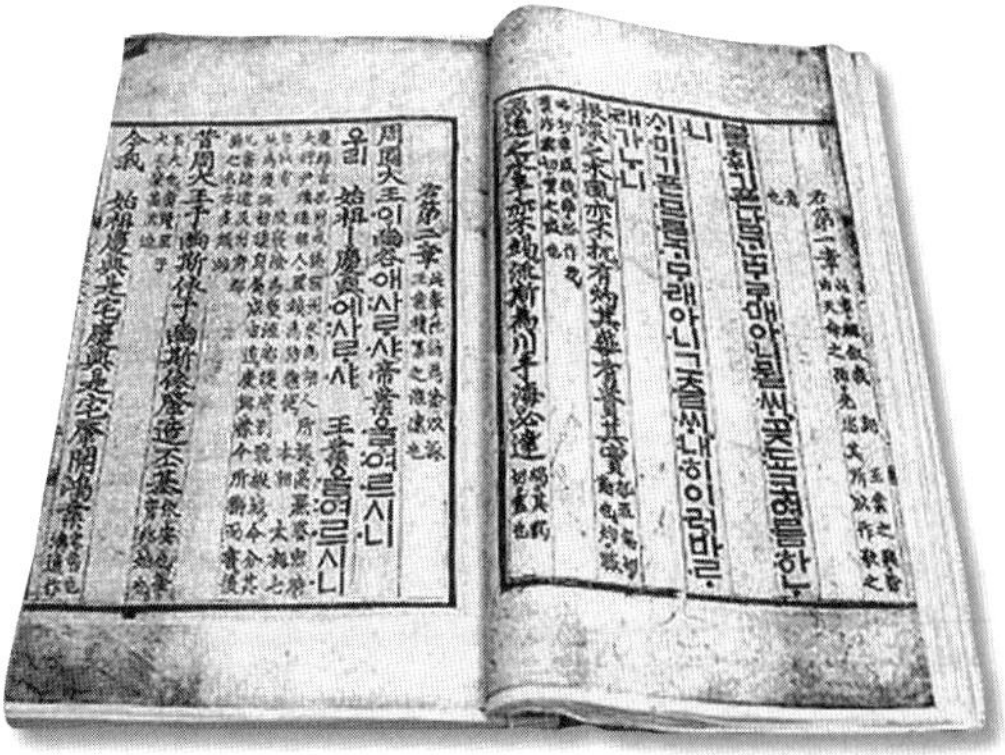

『龍飛御天歌』(1447年) 朝鮮王朝の建国を綴った叙事歌。〈訓民正音〉創製後、最初のハングル文献

一　ハングルの名

ハングルとは文字体系の名称である

〈ハングル〉とは言語の名称ではなく、文字体系の名称である。日本語で言えば、〈ひらがな〉とか〈かたかな〉、〈漢字〉、〈ローマ字〉などと同じ平面で扱える名称である。ハングルを産んだ言語の方は、日本語では〈朝鮮語〉あるいは〈韓国語〉と呼ばれる。日本語で〈韓国〉というと、一般には大韓民国（以下、韓国と記す）と朝鮮民主主義人民共和国（以下、共和国と記す）、即ち朝鮮半島の全体を指さないこともあって、学術的には〈朝鮮語〉と呼ぶことが多いが、大学の講義名などでも〈朝鮮語〉と〈韓国語〉のいずれも用いられている。大学では〈コリア語〉や〈韓国朝鮮語〉などといった呼称もまま用いられる。呼称はどうあれ、基本的に同じ一つの言語である。

日本ではこの〈ハングル〉という名称をしばしば言語名として用いている。「ハングル講座」などと呼んでも、実際には「朝鮮語講座」「韓国語講座」を指すといった具合である。考えればわかるが、これは「日本語講座」を「ひらがな講座」とか「かたかな講座」と呼ぶようなものである。〈朝鮮語〉と呼ぶか、〈韓国語〉と呼ぶかは、政治的な思惑が絡むと見て、これを避けるために、しばしば〈ハングル〉を言語名に用いるといった事情も斟酌《しんしゃく》できよう。無論、〈ハングル〉と呼ぶこと自体も、実は何かしら政治的ではある。いずれにせよ〈ハングル〉という名称を言語名として用いるのでは、名が体を表していない。このことは押さえておきたい。

ハングルや言語を母語話者は何と呼ぶのか

それではこの〈ハングル〉や言語を母語話者、いわゆるネイティブ・スピーカーたちは何と呼ぶのだろう。韓国でも共和国でも〈ハングル〉の呼称は用いられるが、共和国では〈チョソンクル〉、逐語訳すると「朝鮮の文字」という呼称も用いられている。言語については、韓国では〈ハングゴ〉（逐語訳で「韓国語」の意）が一般的である。〈ハングンマル〉（「韓国のことば」）とも言う。共和国では〈チョソノ〉（「朝鮮語」）、〈チョソンマル〉（「朝鮮のことば」）と言う。南北いずれも〈ウリマル〉（「我々のことば」）という呼称も用いられる。『朝鮮語大辞典』を『ウリマル クン サジョン』（「我々のことば大辞典」）と名づけるなどは、そうした例である。

韓国で〈チョソン〉（「朝鮮」）という呼称は、古代の「古朝鮮」や中世、近世の「朝鮮」など、歴史的な術語に用いることがほとんどで、『朝鮮日報』など固有名詞以外では、ほとんど用いない。日本語として用いられる「朝鮮《ちょうせん》」と韓国で用いられる「朝鮮《チョソン》」でさえ、既にその表すところがいささか異なっているわけである。近年韓国からやって来た人々は、日本語の「朝鮮」という単語を聞くと、朝鮮王朝の時代だけでなく、日本の植民地時代を想起することも多く、良い印象を抱かない人もある。こうしたことは、知っておいてよいだろう。

本書では言語名としては学術的な立場から〈朝鮮語〉と呼ぶことにする。もちろん、指すところさえ同一であれば、〈韓国語《ハングゴ》〉と読み替えていただいて構わない。本書でいう〈朝鮮語〉は、韓国で翻訳されれば〈韓国語〉となろうし、共和国なら〈朝鮮語《チョソノ》〉となるわけである。

訓民正音からハングルへ――周時経

〈ハングル〉は一五世紀に誕生したときには〈訓民正音〉あるいは〈正音〉と呼ばれた。諺《オン》文《ムン》という呼称も用いられた。この「諺」は「ことわざ」の意ではなく、中華を中心とする世界語＝漢文に対する、local, vernacular としての我らのことばの意である。「諺」が自らを卑下していることばであるとして、今日この呼称は避けられる傾向にある。

現在広く用いられているこの〈ハングル〉という名称は、近代の先駆的な朝鮮語学者であった周時経《チュ・シギョン》（一八七六―一九一四）が名づけたものと言われる。「ハン」は「偉大なる」、「クル」は「文字」あるいは「文章」の意、「ハングル」は「偉大なる文字」の意である。「ハン」と「クル」を続けると、朝鮮語の発音の仕組みに従って「ハングル」と「ク」が濁音、即ち有声音で発音される。「ハン」を「大韓《テハン》帝国」の「韓《ハン》」とする説も有力である。

周時経は一九〇八年には『國語文典音學』、一九一〇年に『國語文法』といった書を著し、

독닙신문
뎨일권
뎨일호
조선 서울 건양 원년 사월 초칠일 금요일
광고
논설

〈ハングル〉の名づけ親である朝鮮語学者・周時経

1896年創刊の『独立新聞』。週3回刊行から日刊となった。朝鮮語学科研究室編（1991）より

その後の朝鮮語研究に多大な影響を与えている。徐載弼《ソ・ジェピル》（一八六四—一九五一）らの運動団体である独立協会に属し、朝鮮最初のハングル新聞である『独立新聞』の表記を統括する役割を果たし、その後のハングルの正書法の基礎を作った。また三八歳の若さで病没するまで、教育にも尽力し、崔鉉培《チェ・ヒョンベ》（一八九四—一九七〇）、金科奉《キム・ドゥボン》（一八八九—？）らをはじめ、多くの朝鮮語学者を育てたことでも知られている。

弟子の崔鉉培は解放後の韓国の朝鮮語学を、そして金科奉は共和国の朝鮮語学を牽引した学者である。崔鉉培ら、ポスト周時経学派とも言うべき学者たちは、後に朝鮮語学会という学術研究団体を作り、大いに活躍した。

一九四二年には朝鮮語学会事件が起こる。日本の官憲が朝鮮語学会の学者たちを逮捕投

朝鮮語学者・崔鉉培。서울大學校 東亞文化研究所編（1973）より

獄するという事件である。崔鉉培たちは解放まで三年間を獄中で過ごし、韓澄《ハン・ジン》（一八八六―一九四四）、李允宰《イ・ユンジェ》（一八八八―一九四三）といった学者たちは解放を見ずに、獄死することになる。朝鮮語学会を継承する今日のハングル学会の学者たちは、これを朝鮮語学会事件ではなく、朝鮮語学会受難と呼ぶ。

一般に近代以降の学者はイデオロギー的な問題もあって、南北双方で評価される学者は多くないが、周時経は韓国と共和国のいずれでも高く評価されている。韓国では一〇月九日を「ハングルの日」と定めており、ハングルの日には様々な行事が行われる。そうした場で、「周時経先生」と敬称をつけて呼ばれ、その言が引用されるなどの光景も珍しくない。周時経は民族の偉人となっている。なお、共和国では一月一五日を記念の日としている。

二　朝鮮語＝韓国語の世界

世界に広がる朝鮮語

　ここで言語の話し手についてまず見ておこう。後に詳しく触れるが、日本人が日本語母語話者とは限らないので、国別の人口統計などで言語の話し手を正確に知ることはできない。そのことを前提に、およその数の手掛かりとして、統計を参考にしよう。

　韓国の国家統計ポータルＫＯＳＩＳによると、二〇二一年で韓国の人口は五一八二万となっている。二〇一九年の世界保健機関ＷＨＯの統計では韓国五一二二・五万、共和国二五六六・六万、南北計七六八九・一万である。合計すると、世界の国別では二〇位に位置する。これから推測しても、朝鮮半島だけで既に相当の話し手が存在することが、見て取れる。

　今一つ重要なことに、朝鮮語は朝鮮半島だけで用いられているわけではない。日本の外務省に相当する韓国の外交部の、「在外同胞現況」二〇一九年によると、海外に居住もしくは在留する韓国の海外同胞は、七四九・四万に達する。そのうち二六八・七万が韓国国籍、四八〇・六万が当該の外国国籍の同胞となっている。在外の人々は少し前の二〇一三年には七〇一・三万であって、年々増加の傾向にある。

　日本の海外在留邦人統計と比べると、この規模がどれくらいのものか、摑めよう。計一三五・八万、うち長期滞在者八二・八万、永住者五三・〇万となっている（二〇二〇年外務省）。

　韓国の海外同胞を地域別に見ると、中国や日本など東北アジアが三二八・六万で全海外同胞中の四三・九パーセント、米国やカナダなど北米が二七八・九万で三七・二パーセントを占め

전세계 프로레타리들이여, 단결하라!
레닌의길로
ПО ЛЕНИНСКОМУ ПУТИ
쏘련공산당 싸할린주위원회기관지
ОРГАН САХАЛИНСКОГО ОБКОМА КПСС
1949년부터 발간
Газета издается с 1949 г.
1984년 8월 7일 화요일
вторник, 7 августа 1984 г.
№150 (8630) Цена 2 коп.
신문은 1974년 5월 29일에 쏘련 최고쏘베트 상임위원회 영예표창장으로 표창되였음.
29мая 1974г. газета награждена ПОЧЕТНОЙ ГРАМОТОЙ Президиума Верховного СоветаРСФСР

ソビエト連邦時代の共産党サハリン州委員会の朝鮮語による機関誌『レーニンの道へ』表題（1984年）。朝鮮語学科研究室編（1991）より

ている。

国別に目立つところを見てみよう。二〇一九年で、米国が最も多く、二五四・七万、うち韓国籍が一〇六・五万、残りは米国籍。次に多いのは、中国二四六・一万、うち韓国国籍を有する在外国民が三〇・八万、それ以外の二一五・三万が中国国籍とされている。第三位に位置する日本は、計八二・五万、韓国籍の在外国民が四四・九万、日本国籍を有する同胞が、三七・六万とされている。この三カ国で五八三・三万、海外同胞全体の四分の三を超えている。

以下、カナダ二四・二万、ウズベキスタン一七・七万、ヴェトナム一七・三万、ロシア一七・〇万、オーストラリア一六・七万、カザフスタン一一・〇万、ブラジル四・八万、ドイツ四・五万、英国四・〇万、フランス二・九万の順である。

中国には吉林省の延辺《えんぺん》朝鮮族自治州という行政単位が存在する。豆満江《トゥマンガン》を挟んで、共和国と接しているこの地域は、古く間島《カンド》と呼ばれ、清朝の時代にも既に多くの朝鮮族が居住していた。ちなみに現代韓国の国民的な詩人とも言える尹東柱《ユン・ドンジュ》も、この地方の出身である。な

お、韓国や上海など中国東南部への移住により、この一〇年で二割近い朝鮮族人口の流出があり、二〇二〇年の調査では同自治州の朝鮮族は人口の三〇・七七パーセントとなっているという（https://www.koreaworldtimes.com/topics/news/9560/ 二〇二一年七月四日、五味洋治執筆）。

日本の在日朝鮮人・韓国人の存在については、徴用を始め、今日まで今なお問題を残す、大日本帝国時代の政策の影響を見逃せない。他方で二〇世紀末葉からの韓国からのニューカマーと言われる人々の存在もある。

分布で特異なのは、ウズベキスタン、ロシア、カザフスタンなど、旧ソビエト連邦の地にも多くの朝鮮族が居住している点である。朝鮮半島から遠く離れた中央アジアに朝鮮族が多く居住するのは、旧ソ連時代のスターリンの強制移住策によるものである。中央アジアの朝鮮族を高麗人《コリョ》、その朝鮮語を高麗《コリョ》マル（高麗語の意）と呼ぶことがある。

複数言語状態の中の朝鮮語

在外の人々は、朝鮮語の単一言語状態で暮らすことは稀で、多くは二重言語状態、場合によってはそれ以上の多言語状態に置かれているのが、普通である。在日朝鮮人・韓国人であれば、朝鮮語を知っている話し手でも、普通は日本語との二重言語使用の中で生活することになる。中国の延辺朝鮮族自治州であれば、朝鮮語と中国語の二言語使用がごく自然なありようとなる。中央アジアの朝鮮族には、例えばウズベク語とロシア語、それに朝鮮語が加わるといった状態がありうるわけである。

二重言語、即ちバイリンガル状態といっても、二言語を同じように自由に駆使するというのではなく、個々の場合によって言語使用に偏重が見られるのが普通である。朝鮮語の母語話者である一世ならともかく、その子弟である二世、さらに三世、四世と下ると、よほど朝鮮語の環境に恵まれていない限り、概ね現地の言語の母語話者として育つのが普通である。在日朝鮮人・韓国人も三世、四世であれば、民族学校に通っていれば別として、朝鮮語が自由に操れる話し手は、まず稀だと思ってよい。

二つの言語や、方言など言語のヴァリアントが存在すると、それらに対する社会的な評価や位置づけが概ね異なってくる。これをダイグロシア diglossia と呼んでいる。三つ以上の言語になると、ポリグロシア polyglossia という。朝鮮語も他の多くの言語と同様に、ダイグロシアやポリグロシアのただなかで生きている。

このように朝鮮語は既に朝鮮半島だけの言語ではなくなっており、多様な形で徐々に世界の言語と交差しながら、拡大しつつある。日本との関わりはとりわけ緊密で、韓国と日本の間を一日一万人以上の人々が往来しており、一日二万人の時代ももうすぐだと言われている。日本における朝鮮語学習者も一九九〇年代以降、急速に増加している。そして朝鮮語のあるところ、ハングルという文字が息づいているのである。

三　ことばと文字

母語、そして母国語、国語、外国語

〈母語話者〉ということばを用いたので、ここで今一つ、重要なことを確認しておこう。〈母語〉とは人が生まれ育ったことばである。ことばに即した自らの思考や感情を律するのは、基本的にこの母語である。母語は概ね一〇代前半までに形成され、一〇代終わり以降になると、もう母語が取り替わることはまずない。英語では mother tongue という。言語習得論などでは first language などと呼んでいる。母語以外の、後に学んだ言語は、多かれ少なかれ母語の影響を受けることが知られている。

成人にとっての母語は取り替えのきかない言語であるが、幼いときの母語は、就学年齢ほどまでであれば取り替わることがいくらでもありうる。九州博多で生まれ、小学校一年まではは博多のことばが母語であったのに、小学校二年から横浜で育つと横浜のことばになってしまう、そうしたことはごく自然なことである。場合によっては方言ではなく、日本語が朝鮮語に、朝鮮語が日本語にといった変容を見せることもあるし、単一言語話者が二言語を母語とする話者として育つといったことも、地球上ではいくらでも起こっている。こうした点では、first language をこれだと言い切れない話者も、存在しうるわけである。

〈母語〉と「母国語」は異なった概念である。この区別は重要である。母国語は一般には自らが所属する「国」の言語を指す。在日朝鮮人であれば、母国語は朝鮮語、母語は人によって朝鮮語だったり、日本語だったり、場合によってはその双方だったりということになる。所属する「国」の言語といったが、実はこの「母国語」という概念は「国語」という概念と同じくらい危うい概念である。日本の「国語」が日本語であると言った瞬間に、例えばアイヌ語は排除されてしまう。「国語」という概念装置をめぐっては、文献案内に記したような、いくつかの書物で重要な議論がなされているので、ここでは繰り返さない。ちなみに一九四四年に設立された日本の国語学会が日本語学会と名称を改めたのは、二〇〇四年のことである。

危険な「外国語」

「外国語」という概念も危うい概念である。日本語を母語とする在日朝鮮人・在日韓国人、つまり在日の「外国人」国籍の人々にとっては、朝鮮語は「外国語」とはいえまい。むしろ日本語の方が「外国語」ということになる。一般には母語でない言語、つまり非母語を外国語と呼ぶことが多いが、これは避けた方がよい。実際には非母語の教育、非母語の学習であるのに、外国語教育とか、外国語学習と呼ぶのでは、正確さの点でも、理念の点でも問題があろう。日本語母語話者を対象にした朝鮮語教育が「外国語教育」と呼ばれた瞬間に、学習者から在日朝鮮人・韓国人が排除される構図ができあがってしまう。「外国語教育」ということばは、そこで排除される構図を強いられる人々の悲しみに、気づかない。

日本語教育の専門家でも、正確には「日本語母語話者はこうこうである」と言うべきところを、「日本人はこうこうである」などとしばしば言っている。これらは改めるべき慣習である。韓国における、非母語話者を対象にした韓国語教育の現場においても同様である。YouTube上に溢れている「日本人の英語、ここがおかしい！」とか「日本人の英語の発音は云々」などというのも、原理的に誤っていて、成り立たない発話である。YouTubeだけではない、これらは英語教育など、言語の専門家たちの間にも聞かれる発言である。日本人は常に日本語母語話者とは限らない。日本人の英語母語話者もいくらでも存在するし、アメリカ人の日本語母語話者も存在する。そもそも「○○人」かどうかで、その人の言語が決定されはしない。

言語教育の場面で、「日本人」とか「韓国人」などといった概念が本当に必要になることは、ごく限られた場合しかないと思ってよい。言語を教え、学ぶ場面で、「日本人」や「韓国人」と言っていることの多くは、「日本語母語話者」や「朝鮮語母語話者」を指していることがほとんどである。

なお、言語習得論では非母語の習得を第二言語習得と呼ぶ。第三言語だろうが第四言語だろうが、普通は第二言語習得と言っている。

言語＝民族＝国家という幻想の等式

整理しよう。原理はこうである。言語と民族と国家、これらは対応するものではない。対応しないことが、地球上における原理的なありかたである。

いわゆる「単一民族国家」としばしば誤読される日本や朝鮮半島では、こうした原理的なありかたが見えにくくなっている。「日本では日本人が日本語を話す」などという擬制のイデオロギーが、心のどこかに巣くってしまいやすい。「日本人のくせに日本語もできないのか」とか、「ここは日本なんだから、日本語しゃべれよ」などという発言がまかり通ってしまう。これらの発言はことばそれ自体が原理的に誤っていて、成り立たないだけでなく、言語による差別の構造を造り、増幅してしまう点で、罪深い。

言語＝国家という等式に疑義を挟む人々も、言語＝民族という等式にはしばしば寛容になってしまう。「言語は民族の魂だ」などという一九世紀ロマン主義的な発言も、奪われようとする言語を、他から守るような言語場《げんごば》であれば、共感はできても、原理的には誤っている。同じ発言をナチスが演説で述べている言語場を、想像すれば、ことば自体の危険性がよく解るだろう。「言語は民族の魂だ」などという発言は、「その言語を話せない人々は同じ民族として認めない」という思考と、事実上どこかで繋がってしまっている。

これで解るように、言語を集団の帰属の問題に直結させて、利用してはならない。地球上に、

言語と民族と国家は原理的に一致しない

言語が奪われる局面はいくらでも存在する。言語は民族の魂だから奪われてならないのではなく、言語はその人のものだから、奪われてはならないのである。

およそ人にあって、どのような言語であれ、どのような方言であれ、あるいは例えば他の人々からはどんなに「不自然」に見える言語であれ、その個人の母語は、いかなる集団に帰属するかといったことには関わりなく、無条件に、何人《なんぴと》たりとも侵してはならないものである。集団帰属の問題やアイデンティティの問題において言語を語る際は、細心の配慮が必要である。決してそこに言語を安易に直結させてはならない。言語は個に属する。母と子さえ、言語は異なりうるのである。

言語＝民族＝国家という等式が、歴史的な条件だとか、「グローバル化」だとかでたまたま崩れて、現在があるのではない。この点にも留意しよう。逆に、これら三つの対応しないことが、より深いところに横たわる原理であり、default《デフォルト》 即ち初期状態である。

言語は世界に数千が存在する。国家と呼ばれているものはせいぜい二百そこらである。数を考えただけでも、もともと一致するわけがないものなのである。国家はイスラエルのように作られたりもするし、朝鮮半島のように勝手に二つに分けられて、二つの国家にされたりもする。あるいはよその国を勝手に奪って、平然と自分の国の一部にしてしまうこともある。薩摩の侵略以来、琉球国はもう長いこと、日本ということにされたままになっている。言うまでもなく、朝鮮や台湾もある時期は勝手に日本のものとされていた。このように、言語とは大きく違って、国家は徹底して作為的な概念である。そして国家はしばしば痛恨なる作為のうちにある。

言語、民族、国家はおそらくこの順に古い。それも民族や国家は永い人類史的なスパンで考えれば、ごく最近の概念なのである。総括しよう。〈言語≠民族≠国家〉、これが言語をめぐる原理である。

ことばは意味を〈持たない〉、それは意味と〈なる〉のである

言語＝民族＝国家という等式が原理的に成立しないものだということを見据えるなら、ことばの本質的なありようについても考えてみなければならない。ことばはコミュニケーションの道具だとか、意味を伝えるものだと言われる。もちろんここで言う「意味」とは〈ことばに即した意味〉であって、鐘が鳴るのは授業の始まりを「意味」するとか、人生や歴史の『意味』だとか、存在の「意味」などといったことを問題にしているわけではない。このように〈こと

ばに即した意味〉という限定をつけても、ことばが意味を伝える道具であり、ことばをコミュニケーションの道具と考えるのは、言語学でも言語教育でもほとんど疑われていない定説のごとくである。しかしながら、とりわけ複数言語使用のただ中では、あることばを発したからといって、それが通じるとは限らない。

しずくに濡れて光っている掌を見つめて、少女が「ピ」と言った。そのことばを少年が「雨」の意味だと理解するとは限らない。少女の言語と少年の言語は異なるかもしれない、ことばにとっては、これが全てに先立つ前提である。つまり発したことばは常に、意味として実現するとは限らない。ことばは意味となったり、ならなかったりするのである。そこではことばが予め意味を〈持って〉おり、それをやりとりするといった構図ではなく、ことばがそれぞれの人にあって意味と〈なる〉様相を呈する。会話は意味を持ったことばをやりとりする、キャッチボールのようなものではない。ことばは意味を持たない、それは意味と〈なる〉のである。そして悲しいことに、ことばは意味と〈ならない〉こともある。

ユーラシアを見よう、人と人が交わり、部族と部族とが交わる地球上の大地に行われる言語のありようは、このように〈ことばは通じたり、通じなかったりする〉ことが、むしろdefault であると言ってもよいほどである。方言を考えれば、このことはすぐわかる。母と子、父と子さえ、それぞれの母語が異なった方言であることなど、「単一言語国家」などと言われる日本でも、何ら珍しいことではない。ことばを考えるとき、あたかも実験室のごとくに、単一言語状態を想定しているとしたら、私たちは大きな誤りを犯しかねない。

他言語を書くハングル

先に朝鮮語のあるところ、ハングルという文字が息づいていると言った。ハングルという文字が朝鮮語の世界に誕生し、朝鮮語を書くのに用いられているからに他ならない。ところがハングルは朝鮮語を書くのに用いられてはいるが、朝鮮語しか書けないわけではない。ハングルは日本語や英語をはじめ、様々な言語をとりあえず書くことができる。日本の大都市の駅ではハングルで書かれた日本語の地名を、発見できるだろう。

二〇〇九年八月に、それまで文字を用いていなかったインドネシアの少数民族のチアチア（Cia-Cia）語を、ハングルで表記することが、族長会議で採択されたとニュースになった。スラウェシ州ブツン島のバウバウ市の小学校などが取材され、韓国では大きく報道された。六万ほどの話し手が存在するという。教科書にハングルで書かれた民話を、朝鮮語話者である取材者が意味はわからずに朗読するのを、当地の母語話者の老人たちが聞いて、ストーリーを理解し、笑うべきところで笑っている様子なども放送された。李豪榮《イ・ホヨン》らソウル大学校言語学科の学者たちをはじめ、韓国の訓民正音学会という学会が学問的に協力したものであった。一五世紀には用いられていたが、現在の朝鮮語表記では用いなくなった「ㅸ」［β］というハングル字母も用いている。

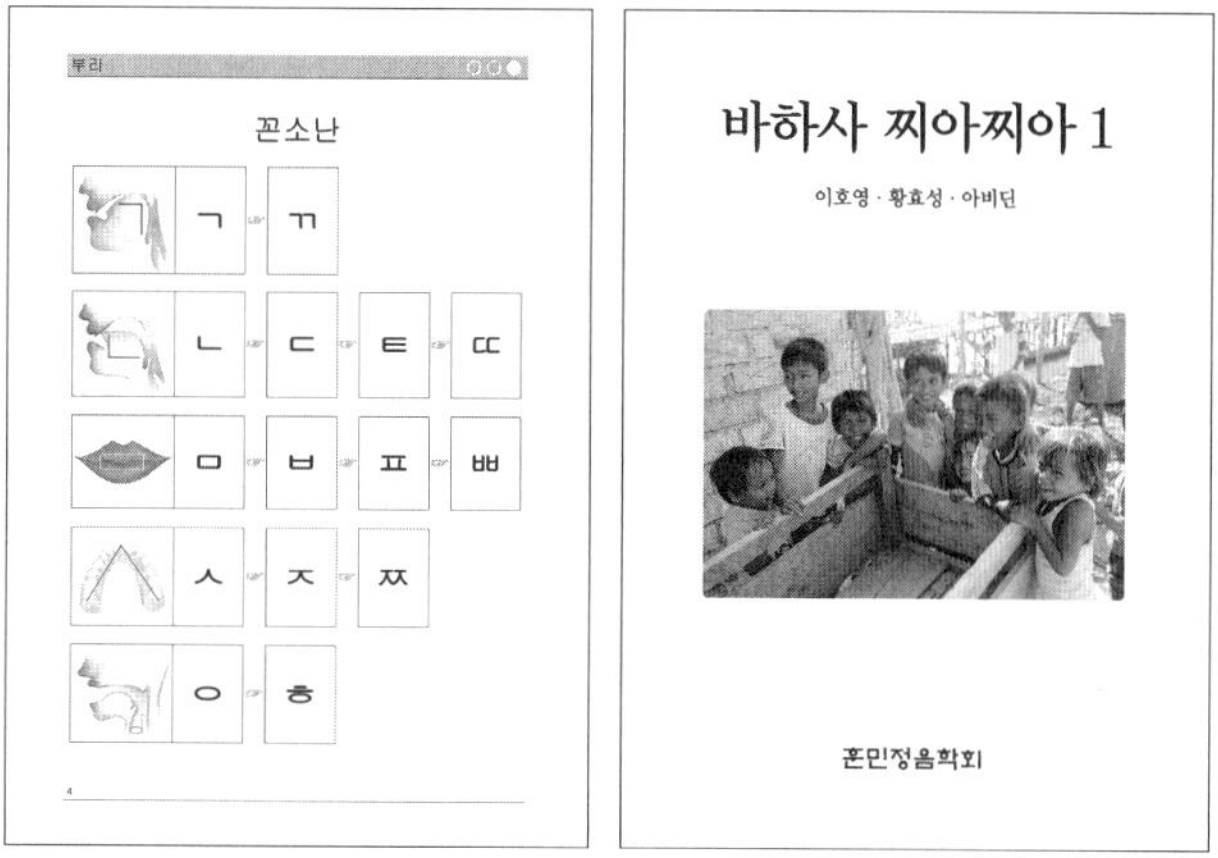

ハングルで書かれたチアチア語の教科書。이호영《イ・ホヨン》［李豪榮］・황 효성《ファン・ヒョソン》［黄斅惺］・아비딘《アビディン》［Abidin］（2009）より

族長会議でハングルの導入が決定され、その後一〇年ほど経過した。バウバウ市には多くの部族が住んでおり、全ての小学校で教えるなどはできず、チアチア族が集中する一つの小学校で教育を始め、その後、近隣の二つの小学校と、現在は保育園でも教えているところがあるという。道の案内板などにハングルが見られるけれども、卒業後は大概ハングルを用いない生活になってしまい、日常のなかで皆がハングルを用いるなどまでには、到底至っていない。それでも教育にあっても様々な困難、紆余曲折を経て、報道によると、これまで二〇〇〇名ほどがハングルを学んだ。面白いことに、卒業生の中から言語学を専攻する学生が出て、彼らの提起によって、ハングルによるチアチア語正書法の改訂を行ったという。チアチア語の辞書の作成も進められ

ている。

政治＝行政的、社会的、文化的、経済的、人的といった様々な条件が整わなければ、文字は使われるようにはならない。もしもその文字が望まれるというのであれば、困難な条件の中で苦闘する人々に、声援を贈りたい。

言語と文字は異なった存在である

ハングルで朝鮮語以外の言語が書かれうるということを見ただけでもわかるように、文字というものを考えるにあたって、どうしても前提として確認しておくべきことがある。それは言語と文字は異なった存在だということである。換言すると、言語と文字は異なった平面にある。わかりきったことのようで、実はこのことの持つ意味は重要である。ハングルは朝鮮語を書くために生まれたが、前述のように、別に朝鮮語しか書けないわけではない。ハングルで日本語を書くこともできるし、英語を書くこともできる。正確に、あるいは効率的に書き表せるかどうかは別にして、ハングルだけでなくひらがなやカタカナだって、英語でもフランス語でも、古典ギリシア語やラテン語、エスペラント、どんな言語でも書こうと思えば、書けるわけである。日本語では外国語の地名を普通カタカナで書き表しているではないか。朝鮮語の世界では、外国の地名は皆ハングルで書き表している。

こうしたことが比較的やりやすいのは、ハングルやひらがな、カタカナが言語の音を表す文字、即ちいわゆる〈表音文字〉だからである。漢字などいわゆる〈表意文字〉になると、外国の地名を表すには、例えば日本語話者にとっては一工夫も二工夫も必要になる。倫敦・ロンドン、巴里・パリ、欧羅巴・ヨーロッパくらいなら場数で乗り切っても、華盛頓・ワシントンだの、牛津・オックスフォードだの、巴格達・バグダッドとなると、誰もが同じように読めるようには、なかなかいかないわけである。

ラテン語を表すローマ字も、世界中の多様な言語を書き表しているし、アラビア文字もアラビア語だけでなく、系統関係の異なる多様な言語を、書き表している。ローマ字やアラビア文字も表音文字である。ローマ字＝ラテン文字がラテン語を書くとは限らないのと同じように、ハングルもまた、朝鮮語だけを書くとは限らないのである。言語と文字は等価関係でもないし、一対一的に対応しているわけでもない。

言語の存在様式と表現様式を区別する

ここで大切なことを一つ踏まえておこう。〈話されたことば〉と〈書かれたことば〉を区別すること。このことは、言語や文字を考える上では、決定的に重要なことである。

両者の違いは、〈話されたことば〉は音として実現し、〈書かれたことば〉が光として実現するという、その物理的な存在様式の違いである。つまり実現の仕方が異なっている。

〈話されたことば〉は音《おん》の世界に形をなして実現する。人の発する音のうちの一部が、言語

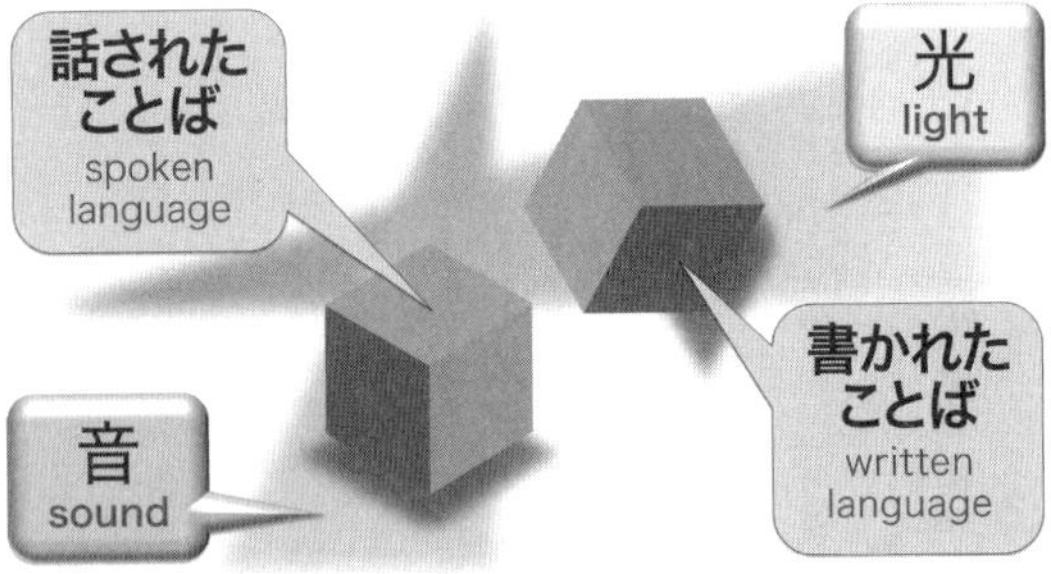

音の世界に実現する〈話されたことば〉と光の世界に実現する〈書かれたことば〉

音として働くことになる。そしてどのような音がことばの形を造るかは、言語や方言ごとに異なっている。

〈書かれたことば〉は光の世界に形をなして実現する。部屋の明かりを消したり、ディスプレイの電源を切ったりすると、文字は形をなさなくなる。こうしたことを考えれば、紙の書物や手書きのメモなどであっても、〈書かれたことば〉の物理的な実体が光であることが解るだろう。光の粗密がなす形が、文字として働くことになる。

大雑把に言えば、〈話されたことば〉は音の粗密によって、〈書かれたことば〉は光の粗密によって、〈かたち〉が造られる。

言語の存在様式＝実現形態から見る
〈話されたことば〉… 音の世界に実現する
〈書かれたことば〉… 光の世界に実現する

片や音、片や光という、物理的な存在様式が異なるので、片方にはあって、他方にないという性格がそれぞれ現れる。〈話されたことば〉は生まれるやすぐに消失していく。〈書かれたことば〉は光さえ維持できれば、消失しない。

ところで、例えば、「ってかさあ、あれ、あるじゃん」とか「まじっすか、ほんとやばいっすよね」などといったことばは〈話されたことば〉に多く出現する表現だと言えるだろう。このように〈話されたことば〉に主要に出現する表現、文体を〈話しことば〉と呼ぶ。「前者については前掲書、三五一頁を参照されたい」とか「斯界の泰斗であると言えよう」などといったことばは〈書かれたことば〉のほうに多く出現する表現だと言える。〈書かれたことば〉に主要に出現する表現、文体を〈書きことば〉と呼ぶ。

言語の存在様式としての〈話されたことば〉〈書かれたことば〉と、言語の表現様式としての〈話しことば〉〈書きことば〉はこのように厳密に区別して出発する。この区別は言語に関するあらゆる思考に不可欠の出発点である。

言語の表現様式から見る

〈話しことば〉…〈話されたことば〉に主要に現れる表現、文体
〈書きことば〉…〈書かれたことば〉に主要に現れる表現、文体

したがって、「うっそー」「だよねー」などのように、どんなに〈話しことば〉的な文体でも、

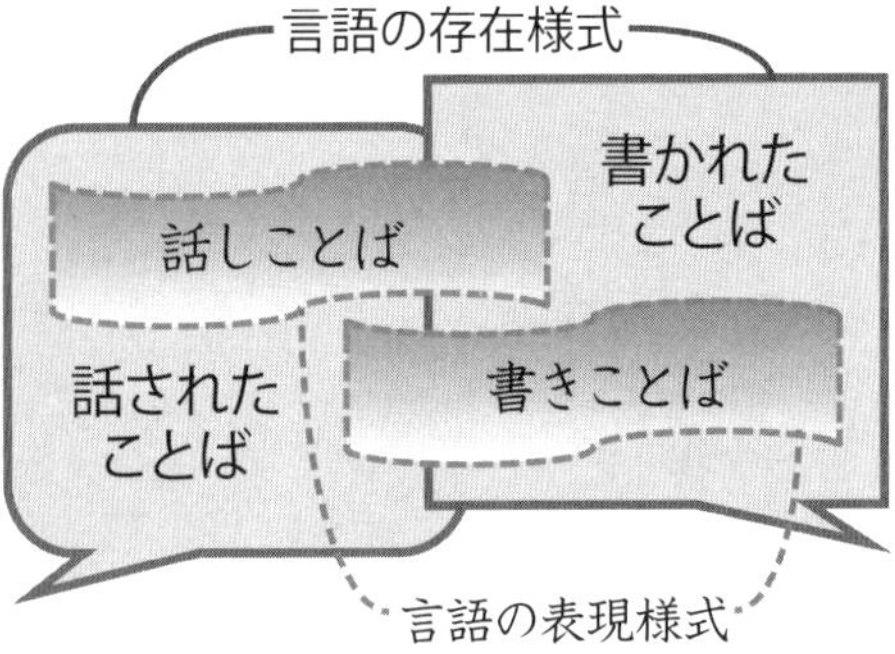

言語の存在様式と表現様式を区別する

それが文字として書かれれば、〈書かれたことば〉であり、「我らが非情の大河を下るとき」「朋《とも》、遠方自《よ》り来る有り」などのように、どんなに〈書きことば〉的な文体であっても、それが口頭で発せられるならば、〈話されたことば〉である。「口語」などという術語も、それが言語の実現形態としての〈話されたことば〉を指しているのか、表現様式としての〈話しことば〉を指しているのかといったことを、必ず確認しなければならない。言語学での扱いにあってさえ言語の存在様式と表現様式はしばしば曖昧で、ややもすると、混濁する。私たちは鮮明に押さえておこう。

こうして考えると解るように、ハングルという文字体系を創るという営みは、単に文字の形を作るなどということを意味しない。それは、音の世界に繰り広げられる〈話されたことば〉とは存在様式の全く異なった〈書かれたことば〉を、光の世界にいったいどのように実現させるかが問われる営みであり、さらにはそこに〈書きことば〉という、これまで誰も見たことのない、全く新たな表現様式をいかに創造してゆくかが問われる、壮大なる営みなのである。

ことばはまず〈話されるもの〉として存在する

世界に言語は三千とか五千とか、あるいは八千あるなどと言われる。世界最大の言語学辞典たる、亀《かめ》井《い》孝《たかし》・河野《こうの》六郎《ろくろう》・千野《ちの》栄一《えいいち》編著『言語学大辞典』（一九八八―九六、三省堂）は約三五〇〇の言語を収録したと述べている。調査の進んでいない言語は数多く、言語数を数えるのも容易ではない。一方で話し手の数が激減している、いわゆる死滅しつつある言語も少なくない。話し手である人間の数だけでなく、言語の数もまた日々揺れ動いている。

いずれにせよ言語数は膨大なのに、広く用いられている文字体系は、細かな分類で数えても、数百だと言われる。このこと一つとっても、言語がまず存在し、文字はその後に生まれることがわかる。より正確に言うと、音声言語、即ち言語音によって〈話されたことば〉がまず実現するのであって、文字言語、即ち文字によって〈書かれたことば〉は後に生まれるのである。

類としての人《ヒト》の歴史における〈話されたことば〉から〈書かれたことば〉へというこの順序は、個としての人《ひと》の成長史における〈話されたことば〉から〈書かれたことば〉へという言語習得の順序とも一致している。幼な子が基本的には皆そうであるように、人はまずことばを〈話されるもの〉として、つまり〈聞き〉〈話す〉ものとして学び、後に〈読む〉もの、〈書く〉

ものとして学ぶ。

文字として書かれ、なおかつ表記法や正書法を整えながら文字体系が築き上げられ、〈書かれたことば〉としての実現を見るといった恩恵に浴する言語は、多くの言語の中で限られた数しかない。多くの言語は〈話されたことば〉としてのみ存在し、しばしば、いつしか死に絶えるのである。

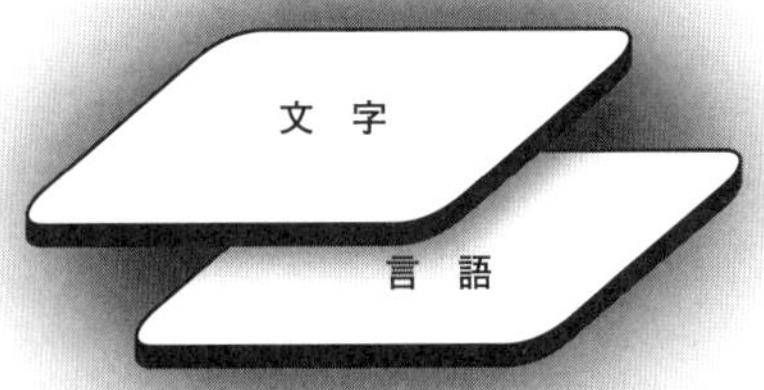

言語と文字は異なった平面にある

言語が常に書かれるとは限らないというこうした事情は、地方ごとの言語、いわゆる方言を考えるとよくわかる。日本語の方言でも、純粋に方言の音の体系に沿って表記され、そうして書かれることばを、その方言の話し手たちが皆で用いるなど、まず例を見ない。地の文まで関西方言で書かれた小説があれば稀有な成果で、普通は会話文か会話文くずしの文までである。それとて公的な正書法があるわけではない。〈話されたことば〉では関西方言でも〈書かれたことば〉ではいわゆる共通語といった二重言語状態が、多くの関西方言話者の基本的な構図であろう。携帯メールに関西方言がどれだけ食い込んでも、公の〈書かれたことば〉はいわゆる共通語になっているであろう。

別々に動く言語の平面と文字の平面

一方で、方言も軍隊を持つと、しばしばそれは言語と呼ばれる。イスパニア語＝スペイン語とポルトガル語は、見方によっては東京方言と大阪方言以上に近しい兄弟関係にあるとも言える言語である。それらは互いに七つの海を争うほどの軍隊や警察、監獄といった暴力装置を有し、国家を形成し、正書法を築くことによって、方言とは呼ばれず、異なった言語と数えられた。文字はというと、いずれの言語もラテン文字＝ローマ字であり、ラテン文字にそれぞれ少々異なった符号をつけ加えて用いている。

英語は北アメリカに渡り、先住民族の言語を席巻し、米国では最も優勢な、事実上の支配的言語となった。日本ではその米国風の英語を米語と呼ぶことがある。英米語などということばも生まれている。アメリカン・イングリッシュということばはあっても、その米語の母語話者たちは、アメリカンを話すとは言わない。イングリッシュを話すと言う。アメリカのみならず、カナダやオーストラリアでも同様で、英語も多様なヴァリアントがある。それでも文字はいずれもラテン文字である。

文字に書かれる言語も、しばしば文字が取り替わることがある。モンゴル語は主として縦書きのモンゴル文字で書かれたが、モンゴル国ではソビエト連邦の影響下でキリル文字＝ロシア文字で表記するようになった。ソ連崩壊後のモンゴル国では、一九九〇年代前半にモンゴル文字を復活させ、公用化が進められようとしたものの、現在はキリル文字圏といってよい。

モンゴル文字は満州語を表記するのに用いられ満州文字となり、圏点と呼ばれる符号を用いるなど、また満州文字の新たなヴァリアントも生んでいる。アラビア文字で書かれたトルコ語は、近代の改革でラテン文字を採用することになった。文字に書かれるという恩恵に浴する言語でも、このように言語と文字とは謂わば異なった位相にあることがわかる。

言語と文字が異なった位相にあることをふまえないと、ハングルなど文字の真の面白さは決して見えて来ない。

四　朝鮮語＝韓国語はいかなる言語か

朝鮮語の文法的な構造は日本語によく似ている

言語と文字が異なる位相にあるものであることを確認したので、ここで朝鮮語はどのような言語なのか、簡単なスケッチを試みよう。朝鮮語のおよその性格を知っていることは、ハングルを見るうえでも、大いに役に立つであろうし、何よりもそれ自体が、面白い。

朝鮮語は日本語と比べると、一言で言って、発音は随分異なる一方で、文法的な構造はとてもよく似ている言語だということができる。

発音は文字と一緒に後に見ることにして、ここでは文法的な特徴を見ておこう。

まず、朝鮮語は文を作るときの語順が日本語とそっくりである。「チョヌン」（私は）＋「スンドゥブルル」（スンドゥブを）＋「モゴヨ」（食べます）のように、SOV型、つまり「主語＋目的語＋述語」の順であるし、「チョ」（私）＋「ヌン」（…は）、「スンドゥブ」（スンドゥブ）＋「ルル」（…を）に見える「…は」や「…を」といった、名詞類につくいわゆる助詞、つまり〈てにをは〉もある。主語、目的語、述語などといった文の成分だけでなく、文の成分の内部の構造まで似ているわけである。

修飾語は被修飾語の前に立つ。フランス語などの「モンブラン」mont + blanc（山＋白い）や「ムーラン・ルージュ」moulin + rouge（風車＋赤い）式ではなく、日本語や英語などの「白い＋山」「赤い＋風車」の語順である。

ことばになる順序がほとんど同じであるということ

語順がほとんど同じだということは、日本語と朝鮮語の双方の話し手が互いの言語を学ぶ際に、大変ありがたいことである。よく例に挙げられるような「我君を愛す」が中国語では「我愛你」、「主語＋動詞＋目的語」になるとか、「君子は本《もと》を努む」は古典中国語では「君子努本」（『論語』）とやはり「主語＋動詞＋目的語」になるなどといった単純な文では、この有難味はあまりわからない。しかしこれが「昨日ですね、私がサークルで一緒にギター弾いてる友達と、渋谷で買ったCDは、とても良かったですよ」などという、英語などなら関係代名詞といったデバイスが用いられるような、複雑な構文になればなるほど、威力を発揮することになる。要するに自分の母語で頭に浮かんだ順に、単語を置き換えてゆけばいいわけで、学習が進めば進むほど、有難味がわかるようになっている。もちろん、常に一対一的に単語が置き換えうるとは限らないし、とりあえず意味が通じるような文ができるからといって、それが自然な文になるとは、いよいよ限らない。むしろ単語を一つ一つ置き換えていったからといって、立派な朝鮮語は、まずできない。似ていながらどこかしら異なる、そういった感触である。

〈てにをは〉——朝鮮語でも象は鼻が長い！

いま一つの〈てにをは〉の存在であるが、これも日本語母語話者から見たら、驚くほど近しいものであろう。〈てにをは〉に似たもの、いわゆる助詞の類は、日本語や朝鮮語のみならず、アルタイ諸語と呼ばれる、モンゴル語やトルコ語、満州語などといった言語でも馴染み深いものである。ただ朝鮮語で驚くべきは、日本語の「…は」と「…が」に相当する助詞が存在することである。この両方を備える言語は、他のアルタイ諸語にもそうそう見られない。

「…は」と「…が」があれば、「象は鼻が長い」が言える。「コッキリ」(象)＋「ヌン」(…は)＋「コ」(鼻)＋「ガ」(…が)＋「キルダ」(長い)。日本語話者にとっては、これはありがたいことである。「象は鼻が長い」が言えれば、すぐに「象が鼻は長い」「象は鼻は長い」

「象が鼻が長い」や、「鼻が象は長い」「鼻は象は長い」「鼻が象が長い」「鼻は象が長い」が朝鮮語でもそのまま言えるということを意味する。先の要素をそれぞれ組み合わせればよい。もちろん「長いよ、象は鼻が」とか、「…は」「…が」のないヴァリエーション、「象、鼻は長い」などというのもありである。試みにこれらのニュアンスを英語で言い分けてみよう。ちょっとした英語の達人でもぎゃふんとなるに違いない。

　念のためにつけ加えるが、朝鮮語では「象は長い鼻を持っている」などと「持って」回った言い方をする必要はない。もちろん、言おうと思えばそれも言えるところが、また凄い。ちなみに「持っている」（カジゴ＋イッタ）というときの「いる」（イッタ）と「象が＋いる」（コッキリガ＋イッタ）などというときの「いる」（イッタ）も、日本語同様、同じ単語である。

　日本語母語話者にとっての朝鮮語の文法的な面白さを挙げれば、本の一冊や二冊は優に費やす。ハングルという〈文字〉を考えるのが本書の目的であるので、言語そのものの文法的特徴については、①語順がほぼ同じであること、②「…は」「…が」を含む〈てにをは〉の存在、この二点を押さえておこう。念のために確認しておくが、似ていながら、やはりどこかしら異なっているということは、くれぐれも忘れてはならない。

日本語の語彙と朝鮮語の語彙を作る三つの層

　文法を見たので、語彙も日本語と対照しながら見ておく。日本語の語彙は、その作られ方から見て、次の三つの語種から成り立っている。

①古くから日本語にあるとされる、いわゆる「やまとことば」、即ち〈和語〉
②中国から入ってきた漢字を基礎にできている〈漢語〉
③欧米などからの〈外来語〉

「め」(目)とか「ひとつ」(一つ)、「やま」(山)、「する」などは①の和語に属する。「いち」(一)、「ふぼ」(父母)、「おんみょうじ」(陰陽師)、「じょうじゅ」(成就)、「せいこう」(成功)、「さんりん」(山林)、「愛」などは②の漢語である。「パン」、「パパ」、「コンピュータ」、「キムチ」などは③の外来語になる。漢語には「てつがく」(哲学)など、日本で作られ、中国語や朝鮮語に入っている単語もある。これらを組み合わせた、「パパっ子」や「コンピューター通《つう》」、「愛する」などといった、ハイブリッドの単語もある。日常の基礎的な単語は概ね和語で、抽象的な語彙ほど漢語が増える傾向がある。

朝鮮語の語彙も日本語と同じように三つの語種から成り立っている。

①朝鮮語固有の単語と思われる〈固有語〉
②漢字を基礎にできている〈漢字語〉

③欧米などからの〈外来語〉

「ヌン」（目）、「ハナ」（ひとつ）、「オモニ」（母さん）、「ハダ」（する）などは①の固有語、「イル」（一）、「プモ」（父母）、「サン」（山）、「ソンゴン」（成功）、「プルギョ」（仏教）、「チョラク」（哲学）などは②の漢字語、「パン」、「コンピュト」（コンピュータ）などは③の外来語である。なお、「キムチ」は元来は漢字語であったが、現在では漢字語起源であったという意識は失われている。

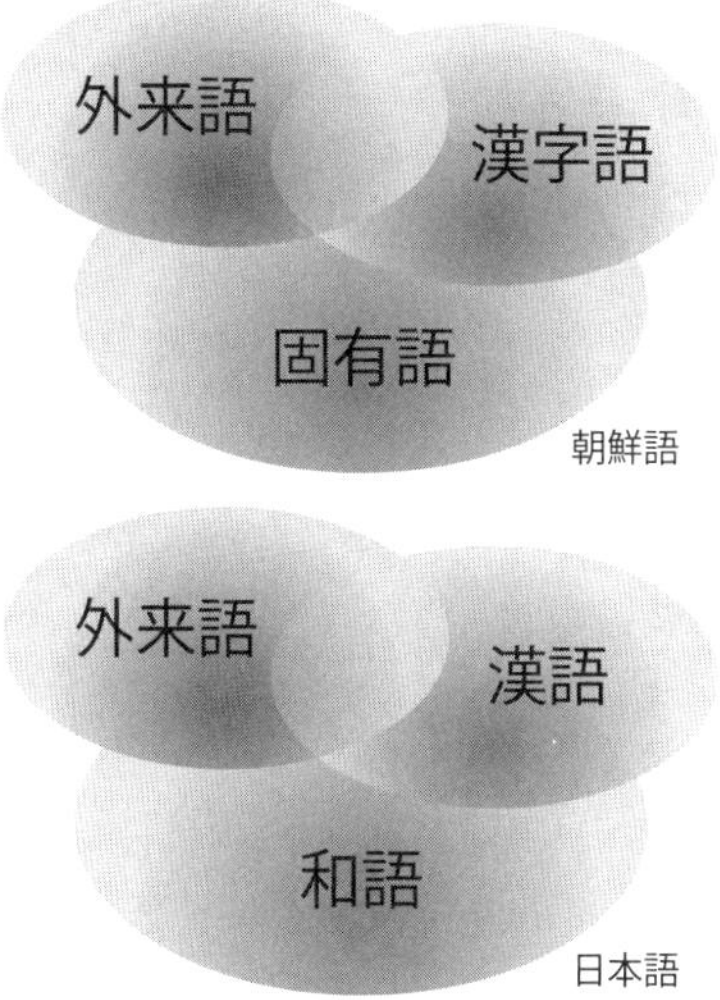

語彙の三つの層

朝鮮語でも日常的な基礎語彙は固有語だが、中には「山」のような基礎語彙なのに、「モイ」という固有語が失われ、「サン」という漢字語に取って代わられたものもある。日本語でも合成語や地名になると、「ふじやま」に対し、「ふじサン」のように漢語が力を持っているが、朝鮮語ではそれに留まらず、「あのやまは何というやまですか」を「あのサンは何というサンですか」と言っているようなものである。和語に漢語が取って代わる、つまり固有語に漢字語が取って代わるという事態の重さがわかるだろう。朝鮮語では「河」もまた現在では「カン」（江）という漢字語になっている。

面白いのは数詞で、「ひとつ」と「いち」、「ハナ」（「ひとつ」に相当）と「イル」（「いち」に相当）のように、日本語も朝鮮語も、それぞれ固有の単語の系列と漢字語の系列の単語が並立している。言語の系統関係を考察する比較言語学では、数詞は他言語に取って代わられにくい語彙群とされているが、日本語や朝鮮語では漢語が数詞に大きく食い込んでいるわけである。

漢字語の魔力

朝鮮語の語彙が固有語、漢字語、外来語という三つの層（レイヤー）からなっていることは、日本語話者と朝鮮語話者が互いの言語を学ぶ際に、次の二つの点から大変な威力を発揮することになる。

①漢字の発音を知れば、その漢字から構成されている漢字語の発音を知ることができる

②固有語は似ても似つかない形をしているが、漢字語や外来語は音がそれなりに似ており、一定の音の対応関係を見出すことができる

例えば「会社員」という単語が「フェ・サ・ウォン」であれは、「会社」は「フェ・サ」、「社員」は「サ・ウォン」は当たり前として、「会員」は「フェ・ウォン」、そして何と「社会」は「サ・フェ」だと知ることができる。これが①の利点である。英語で「会社」はcom-pany、では「社会」はpanycomか？　漢字語のこんな造りを例えば英語母語話者やドイツ語母語話者に説明するのさえ、一苦労であろう。しかし日本語母語話者であれば、漢字語は一を聞いて十、百を知る。

固有語で日本語と似ている単語を探すのは、容易ではない。日本語と朝鮮語が系統を同じくする言語であれば、少しはどこか似ていようが、残念ながらいかにも異なっている。漢字語や外来語は何と言っても起源を同じくするので、当然似ているわけである。これが②の利点である。

漢字語であれば、「図書館」が「トソグァン」、「高速道路」が「コソクトロ」、「新聞記者」が「シンムンギジャ」、「国際関係論」が「ククチェクァンゲロン」といった具合である。外来語であれば、「インターネット」が「イントネッ」、「マクドナルド」が「メクトナルドゥ」、「マッキントッシュ」が「メキントシ」と来る。中には固有名詞「マッカーサー」が「メガド」になったりする凄いものもあるが、そうした例は多くない。

朝鮮漢字音、ヴェトナム漢字音、日本漢字音

漢字語に相当するものは、日本語と朝鮮語、そしてヴェトナム語にも存在する。これらの言語圏をしばしば漢字文化圏と呼んでいる。

日本語の漢語も朝鮮語の漢字語もそれぞれの漢字音から構成されている。中国に起源を持つ漢字が、朝鮮語式の読み方で固まって伝えられてきたものが、〈朝鮮漢字音〉であり、日本語式の発音で定着して伝えられてきたものが、〈日本漢字音〉である。ヴェトナムにも〈ヴェトナム漢字音〉がある。

現在は都市名にもなっているヴェトナムの革命家の名「ホー・チ・ミン」Hồ Chí Minh は、漢字で書くと「胡志明」とされるが、日本漢字音なら「コ・シ・メイ」あるいは「コ・シ・ミン」、朝鮮漢字音なら「ホ・チ・ミョン」となる。やはりヴェトナムの「ヴォー・グェン・ザップ」Võ Nguyên Giáp「武元甲」将軍であれば、日本漢字音では「ブ・ゲン・コウ」、朝鮮漢字音なら「ム・ウォン・カプ」である。「甲」がヴェトナム漢字音で「ザップ」、朝鮮漢字音で「カプ」なのに、日本漢字音では「コウ」では末尾などいかにも差があるようだが、字音仮名遣い、いわゆる旧仮名遣いでは「甲」は「カフ」であって、ちょっと遡っただけでも、随分似てくることがわかる。

日本漢字音と朝鮮漢字音は一見異なっていても、それぞれ一定の音の対応が見出せる。漢字音を意識して学べば、初級者でも音の対応を理解でき、漢字語を学ぶのに大変役に立つ。

訓読みの旋律《しらべ》、訓読みの戦慄《おののき》

なお、日本語では漢字に和語を宛てて読む、〈訓読み〉を行っている。日本に入ってきた「山」という漢字に、もとからあった和語「やま」を宛てて読むなどが、そうした例である。中国語からやって来た音を日本語なまりで読む〈音読み〉に対して、和語を宛てて〈訓読み〉という様式と化すこと。謂わば漢字に和語の調べを与えるのである。

この訓読みのおかげで日本語の漢字の読み方は大変複雑になっている。「生」が漢音で「セイ」、呉音で「ショウ」、それをさらに「生ずる《ショウ》」などと動詞化して読むくらいならともかく、「生きる」「生まれる」「生える《は》」「生う《お》」、「生もの《なま》」だの「生一本《きいっぽん》」だの「生なやつ《うぶ》」だのと次々にあって、固有名詞の表記に至っては「壬生《みぶ》」「生越《おごし》」「生守《いごもり》」「生神《うるかみ》」「生子宿《はだかじゅく》」といったありさまで、「生」だけでも数百通りほどに読まれていると言われる。

人名も凄い。芝野耕司《しばのこうじ》編『JIS漢字辞典』（一九九七、日本規格協会）によれば、NTTの電話帳に登録された三〇四三・六万ほどの名のうち、最も用例の多いのは「ひろし」で、約六二万例が出現し、表記の種類は一文字の「博、弘、宏、浩」や、「博司、広志」「比呂志」などをはじめ、音訓取り混ぜ二〇〇八種類があるという。なお、漢字音と言うときは、単独字の音読みだけであって、こうした訓読みや熟語訓の読みは含まない。ちなみに、ご覧の本書では人名の読みの難しさも勘案して、人名には原則として初出でふりがなを付している。

朝鮮語では現在は訓読みの習慣はなく、音読みのみ、それも多くの漢字は読み方が一通りである。「金」は固有名詞の姓では「キム」と読まれ、gold を表すときや地名では「クム」と読み、二通りの漢字音を持つが、こうした例は多くない。日本語母語話者が朝鮮語を学ぶ際は、これだけでも学習時間が数百時間減ったと思ってよい。

朝鮮語母語話者をはじめとする、日本語の非母語話者が日本語を学ぶとき、この音訓取り混ぜての目くるめく漢字の読みは、どれほどの戦慄を与えるものか、想像されたい。書くだけだって大変なのに！

固有語が奮闘する朝鮮語

日本語では和語で抽象的な概念を表す新しい単語を作るのは、なかなかに難しいものがある。例えば「言語学」を「ことばまなび」「ことのはまなび」とか、「ことばしらべ」「ことばかんがえ」「ことばしり」などとやったのでは、残念ながらいささか感じが出ない。和語を積極的に用いようとした本居宣長《もとおりのりなが》（一七三〇―一八〇一）的な伝統は失われているといってよい。

ドイツ語では「言語学」を表すのに、外来の Linguistik（リングイスティク）というラテン語系列の単語もあるが、Sprachwissenschaft（シュプラーハヴィッセンシャフト）という固有のゲルマン語系列の単語が広く用いられている。「ことば‐知」「ことば‐学」ほどの意である。ロシア語でも **лингвистика**（lingvistika リングヴィスチカ）というラテン語系列の単語も入って来たが、やはり固有のスラブ語で языкознание（jazykoznanie イズィカズナーニエ）とも言っている。ヨーロッパの大言語ではラテン語は謂わば東洋の漢字語のようなところがあるけれども、それぞれ固有の単語が気を吐いているわけである。

こうしたヨーロッパの大言語のように、朝鮮語でも固有語で抽象的な概念をしばしば作っている。日本語では「単語」という単語も和語ではなく漢語である。「ひとえことば」ではいかにも苦しい。ところが朝鮮語では「タノ」（単語）という漢字語の術語も存在するのに、「ナンマル」という固有語の術語が近代に作られ、現在も用いられている。「ナン」は「個々の」「ばらの」の意、「マル」は「ことば」である。

固有語の術語の先駆・周時経

こうした固有語の文法用語の習慣を作った先駆者こそ、かの〈ハングル〉の名付け親、周《チュ・》時経《シギョン》であった。そもそも〈訓民正音《フンミンジョンウム》〉という永き伝統を有する漢字語の名称に、断固として固有語の名称〈ハングル〉を対置したのであった。このこと自体が、伝統に対する大変な挑戦でもある。周時経は品詞名などを固有語で造語し、ポスト周時経学派の中核であった金枓奉《キム・ドゥボン》や崔鉉培《チェ・ヒョンベ》の学統でもそうした考え方を受け継いで、品詞名などに固有語をたくさん用いている。「動く」は固有語で「ウムジギダ」と言うが、その語根「ウムジク」を用いて「動詞」を「ウムジク詞」というなどはそうした例である。朝鮮語の固有語の造語力には驚かされる。

一般でもコンピュータ用語などは日本語では外来語の大行進《オン・パレード》となるのに対し、朝鮮語では外来語を避け、固有語を用いることもしばしばである。「フォント」を「クルコル」、つまり「文字のさま」とするなどはそうした例である。そう、「クルコル」の「クル」は「ハングル」の「クル」（文字、文章）と同じものである。フランス語からの外来語として日本語の人文分野では広く用いられている「エクリチュール」（écriture＝書くこと、書）も、この「クル」を用いて「クルスギ」（文章‐書き）などと訳されたりしている。

固有語、漢字語、外来語、こうした語種が層をなしていることもまた、後に見るように、ハングルという文字をめぐる重要な前提となる。

擬声擬態語《オノマトペ》の理想郷、〈オノマトピア〉としての朝鮮語へ

朝鮮語の語彙の特徴としてどうしても、〈オノマトペ〉、即ち〈擬声擬態語〉が驚くほど豊富であることに触れておかないわけにはゆかない。日本語もオノマトペが豊富な言語として知られているが、朝鮮語はそれに輪を掛けてオノマトペの豊かさを見せてくれる。朝鮮語こそ、まさにオノマトペの〈場所〉topos であり、擬声擬態語が花開く理想郷 utopia、近年の造語に従えば、オノマトペの理想郷、〈オノマトピア〉とも言うべきである。実はこのことは、後に第4章で見るように、〈訓民正音〉の誕生にも深いところで繋がっている。朝鮮語のオノマトペを書き表す、それは文字を創る人々にとっては、決定的な課題となりうるからである。

外界の音や動物の鳴き声などを言語音で写した「コケコッコー」、朝鮮語では「コッキオー」のような単語を〈擬声語〉という。擬音語と呼ぶ学者もある。「簪《かんざし》をぷすりと山へ初ざくら」(正木《まさき》ゆう子)、「小春日やりんりんと鳴る耳環欲し」(黒田杏子《くろだももこ》)、「みしみしと蟹喰ふ人に盆の月」(高橋睦郎《たかはしむつお》)、「ふつふつと楓にあたる霧の音」(原石鼎《はらせきてい》)。また音のしない物事のようすを、あたかも音がするかのごとくに言語音によって描写する「すくすく」育つ、朝鮮語では「ムロンムロク」育つ、といった単語を〈擬態語〉という。「春の海ひねもすのたりのたりかな」(与《よ》謝蕪村《さぶそん》)、「水枕ガバリと寒い海がある」(西東三鬼《さいとうさんき》)、「肉体は死してびつしり書庫に夏」(寺山《てらやま》修司《しゅうじ》)。擬声語と擬態語を併せて擬声擬態語、あるいはオノマトペとする。

　朝鮮語に漢字語が存在することを見たが、擬声擬態語に準ずる漢字語も多い。「悠々と」は「悠々《ユユ》ヒ」、そう、こんなところも日本語と似ている。「天渺々《べうべう》(ビョウビョウ)笑ひたくなりし花野かな」(渡辺水巴《わたなべすいは》)。「しんしんと肺碧《あを》きまで海のたび」(篠原鳳作《しのはらほうさく》)。

　漢字語は勘定に入れずとも、朝鮮語の固有語のオノマトペは、語彙の数も豊富であるだけでなく、実際に用いられる使用頻度も非常に高い。ちょっとした辞書でも数千は楽に収録している。青山秀夫《あおやまひでお》編著『朝鮮語象徴語辞典』(一九九一、大学書林)は、音象徴語と言われる単語群まで含めてであるが、文学作品から収集した八八〇〇語ほどを収録している。

　様々な言語に擬声語はそれなりにあるが、擬態語がとりわけ豊富なことが、朝鮮語や日本語の特徴である。英語やドイツ語、フランス語といったヨーロッパの言語でも、古くインド＝ヨーロッパ語の祖語に語源を遡ると、実は擬態語だったなどという単語は意外にある。ただしそれはその単語が擬態語であったと、母語話者にとって謂わば知識としてわかるものである。朝鮮語や日本語の擬態語はそうしたまどろこしいものではない。それがいかにも擬態語であると、多くの母語話者が直観的に共通した認識を抱く。そうした一目瞭然たるありかたで、擬態語が存在しているのである。換言すると、朝鮮語には母語話者にとって一目でそれとわかる擬態語が、たくさん存在しているということになる。

日本語と朝鮮語のオノマトペの大きな違いは、日本語では文学などでオノマトペを多用すると、しばしば軽い文体、話しことば的な文体となる傾向があるが、朝鮮語では重厚な描写的文体にも多用される点である。

朝鮮語の語彙の面白さもまた、文法以上にいくらでもあって、本の二冊や三冊では足りない。文字を見るための前提的な確認としては、まずこれくらい押さえておけばいいだろう。

第1章ではハングルの名称、言語と文字が異なるものであること、母語、朝鮮語の概略など、文字を考える前提となることがらを見た。第2章ではいよいよハングルがまさに生まれようとしている空間が、いかなるものであったかを、見ることにしよう。ハングル前史である。

第2章

〈正音〉誕生の磁場

世宗の想像図をあしらった韓国の紙幣

一　文字を〈創る〉——漢字の磁場から

文字を〈創る〉とは

第1章で見たように、言語と文字は異なった位相にあり、ことばはまず〈話されたことば〉として存在するものであった。朝鮮半島で話されていた言語も、固有名詞や、漢文を読むための助詞的な要素など、ごく一部分が漢字などを用いて書かれることはあったが、言語が全面的に文字に書かれるということはなかった。即ち、朝鮮語は基本的に〈話されたことば〉としてのみ存在したのであった。全面的に〈書かれたことば〉としての朝鮮語は、歴史の中で、未だ誰一人眼にしたことのないものであった。

一五世紀、朝鮮王朝第四代の王、世宗《セジョン》は、未だかつて誰も見たことのない、〈書かれたことば〉としての朝鮮語をこの世に出現させようとした。〈訓民正音〉、後に〈ハングル〉と呼ばれる文字体系を創出したのである。朝鮮王朝の若き知識人たちが世宗の志を共にした。

考えてみよう。〈話されたことば〉として日常の中で語り、耳にする言語を、〈書かれたことば〉として創り上げる。それはいったい、どのような仕組みにすればよいのだろう。〈文字〉

というものを、どのような仕組みに創り上げればよいのだろう。

私たちはしばし、王朝の知識人たちと共に、新たなる文字を創り出す営みを共にしてみよう。

〈文字〉とは漢字のことであった

〈文字〉というものを考えるとき、世宗や王朝の知識人たちがモデルとしうるものは、そこにあった。それが〈漢字〉である。モデルとしうるもの、と言ったが、漢字は単にモデルにしうる文字の一つとしてあったのではない。朝鮮半島にあって、およそ〈書かれたことば〉の全ては漢字、漢文で書かれていた。王朝の歴史のみならず、彼の地の、およそ書かれた歴史の時代から、その彼方、神話的な想像力の時代を書くときでさえ、漢字、漢文こそが正統なる〈文字〉であり、漢字、漢文で書かれたもののみが、正統なる〈書かれたことば〉であった。即ち、〈文字〉とは〈漢字〉のことであった。文字を創る立場の私たちの周りには、生まれてこのかた、話すことばは朝鮮語であるのに、〈文字〉は基本的には〈漢字〉しかなかったし、〈文章〉は〈漢文〉しか存在しなかった、そうした歴史と環境が出発点である。〈訓民正音〉の誕生を見るにあたって、このことは踏まえておかねばならない。

漢字はいかに創られているか――〈六書《りくしょ》〉の原理と〈形音義《けいおんぎ》〉

〈訓民正音〉の創製者たちが真っ先に見据え、対峙したのも、この〈漢字〉のシステムであった。漢字は日常そのもの、謂わば生そのものであったから。
私たちもここで改めて〈文字を創る〉という立場から、〈漢字〉を見つめ直してみよう。漢字はどのように創られているのであろう。先に〈表意文字〉であるといったけれども、実は〈表意〉などということばでは、漢字の本質を見たことにはならない。本当に重要なのは、その〈意〉とは何か、〈意〉と、漢字の形や音とはどのような関わりがあるのか、ということにある。漢字の形、音、意味を、伝統的に〈形《けい》、音《おん》、義《ぎ》〉と呼び習わしている。漢字の本質に肉迫するには、どうしてもこの〈形音義〉の相関を見なければならない。

漢字の造字法は、中国の周王朝の時代から知られている〈六書《りくしょ》〉という分類法を見るのがよい。後漢の時代、一〇〇年頃に成立した、許慎《きょしん》による『説文解字』は、〈六書〉を次のように整理してみせた。例を図式化して示す。読みは仮に日本語のものを付す。

一、象形　　↓　日
二、指事　　↓　上
三、会意　人＋言　↓　信
四、形声　氵＋可　↓　河
五、転注　楽《オンガク》［ガク］　↓　楽《たのしい》［ラク］
六、仮借《かしゃ》　求《キュウ》（かわごろも）　↓　求《キュウ》（もとめる）

漢字の根源〈象形〉と抽象化された象形〈指事〉

〈象形〉とは、文字通り「形を象《かたど》る」ことで、「日」「月」などの字はこうして造られている。具体的に形ある対象を形象化するものである。この〈象形〉こそ、漢字の根幹をなす造字法だと言える。文字を創るという観点からも、こののちハングルとの対比を考えるにあたっても、心に留め置くべき、重要な原理である。

〈指事〉は、「事を指す」、謂わば抽象化された象形だと言える。後漢の七八年頃成立とされる『漢書《かんじょ》』の「藝文志《げいもんし》」では〈指事〉を〈象事〉とする。文字通り「事」を「象る」わけである。「上」「下」などの字形はこうしてできているとされる。「一」「二」「三」なども これであろう。〈指事〉は抽象的な対象を形象化するものである。これもまた、記憶に留めたい。

〈会意〉と〈形声〉――〈象形〉と〈指事〉の限界を超えるために

〈会意〉は、「意を会わす」、象形文字や指事文字を組み合わせることを言う。「藝文志」では「意」を「象る」、即ち〈象意〉とする。『説文解字』では「戈」（ほこ）と「止」（あし）で「武」を造る、「人」（ひと）と「言」（ことば）で「信」を造る例が挙げられている。なお、白川静《しらかわしずか》（一九七〇：一二六）は『説文解字』のごとく「止戈を武となす」とするのは、卜文《ぼくぶん》や金文の字形が戈《ほこ》をかかげて進む形に造ることから、誤りとする。戦争否定を願う人類の希望が託されているように思うともつけ加えている。藤堂明保《とうどうあきやす》編『学研 漢和大字典』（一九七八）でも、『春秋左氏傳』に「戈（カ）を止（とど）むるを武となす」というのは誤りであるとする。
〈形声〉は、音を表す「音符《おんぷ》」と、意味のカテゴリーを表す「義符《ぎふ》」を組み合わせる方法である。「水」を表す義符「氵」と、音を示す音符「可」を組み合わせて「河」を造るなどである。「藝文志」では〈象声〉とする。

　考えてみればすぐわかるように、〈象形〉と〈指事〉だけでは、すぐに限界がやって来る。具体的な対象であれ、抽象的な対象であれ、指し示す対象に対して、一対一的に字形を造っていくのでは、形のヴァリエーションを造る困難はもちろん、膨大な数の形を憶えるという、人の記憶の限界がやって来る、何よりも限られた〈小ささ〉の中で形を区別する限界がやってくる。文字は、形の外側にあれこれ字画を加えてどんどん巨大にしたり、字の内側に細密画のようにぎりぎりまで字画を加えていったりするわけにはいかない。文字はそれが文字であろうとする限り、見えなければならないし、書けなければならない。文字は、その形の外であれ、内であれ、無限に形をつけ加えてゆくわけにはいかないのである。文字は人の知覚と身体性の許す尺度でのみ、文字たり得る。この意味で、文字は常に身体のすぐそばに在る。

　ちなみに、橋本萬《はしもとまん》太郎《たろう》編（一九八〇：二七九―二八三）は、現代の漢字でさえ、中国語でそれなりのことを書こうとすると、五、六〇〇〇字は知らなければならない、わずか一〇〇万字ほどの書きことばの調査でも現れる漢字の種類は五〇〇〇を超すのだと、負担の大きさを指摘している。

漢字のように、基本的に対象を名づける単位ごとに文字を創る、単語の数だけ文字を創るとすると、対象の数だけ文字を無理なく産み出すシステムを、どうしても漢字の内に宿しておかねばならない。漢字が漢字を産み出せるような仕組みを、漢字の内部に宿す必要がある。〈象形〉と〈指事〉は、そうした自己増殖のシステムとは言えない。

〈会意〉や〈形声〉という二元的な〈組み合わせ〉の造字方法は、〈象形〉と〈指事〉のこうした限界を超えるメカニズムであった。相対的に少ないユニットで、より多くの漢字を造ることができるようになる。膨大な数のことばに対して一対一的に形を与えるのではなく、例えば義符と音符、例えば部首といった具合に、限られた要素に形を与え、それを二元的に組み合わせること、これもまた、膨大な数の対象を形象化する方法の一つであった。〈形声〉という二元造字法は今日の漢字の八〇パーセントを占めると言われる。

〈仮借〉、そして〈転注〉考——河野《こうの》六郎《ろくろう》の文字論

〈転注〉と〈仮借〉については、日本を代表する言語学者である河野六郎（一九一二—一九九八）の述べるところを聞こう。六書のうち、〈転注〉だけはその内実がよくわからず、古来、諸説入り乱れていたところを、河野六郎が「転注考」という論考で、古代エジプトの聖刻文字《ヒエログリフ》や古代オリエントの楔形《くさびがた》文字と比較しながら、〈仮借〉と〈転注〉を対照する、次のような整然た

る解釈を説いたのであった。

「求」（キュウ）という字は元来、「皮衣《かわごろも》」を表す象形文字であった。それが「皮衣」を表す単語と同じ発音である「求める」という意味の単語に〈仮借〉されて、「求」の字を「求める」意味に使い、ついには「求」の字の方が「求める」意味の専用となってしまった。「求」の字は「求める」意だけを表し、「皮衣」を表さなくなったので、「皮衣」を表すのには、「求」に衣偏を加えて、「裘」（キュウ、かわごろも）という文字を別に造るに至った。〈仮借〉とは、このように、元来意味が異なる字を、同じ音や似た音の単語に宛てて用いることである。謂わば「同音異字」の用法といったところであろう。

〈転注〉は、同じ一つの文字を、異なった意味類を表すのに用いる方法である。「同字異語」homograph をもたらす用法だと言える。「楽」の字は、「音楽」の意味では「ガク」、「楽しい」意味では「ラク」となる。同じ文字を異なった意味に用いているわけである。あるいは「車」の字は、朝鮮語では、意味の差は大きくはないが、「自動車」（チャドンチャ）や「汽車」（キチャ）では「チャ」、「自転車」（チャジョンゴ）などでは「コ」と使い分けて発音する。ちなみに、姿は見なくなったが、「人力車」（イルリョクコ）でも「コ」であった。

河野六郎の「転注考」の言うところを、敢えて大雑把に総括すると、〈仮借〉は〈音〉の他〈義〉への転用であり、〈転注〉は〈形〉の他〈義〉への転用というスキーマで描けよう。

〈六書〉のうちの〈象形〉と〈指事〉は「独体」、〈形声〉と〈会意〉は組み合わせによる「合《ごう》体《たい》」であると言われる。これらは字の「体」、即ち形そのものの造りの分類である。文字の造りについては、これら四書で、分類は基本的に尽くされている。これらに対して、残りの二書、〈仮借〉と〈転注〉は、字の「用」、即ち用い方の分類であり、〈六書〉とは、「独体二類、合体二類、運用二類」の「三耦《さんぐう》」を成す、整然たる分類であるとされる。換言すれば、六書を形の点からの造字法で分類すると、象形と指事はそれ自体の形を造る単一造字法、会意と形声は、形の上での二元造字法、仮借と転注は在る形を他に転用する転用造字法とでも呼ぶことができる。

ちなみに、カナダの中国語学者・エドウィン・プリブランク（一九二二―二〇一三）は、その著 Pulleyblank (1995:8) で、この〈六書〉のうち、〈象形〉imitating shapes、〈指事〉pointing to things、〈会意〉combined meanings、〈転注〉transferred notation は非音声的 non-phonetic なものであるのに対し、〈形声〉form and sound と〈仮借〉borrowing は音声的 phonetic な原理に基づいており、この音声的なタイプが漢字の多くを占めているのだと述べている。

〈形音義〉トライアングル・システムとしての〈表語文字〉

〈象形〉を根とする〈六書〉の原理によって造られている漢字が表すものは、何であろう。単なる「意味」といったものではない。河野六郎はそれを〈語〉であるとする。即ち〈単語〉を表すことこそが、漢字の本質的な機能であり、実は漢字のみならず、あらゆる文字の基本的な言語的機能であると説く。〈表語文字〉こそが文字の生まれる姿であり、また向かう姿でもある。

河野六郎の文字論は、この後も〈訓民正音〉を見据えるうえで重要な導きの糸となるであろう。

子（シ）・曰（エツ）・父（フ）・在（ザイ）・観（カン）・其（キ）・志（シ）、父（フ）・没（ボツ）・観（カン）・其（キ）・行（コウ）、――子曰く、父在《いま》せば其《そ》の志《こころざし》を観《み》、父没すれば其の行いを観る。『論語』などを見てもわかるように、古い中国語では、多くは基本的に一字が一つの単語を表した。そしてここでそれぞれの漢字に付した日本漢字音では、「エツ」「ザイ」などのように、二音節になっているものもあるが、中国語では漢字一字が常に一音節であり、それが一単語であった。即ち、古く中国語は音の面から見ると、一音節で一単語を表す、単音節の言語という性格が極めて濃厚であった。言語の、音のレベルにおけるそうした性格の上に、文字のレベルにおける漢字が成立していたわけである。漢字は、古き中国語という言語が有するこうした性格のうえに、〈形音義〉が一つのユニットとして統一されたトライアングル・システムであった。

漢字は音節の境界を視覚的に示す文字であった

ここで漢字について重要なことを確認しておこう。漢字に関する議論ではしばしば霞んでしまうのだけれども、漢字は単に「表意」や「表語」だけを担っていたわけではない。中国語圏にあっては、漢字一文字というユニットが、一つの音節を表し、漢字と漢字の間の空白は、〈音節の境界〉という、音の平面における決定的な要素を光の平面に投影していたのである。

一つの単位が一つの音節を表すというこの点においては、中国語圏における漢字は、仮名などとはまた別のありようの〈音節文字〉でもあった。漢字は音の世界における音節境界を光の世界で鮮明に示す装置だったのである。

このように〈その文字は音節境界を表すか〉という問いは、私たちが文字を考えるとき、ややもすると、見落としがちだけれども、決して軽んじてはならない。

二　自己増殖装置としての漢字

漢字の自己増殖装置としての〈形音義〉トライアングルと〈六書《りくしょ》〉

aという字母が/a/という音を表すといった、〈形〉と〈音〉との一対一的な対応のシステムからなる文字を、〈アルファベット〉あるいは〈単音文字〉と言う。

アルファベット（単音文字）のシステム

漢字はこうした一対一的に一つの線で結びつくシステムではなく、〈形音義〉の統合された象形トライアングル・システムとして成立した。このことは、とりもなおさず、漢字自体が自己増殖しうる仕掛けを内に宿すことでもあった。

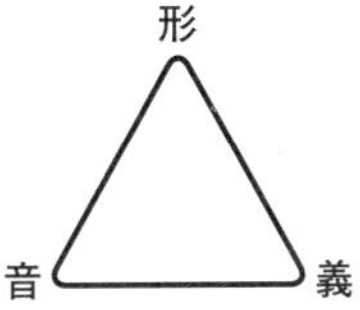

漢字の〈形音義〉
トライアングル・システム

〈形音義〉を頂点とする三角形の辺の変容が、即ち〈六書〉に他ならない。この観点から〈六書〉という自己増殖法を見直してみよう。

①まず漢字は〈象形〉という、〈形音義〉が一体となるユニットとして誕生した。「日」や「月」がこれであった。〈象形トライアングル〉と言うべき、〈形音義〉の均衡に成り立つ、漢字の最も原初的な姿である。

②次に「上」や「下」などに増殖した〈指事＝象事〉のシステムとは、〈形〉と〈義〉の軸の変容であった。〈義〉は具象的な客体から抽象的な客体へ、そして〈形〉（ゲシュタルト）はより抽象化された形へと変異する。

③〈会意＝象意〉とは、「意を会わす」、象形文字や指事文字を組み合わせることであった。「武」や「信」がこうして宿された。「ひと」と「ことば」の〈義〉と〈義〉を〈形〉の上で組み合わせ「信」を作る。結果としての〈形〉が増殖する。これもまた、〈形〉と〈義〉の軸のできごとである。

④「水」を表す義符「氵」と、音を示す音符「可」を組み合わせて「河」を造るといった〈形声＝象声〉は、音を表す「音符」と、意味のカテゴリーを表す「義符」を組み合わせる方法であって、言うまでもなく、〈音〉と〈義〉の軸の変異である。結果として〈形〉の単位はそのままに、組み合わせの結果としての〈形〉が増殖する。

⑤〈転注〉は同じ文字で異なった意味類を表す用法であった。「楽」の字は、「音楽」の意味では「ガク」、「楽しい」意味では「ラク」とされるように、一つの〈形〉を複数の〈義〉へと転用するものであった。〈転注〉は〈形〉と〈義〉の軸におけるできごとである。

⑥〈仮借〉とは、「同音異字」の用法、元来意味が異なる字を、同じ音や似た音の単語に宛てる用法であった。もともと「もとめる」意ではなかった「求」を発音が同じだという理由で「もとめる」意に用いるなどがこれであった。漢字の〈形〉自体は増殖しないが、用法によって漢字をその働きの上で増殖させている。〈仮借〉は〈音〉と〈義〉の軸でのできごとである。

〈音―義〉の軸、〈形―義〉の軸の変容と、〈形―音〉の軸の鞏固《きょうこ》

漢字の自己増殖システムとしてこのように〈形音義〉のトライアングル・システムを見たとき、変容を起こしているのは、〈形〉と〈義〉の軸、〈音〉と〈義〉の軸だけで、基本的に〈形〉と〈音〉の軸では変容が起きていないことが明らかになるであろう。〈形〉と〈音〉の軸は、中国語圏の大地にあっては、それほどに鞏固なものであった。

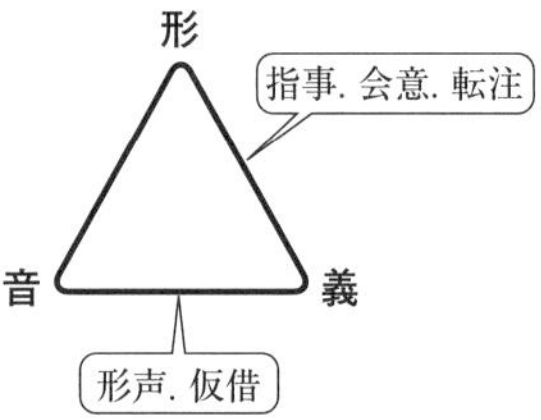

象形トライアングル・システムと
〈六書〉による変容の軸

〈形〉と〈音〉の鞏固なる軸の上での変容、即ち漢字の一つの〈形〉が他の〈音〉を獲得することと――例えば「山」が「サン」のみならず、それに重ねて、「やま」という〈音〉を獲得することと――は、中国語圏ではなく、朝鮮語や日本語といった、他の言語圏の人々によっても

たらされた。「山」「サン」に重ねて、「やま」という新たな〈音〉を、日本語では〈訓〉という、伝統的に定まった〈読み〉として得る。漢字の〈訓読み〉がこれである。さらに一文字一文字だけでなく、古典中国語の文章、即ち漢文テクストをも、〈訓〉を利用しながら、読んでゆく。漢文の〈訓読〉と言われるシステムである。

〈形―音〉線上の詠唱《アリア》――〈訓読〉

この〈訓読〉や〈訓読み〉と言われるシステムこそ、〈形音義〉トライアングルの〈形―音〉線上で起こった、漢字エクリチュール史上、さらに言えば、世界文字史上、画期的なできごとであった。〈訓読〉や〈訓読み〉は、謂わば〈形―音〉線上に他の言語音で奏でられる超絶技巧であり、〈形―音〉線上の詠唱（アリア）である。それは、漢字漢語内部における用法増殖システム〈転注〉〈仮借〉を、全く異なった次元で超える、用法増殖システムであった。

なお、中国語のいわゆる方言という観点から見ると、〈音〉はそれぞれの方言間で異なりうるわけで、同じ漢字が方言ごとに異なった音で読まれうる。しかしながら、これは音価それ自体が謂わば方言ごとにシフトしているのであって、同じ方言の中で、一つの音の上に別の新たな音を獲得しているわけではない。「山」という文字が、「サン」という〈音〉に加えて、〈やま〉という新たな〈音〉を獲得する、〈訓読み〉とは異なるし、ましてや〈訓読〉とは異なるものである。

前述のごとく、言語の平面と文字の平面は異なった平面である。言語の平面において、中国語の文字の層に、例えば日本語という新たなる言語の層（レイヤー）が重ねられることによって、〈形音義〉トライアングル・システムは、温存されてきた〈形〉と〈音〉の軸までも変容を獲得し、極限まで生かされる。〈形〉が全く新たな〈音〉を獲得する〈訓読〉とは、一つの言語の平面に新たな他の言語の平面を累加することによって、〈形音義〉トライアングル・システムで残されていた最後の可能性を実現する、極限用法であった。そしてここで見たような、文字の平面と言語の平面を往来する多層的な動的変容こそ、動態としての世界エクリチュール史を形作る、決定的なモメントとなるのである。

〈形音義〉はいかに在るか

漢字が〈形音義〉トライアングル・システムであることを見た。ここでは既存の多くの漢字論のように〈形―音―義〉と線的に並列するのではなく、トライアングル・システムとして〈形音義〉を位置づけることを行ってきた。私たちはさらに進んで、この〈形音義〉なるそれぞれが、一体どこに実現するものなのかという問いを立てておこう。答えはこうだ。

文字における形《けい》は光《ヒカリ》の世界に実現する。音《おん》はもちろん音《オト》の世界である。それでは義《ぎ》は？

ここで絶対に過《あやま》ってはならない。義＝意味とは私たちが生きているこの世界に在る対象そのもののことではない。「山」という漢字の義は、あの遠くに見えている山、あちこちにある山、それら「山」と呼ばれるものたち、それ自体ではない。なるほど世界に存在するそれらを想起させはするかもしれない。しかしどこまでも世界に存在する「山」そのものではない。つまり誰が見ようとも、誰がいかに感じようとも、どのように接近しようとも、そこ、世界に存在している「山」、言語外現実に存在する「山」のことではない。そうではなくて、その「山」とはあなたの頭の中に想起される「山」のことだ。従ってその「山」は皆、人ごとに異なり得るものである。義つまりことばの意味とはあなたの頭の中に想起されるもののことだ。意味とは、あなたの頭の中に――心の中にと言ってもよい――造形されるところのものである。つまり私たちはことばによって意味を心の中に形造るのである。謂わば言語的対象世界を心の中に産出する。

なお「心」ととりあえず呼んだけれども、それが馴染まなければ、「脳」でもいい。ただし物質的な脳を想起されては、ちょっと外れてしまう。脳そのものではないからである。そもそもここで言う「心」は、「精神」だの「意識」だの、古来、様々な呼ばれ方をしたのであった。あまりにもいろいろな性格が纏《まと》わり付いていて、今一つだが、ここでは「心」にしておこう。言語外現実ではないことを闡明《せんめい》にして。

文字の原理としての〈形音義〉

整理しよう。形は光《ヒカリ》の世界に、音《おん》は音《オト》の世界に、そして義は心《ココロ》の世界に実現する。つまりこ

文字の原理としての〈形音義〉

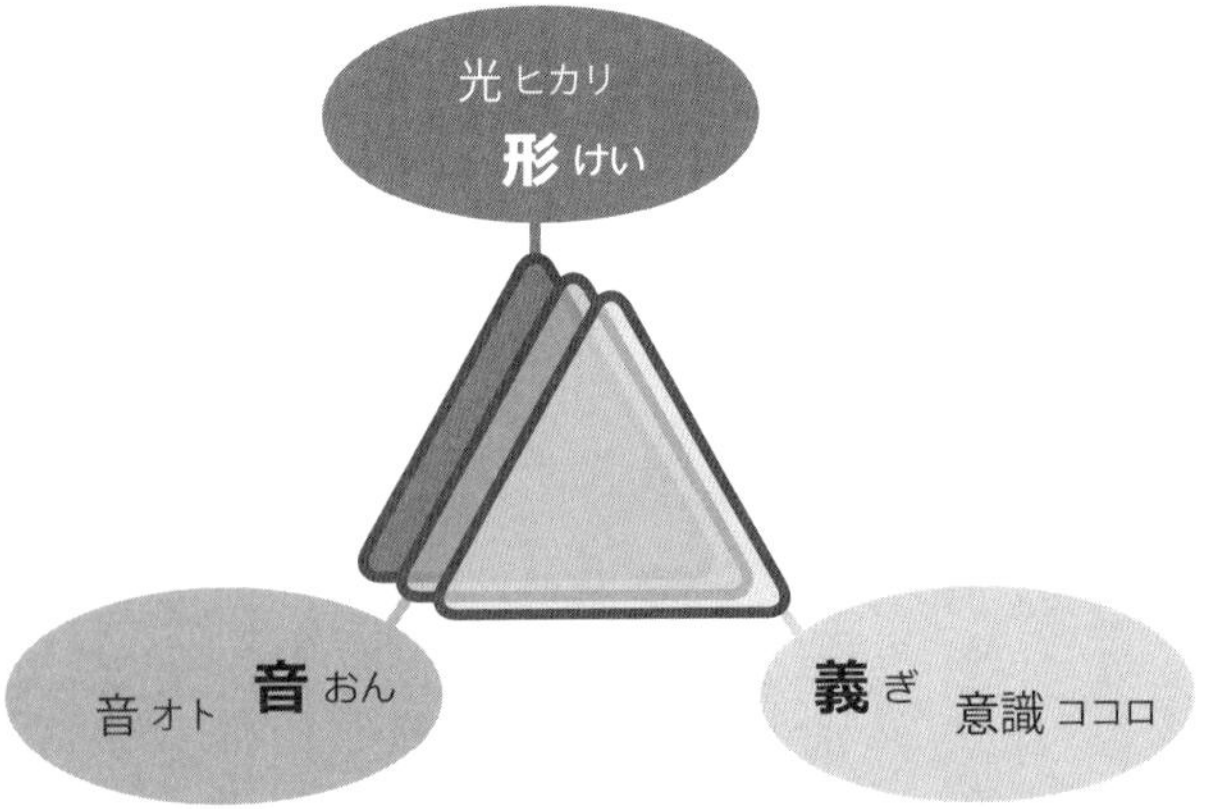

〈形音義トライアングル・システム〉における形《けい》はヒカリの世界の、音《おん》はオトの世界の、そして義《ぎ》は意識、ココロの世界の出来事である。これらトリアーデが統合されて働く機制こそ、文字の本質をなす

れら三つは別々の平面にある。〈光・音・心〉の世界に実現する〈形音義〉、これらのトリアーデが一つに統合されて働く機制こそ、〈文字体系〉の一般原理に他ならない。

漢字は、その一文字一文字それぞれが一つのユニットになって〈形〉を司る文字体系である。漢字であれば例えば「山」という一文字で担う〈形〉を、ラテン文字＝ローマ字のようなアルファベットは、例えば mountain（英）だったり、Berg（独）だったり、montagne（仏）だったり、gora(ropa)（露）だったり、monto（エスペラント）だったり、san（朝）だったり、yama（日）だったりと、こうした文字列という集合が一つのユニットとなって〈形〉を司るわけである。

なぜ多くの既存の文字論からは文字の原理論が構築できないのか

既存の文字論は一文字一文字に注目してきた。それ自体はよい。しかしほとんどの文字論のように、一文字から出発し、一文字で終わってしまっては、表音だの表意だのまでは到達できても、文字体系のこうした原理は永遠に見えない。文字列という集合が一つのユニットとなって〈形〉を司るというアルファベットのシステムを見据えねばならぬのに、私たちはどうしても単音文字という性格、個々の文字が「常に音を表している」という幻想に引き摺られる。幻想は遂に信仰へと墜落する。アルファベットは常にそしていつまでも個々の音を表しているのだという信仰から、抜け出せない。

この信仰は、文字についての二〇世紀最高の知性とも言うべき、かのジャック・デリダ（一九三〇―二〇〇四）の諸論考にさえ見え隠れする。アルファベットは音から出発してはいても、それが〈書かれたことば〉として立ち現れる際には、既に個々の音の平面はとっくに抜け出ているのであって、〈単語〉としての、後に述べる〈形態素〉としての平面にやって来て〈形〉をなし、それら〈形〉を手掛かりにして、私たちは心のうちに〈義〉を造形しにかかるのである。

漢字はそれ自体の形のうちに音は透けて見えない。これに対して、アルファベットは書かれ

た単語のうちに音が透けて見えている。yamaという単語には常に、ｙａｍａという個々の音が透けて見えている。だが〈書かれたことば〉のうちに音が透けて見えるからと言って、それら個々の音が〈義〉を造形してくれるわけではない。アルファベットにおいて個々の文字はまだ〈形〉なのではない。アルファベットの文字列の集合こそが、光の世界で〈形〉となって、〈音〉や〈義〉と統合されながら働くのである。ではハングルは？ 읽という一文字にφilkという音が透けて見えている。ハングルは自身の形のうちに音が透けて見えている。そう、そのことの面白さは、後にとっておこう。

確認しよう。〈形音義〉のトリアーデこそ、〈文字〉の原理に他ならない。

〈絵画〉の彼方としての〈文字〉

先に、ことばはまず〈話されるもの〉として存在すると言った。例えば古代、甲骨文字といった形で漢字がまさに生まれんとしているとき、中国は中原《ちゅうげん》にあった人々によって〈話されたことば〉は、一音節が一つの単語、つまり一音節が一義というありようで実現していた。そうした〈話されたことば〉の基礎の上に立って、〈書かれたことば〉としての漢字は、一つの音節、一つの意味に、一つのまとまった形、ゲシュタルト（Gestalt かたち）を獲得するというシステムで成立していったのである。〈象形〉とは、日や月といった、人が視覚的に知覚しうる客体を象ることであったと同時に、それら客体を語る音を、客体の形を通して呼び起こす仕掛けであった。謂わば、人は甲骨に義を形として刻みながら、音を唇に奏でたのである。〈絵画〉と〈文字〉との区別もまさにここにある。客体の形を描くのは、全て絵画でありうるのに対し、文字は客体を名づける音と形が結びついていなければならない。客体を象った形だけでは絵文字ではあっても文字たり得ない。そこでは形が客体を想起させるだけで、そこにことばは介在していないからである。客体が象られた形は、客体を名づける言語音を呼び起こしうる形となって初めて、文字たり得る。

漢字の最も原初的なメカニズムである〈象形〉にあっては、〈形〉が〈音〉を呼び起こし、その〈音〉は、〈主体のなかにあって想起される客体〉たる〈義〉を呼び起こす、形は〈想起される客体たる義〉を浮かび上がらせ、その〈義〉はその義の名づけたる〈音〉を呼び起こす、漢字のこうした〈形音義〉のトライアングルこそ、言語音が文字となる、即ち〈話されたことば〉が〈書かれたことば〉として立ち現れる、決定的な仕組みであった。

〈転注〉の細部などはともかく、漢字のこうした創られ方の原理は、一五世紀朝鮮王朝の知識人たちも知るところであったし、文字を創るにあたっては、真っ先に検討されたことであったろう。しかしながら、驚くべきことに、〈訓民正音〉の創製者とそのイデオローグたちは、朝鮮においても一千年に亘《わた》って親しみ育んできた、〈象形〉を核とするこうした〈六書の原理〉、そして〈形音義〉の統一体というシステムと、訣別するのである。

三　〈訓読〉の仕掛け

〈訓読〉の本質的な仕掛け

〈訓読〉について触れたので、ここで確認しておこう。文字を創るということを考えるなら、この〈訓読〉がいかなるものであるかを見ておかねば、重要な前提を見落とすことになるからである。なにせ、漢文は朝鮮の知識人たちの知の源泉を支えるシステムである。

漢文に訓点などを施して、日本語で読むことを〈漢文訓読〉とか〈訓読〉と言っている。例えば朝鮮でも日本でも古くから親しまれてきた『論語』の巻頭に、こうある。

學而時習之不亦説乎

この漢字の文字列、句点も読点もないこうした漢文のテクストを〈白文〉と言っている。これを日本語では例えば次のように読む習慣である。

学《まな》びて時《とき》に之《これ》を習《なら》う、亦《ま》た説《よろこ》ばしからずや

右のテクストは、「学んでは、しばしば学んだことをおさらいする。いかにも嬉しいことだ」といったほどの意に取っておこう。学派による漢文の解釈は様々で、勝手な解釈を書くと、お叱りを頂戴するかもしれない厳しさが待っている。

〈訓読〉の統辞論——返り点

さて原文の漢文は古典中国語であるので、「之《これ》を習う」が「習う之《これ》」の順となっているなど、日本語で読み解こうとすると、日本語と語順が異なっていることがわかる。「之を習う」という「目的語＋述語」という配列が「習う之」という「述語＋目的語」の配列になっているわけである。

「之を習う」とするか「習う之」とするかなど、目的語や述語といった文の成分、あるいは単語などの要素を、文を組み立てるうえで時間順にどのように配列するかという問題は、文法論では統辞論 syntax という分野で扱っている。syn-（共に）-tax（配する）ことである。これに対して、時間順と並列的に、単語が「学ぶ」「学び」「学べ」などと形を変えるといった問題は、形態論 morphology で扱う。morph とは「形」の謂《い》いである。文における単語の外部との関わり、単語間の連なりを扱うのが統辞論で、単語の内部の形を扱うのが形態論ということになる。統辞論的なまとまりをシンタム syntagm といい、形態論的なまとまりはパラダイム paradigm という。形態論と統辞論は文法論の二大分野とされる。

形態論と統辞論という観点から見ると、中国語を日本語で訓読するためには、両言語間の統辞論的な違いをまず克服しなければならないわけである。前述のごとく、朝鮮語も日本語と同じ類型に属するので、同じ問題を抱えている。

日本語という層《レイヤー》を重ねる

ここで日本語圏の人々は、白文に対して、新たに透明な薄紙を重ねるように、レイヤー layer（層）を重ね、そのレイヤーの上に、符号を付して、解釈の単位と順序、即ち統辞法《シンタックス》をテクストに加えるということを行った。

もちろんこうしたレイヤーの重ねは〈読み〉の中で行われるもので、薄紙が物理的にあるわけではない。実体としては、紙や書物の上に、符号のみが記されることになる。統辞論のテクスト化を物理的に形象化すること、即ち物理的な符号づけは、筆で記されるのみならず、筆以外の筆記具、例えば〈角筆《かくひつ》〉と呼ばれる、先端を削った象牙や柘植《つげ》、竹などで行われることもあった。現代では鉛筆やボールペンでも書き込む。

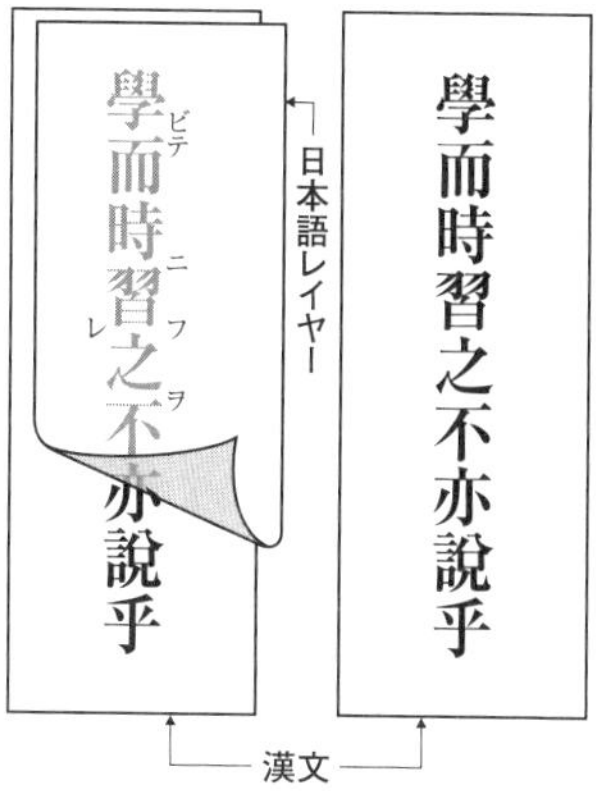

漢文に日本語という層《レイヤー》を重ねる

「習之」を「之習」と一字返って読む符号として、「レ点」（かりがね点）と呼ばれる〈返り点〉を左下に付す。「次の一字は返って読め」という符号である。二字以上を返って読むには、「一二点」と呼ばれる符号を付す。先の文はこうなる。

學而時習レ之、不二亦説一乎
学《まな》びて時《とき》に之《これ》を習《なら》ふ、亦《ま》た説《よろこ》ばしからずや

このレ点と一二点だけでも、かなり複雑なシンタックスを表すことができる。『論語』から引く。

① ②⑦ ③ ⑥ ⑤ ④ ⑧
吾未二嘗不レ得レ見也

「吾未《われいま》だ嘗《かつ》て見《まみ》ゆることを得《え》不《ず》んば未《あら》ざる也《なり》」（私はこれまでお会いできなかったことはないのです）と、①から⑧の順に、七文字の漢字を行きつ返りつして、八文字分を読むことになる。「未」は「いまだ……ず」と、二度読むことになるので、こういう文字を「再読文字」などと呼んでいる。「再読」文字！ 同じ文字を後から返ってもう一度読む、そんなことが許される、テクストにとってこれは驚くべきことである。前から後ろに読んでゆくという、テクストを体験する時間が、根底的な変容を被るのであるから。〈書かれたことば〉は時を戻ることができる。

　一二点はもちろん三や四も必要に応じて用いられる。レ点と一二点で足りなければ、上中下点とか、甲乙丙点、天地人点などといったものまで用意されている。こうなるとほとんど名人芸としか言いようがない。そこまでやるくらいなら、最初から中国語で読んだ方が、と言いたくなるかもしれないが、古の人々は是が非でも日本語のシンタックスに収めてこそ、読んだということになったわけである。

　ここで重要なことは、漢文に返り点を付したのは、重ねられた〈日本語というレイヤー〉の上だったということである。

そしてそのレイヤーには、統辞論的な情報だけでなく、形態論的な情報も書き込むことができる。

〈訓読〉の形態論——送り仮名

古典中国語では、単語の形は変化しない。「学ぶ」「学び」「学べ」、どのような意味になろうとも、皆、〈音〉は同じである。現代中国語北京音なら xué（süe シュエ）で、「学ぶ」も「学び」も「学べ」もいつも xué（シュエ）である。藤堂明保編（一九七八：三四二）によれば、上古音と呼ばれる、周、秦、漢の時代の形は fŏk と推定されている。古典中国語では「食」が「食べる」意にも「食べること」「食事」の意にも用いられるように、動詞は概ねそのまま名詞としても用いる。音形が変わらないので、結果として文字の形も変える必要もない。どんな意味でも「學」は「學」のままである。

気をつけなければならないのは、「単語の形は変化しない」などというときの「形《かたち》」とは、〈音〉のレベルのことがら、即ち〈音形〉だという点である。〈音〉の平面と〈文字〉の平面は混同してはならないのであった。〈形音義〉であれば、〈義〉だけが文の中で変わっても、〈音〉が変わらず、その反映として〈形〉も変わっていないのである。古典中国語では、たとえ動詞であっても、単語の形、つまり単語の〈音〉は変化しない。

これに対して、日本語や朝鮮語は「学ぶ」「学び」「学べ」といった具合に、動詞が活用するなど、単語の形は変化する。〈音〉のレベルで単語の形が変化する。つまり単語が形態論的なパラダイム＝語形変化を有しているわけである。朝鮮語も形態論的なパラダイム＝語形変化を有している点は、日本語同様である。レイヤー上に統辞論的な情報が与えられただけでは、こうした形態論的な情報は得られない。

そこで訓読にあっては、「学」を「まなぶ」とするのか、「まなび」とするのか、あるいは「まなべ」と発音するのかといった、単語の音形の上でのパラディグマティックな違い、即ち形態論的な違いをテクスト化する。それは漢字「學」の右下に「ぶ」「び」「べ」といった仮名で付される。これが〈送り仮名〉である。

學《ビテ》而時《ニ》習《フ》レ之《ヲ》、不二亦《タ》說《バシカラ》一乎

〈送り仮名〉は、英語であれば、例えばwalk（歩く）という単語の語幹を「歩」と書き、walksを「歩s」、walkedを「歩ed」、walkingを「歩ing」とするようなものである。こうした送り仮名があれば、三人称単数だの、過去形だのといった、形態論的なパラダイムを過《あやま》つことはない。

こうして見てきたように、〈訓読〉とは、漢字で書かれた古典中国語のテクストに、他の言語というレイヤーを重ねて読むことだと言える。〈訓読み〉とは「山」という一つの漢字に、「やま」などといった、他の言語の固有語を宛てて読むことである。〈訓読み〉は文字の単位で、〈訓読〉はテクストの単位での読みである。この意味で、〈訓読み〉が〈訓読〉のデバイスの一つたりうるものである。〈訓読〉では記号や文字がテクストに加えられることになる。

〈訓読〉はもちろん、他言語への〈飜訳〉の一種である。それが一般の飜訳と異なるのは、基本的に漢文の原文が生かされるしかたで、それに重ねて飜訳が形作られるという点である。〈飜訳〉とは、trans-（他の場へ）late（移す）ことである。〈訓読〉ではないエクリチュールの飜訳は、その移される場が、原文の横に位置する紙であるのに、〈訓読〉は原文の上に位置するレイヤーという薄紙である。〈訓読〉は漢文を〈写しながら〉〈移す〉。こうして〈訓読〉にあっては、常に漢文が、そのゲシュタルト（かたち）の記憶と共に、透かし出されるのである。

透かし出される漢字のゲシュタルトは、レイヤーという薄紙越しに透かし出されるがゆえに、より深層の記憶として、人々の中に宿る。レイヤーの向こうの存在という仕組みは、時に、人々の意識の中で、その深層の漢文テクストの聖性を守る働きもする。漢文は貴いもの、漢文は近寄りがたいもの、漢文は聖なるもの。レイヤーは対象を写し取りながら、対象を畏怖せしめる仕掛けでもある。

〈訓読〉の意味——〈他言語という重ね《レイヤー》〉

ハングルの誕生を見るにあたっても、〈訓読〉に思いを巡らせることは、二つの意味で重要な前提知となる。

一つに、〈訓読〉の仕掛けを読み解くことは、言語の音と文字との関わり、即ち、〈話されたことば〉と〈書かれたことば〉の本質的な関わりへの接近となるであろうこと。これは言語における文字の普遍的なありようへの接近である。

今一つ、〈訓民正音〉即ちハングル誕生以前の、〈書かれたことば〉としての朝鮮語への接近となるであろうこと。これは個別言語としての朝鮮語における文字のありようへの接近である。

漢文の訓読は日本語の世界のみならず、朝鮮語にも存在した。朝鮮王朝の知識人たちにあって、〈文字〉とは〈漢字〉のこと、〈書かれたことば〉とは〈漢文〉のことであった。ただし〈漢文〉は単に〈漢文〉という異言語の〈読み〉としてだけ実現されていたわけではない。〈訓読〉は〈書かれたことば〉としての朝鮮語の今一つの実現形態だったのである。

〈訓読〉や〈訓読み〉は、〈形音義〉トライアングルの〈形—音〉線上で起こった事件であると言った。漢字を単位として見たとき、〈訓読〉や〈訓読み〉の本質的な仕掛けは、〈形音義〉のトライアングル上に、〈他言語という層《レイヤー》〉を重ね合わせることにあると言わねばならない。漢字の周囲に訓点を施すといったことは、漢字に他言語が重ねられることの、〈形〉への現れに過ぎない。いわゆる〈漢文訓読〉の本質は、言語と言語の間を繋ぐことにあるのではなく、言語に言語を重ねて映し出すところにある。例えば古典中国語に朝鮮語や日本語が重ねられ、言語の重層化が行われることによって、言語間の差異が透かし出される。漢字漢文のテクストに、異言語の統辞論的なシンタグマの分節と配列の差が析出されるであろう。〈送り仮名〉はこうした析出の産物である。

四 朝鮮語の〈訓読〉――〈口訣《こうけつ》〉の構造

朝鮮語での漢文の読み方〈口訣〉――吐《と》と懸吐文《けんとぶん》

朝鮮語では漢文はどう読んだのだろう。おおよそ日本の漢文の〈訓読〉に相当する漢文の読み方を〈口訣《こうけつ》〉と言う。「こうけつ」とも「くけつ」とも言われる。おお、またしても日本語の漢字の読みの多様さ！ 朝鮮語では「구결 クギョル」と言う。

現在まで伝わる伝統的な漢文の読法は、漢文を、朝鮮漢字音で漢文の語順のままに読み下す方法であった。そこに日本語の訓点にあたる〈吐〉（토《ト》）と呼ばれる文字や記号を付して読むことが、広く行われていた。ハングルを吐として用いると、例えば次のような姿となる。

學而時習之면不亦說乎아

吐を付した漢文を〈懸《けん》吐《と》文《ぶん》〉と言う。この吐や懸吐文のことも口訣と呼ばれる。ここで付されている吐、「면」（ミョン）は「……すれば」の「ば」ほどにあたる。最後の「아」（ア）は疑問や反語を表す「か」や「や」などのような助詞、語尾の類である。これを上から音読みしてゆくわけである。漢字音もハングルで表記して、読みをカナで一文字分ずつ区切って示すと、次のようになる。小さく書いたカナは音節末の子音を表す。

學而時習之면不亦說乎아
학이시습지면 불역열호아
ハク・イ・シ・スプ・チ・ミョン　プル・ヨク・ヨル・ホ・ア

これを日本語で表せば、おおよそ次のような姿になる。「バ」だけつけたのでは、読みに具合が悪いから、ここでは「ナラバ」とか「セバ」くらいにして試みにつけてみよう。漢字部分は体言扱いでも、吐がまるで送り仮名のように用いられていることがわかろう。

學而時習之バ不亦說乎カ

學而時習之《ナラバ》不亦説乎《カ》

ガク・ジ・ジ・シュウ（シフ）・シナラバ、フ・エキ・エツ・コカ

先に見た、日本語の訓読と、語順や送り仮名を比べてみよう。

學《ビテ》而時《ニ》習《フ》レ之《ヲ》、不二亦《タ》説《バシカラ》一乎

〈順読口訣〉――朝鮮語のレイヤーに形態論的な情報を加える

朝鮮語のこの読みは、どこまでも中国語の語順を崩していない。統辞論的にはそのまま踏襲し、「ミョン」だの「ア」だのといった、朝鮮語で現れる形態論的に余って出る要素を、〈吐〉として付しているわけである。「之を習う」と返り読みせず、「習う之」のままの語順なので、謂わば「習う之セバ」といった具合に、用言に用いる「バ」を体言につけてしまう勘定になる。ただし、用言は活用させて読むわけではなく、単に音読みをするだけだから、形はどこまでも「シュウ・シ＋バ」である。量を読み込んで、四書五経の幾分かでも暗唱できるようになると、吐をつけずに、朝鮮漢字音で漢文を音読しても、互いに漢文で会話ができるようになるという。それはそうだろう。古典中国語を朝鮮漢字音で発音しているわけで、単に音が違うだけだから、語彙さえ間に合わせられれば、大いに可能であろう。

漢文の語順に沿ったこうした読みを〈順読口訣《じゅんどくこうけつ》〉（순독구결《スンドク クギョル》）と呼んでいる。漢字の音読みに語尾や助詞を加え、かつ返り読みを行わない訓読のようなものである。漢字の音読が基本であることに注目して、〈音読口訣〉（음독구결《ウムドク クギョル》）とも呼ぶ。順読口訣とは、漢文の統辞論的な性格を、音読した句の形で維持したまま、漢文に重ねた朝鮮語というレイヤーに、朝鮮語の形態論的な情報を加えた読みだと言ってよい。

漢字口訣、略体口訣からハングルの口訣へ

今見たのはハングルを吐として用いた口訣であった。一五世紀の〈訓民正音〉誕生以降は、このようにハングルによる口訣、懸吐文が一般的に広く行われている。こんなところにも〈正音〉の便益があったわけで、漢字漢文が公的なものであった朝鮮王朝のエクリチュールの中で、公の場に出ないような、漢文を学んだり、漢文を読むという場で、〈正音〉は実は大きな役割を果たしていたことがわかる。

では、〈正音〉誕生以前も漢文のこうした読みがあったのであれば、口訣はどのような表記をしていたのであろう。河野六郎（一九五五／一九七九a：八—九）からその例を借りてみよう。

漢文の原文をゴシック体にしておく。ゴシック体の間の明朝体が口訣の部分である。

①は漢文に漢字の口訣を付したものである。小さい漢字が口訣である。②は漢字を略した略体を口訣に用いたもの、③はハングルを口訣に用いたものである。④は河野六郎式のローマ字

転写、⑤はハングル口訣の直訳、⑥は日本語式の訓読、返り点の類は省いてある。ちなみに、日本の学校教育における漢文教育などでは、漢文訓読の送り仮名の部分は、いわゆる旧仮名遣いにする習慣である。例は「鸚鵡《おうむ》はことばを話すことができても、飛ぶ鳥の仲間に過ぎず」ほどの意である。振り仮名は本書で付したもの。口訣はこうなっている。

漢字、漢字の略体、ハングルの三種類の口訣

①漢字口訣　鸚鵡是能言爲那不離飛鳥爲彌
②略体口訣　鸚鵡乀能言ソ尹不離飛鳥ソ尒
③ハングルの口訣　鸚鵡ㅣ能言ᄒᆞ나不離飛鳥ᄒᆞ며
④ローマ字転写　鸚鵡 -i 能言 hena 不離飛鳥 hemie
⑤口訣の日本語直訳　鸚鵡ガ能言スルモ不離飛鳥シ
⑥日本語式の訓読　鸚鵡ハ能ク言フモ飛鳥ヲ離レズ
鸚鵡《あうむ》は能《よ》く言《ものい》ふも飛鳥《ひてう》を離れず

〈借字表記法〉——漢字を用いて朝鮮語を表記する

見てわかるように、①は「是」や「爲那」など漢字をそのまま口訣として用いている。こうした〈漢字口訣〉は、単純に漢字を音読みしているのではなく、漢字を借りて、朝鮮語の助詞や語尾に宛てて、朝鮮語の固有語で読んでいるわけである。「那」は朝鮮漢字音「na」を借りて、たまたま音が一致する朝鮮語の固有語の語尾を表記し、「爲」は「する」にあたる固有語でこれを読んで、言ってみれば〈訓読み〉して、朝鮮語を表記している。口訣字に用いられたこの「爲」の字は、助詞や語尾ではなく、活用を有する用言の類の、語幹に相当するものである。なお、日本語の訓読論では、朝鮮語のこうした順読口訣が音を借りて表記しているだけで、日本の「訓読」には相当しないと誤解している向きも見られるが、一部ではあれ、助詞や語尾のみならず、動詞などの実詞に至るまで〈訓読み〉を交えて読んでいる以上、〈訓読〉の一種と見なければなるまい。

漢字を用いて朝鮮語を表記する、一般にこれを〈借字《しゃくじ》表記法〉と呼ぶ。朝鮮語圏において〈正音〉以前に、一部にせよ朝鮮語が書かれたのは、口訣に限らず、全てこの借字表記法であった。

②はその漢字の楷書や草書の一部を採った形を利用して、口訣に用いている。これは〈略体口訣〉と呼ばれる。「丶」は漢字「是」の楷書ないしは草書の最後の右払い、「ッ」は漢字「為」(爲)の最初の二画である。「ㄗ」は「那」の偏《へん》から採っていることがわかる。「尓」は「彌」の草書体弥の旁《つくり》「尔」から採っている。③のハングル口訣が現れる以前は、全てこうした口訣であった。①②③とも、ゴシック体で示した漢字は朝鮮漢字音で音読みし、口訣は固有語で訓読みする、ハイブリッドな読法、即ち〈訓読〉となっている。

朝鮮語では長らく〈返り読み〉を行わない、こうした順読口訣しかないものと、思われていた。仏典でも経書でも、漢文を読む教えの伝統は、全て順読口訣だったからである。従って、返り読みをする漢文訓読は、日本語圏だけの超絶技巧であると信じられていた。ところが、ここにとんでもないものが発見されることになる。口訣研究史上、第一の画期的発見である。

朝鮮語の返り読み方式の〈訓読〉——〈釈読口訣《しゃくどくこうけつ》〉の発見

一九七三年、韓国の忠清南道《チュンチョンナムド》瑞山《ソサン》郡の文殊寺《ムンスサ》の金銅如来像の胎蔵物として、木版刷りの『佛説仁王般若波羅蜜經《にんのうはんにゃはらみつきょう》』の一部が発見された。これを略して『舊譯仁王經《くやくにんのうぎょう》』と言っている。一三四六年の胎蔵であることがはっきりわかるので、一四世紀、高麗時代のものである。この『舊譯仁王經』には、本文の左右に、吐と共に何と〈返り点〉が墨書されていたのである。

こうして、朝鮮語でも〈返り読み〉を行う〈訓読〉の存在が明らかになった。〈書かれたことば〉は日本語のみならず、朝鮮語でも〈時を返って読む〉ということが行われており、なおかつ、それがテクストとして形象化されていたのである。

〈返り読み〉を行わない〈順読口訣〉に対し、日本語同様、〈返り読み〉を行うこうした〈訓読〉を今日、〈逆読口訣《ぎゃくどくこうけつ》〉(역독《ヨクトク》구결《クギョル》)と呼んで区別する。漢字の、音読みではなく訓読みが用いられている点に注目した、〈釈読口訣《しゃくどくこうけつ》〉(석독《ソクトク》구결《クギョル》)という呼称も広く用いられている。

口訣のスタイルの名称

漢字を読む順に注目した名付け	順読口訣	逆読口訣
音読みか訓読みかに注目した名付け	音読口訣	釈読口訣

釈読口訣で書かれたテクストは、仏に守られて六百年を眠ったのち、読まれることになった。そして〈訓読〉をめぐって、朝鮮語史のみならず、日本語史をも書き換えることとなったのであった。

その後も釈読口訣の資料が数種、発見されている。

釈読口訣の返り読みと敬語法

『舊譯仁王經』から釈読口訣の例を見てみよう。

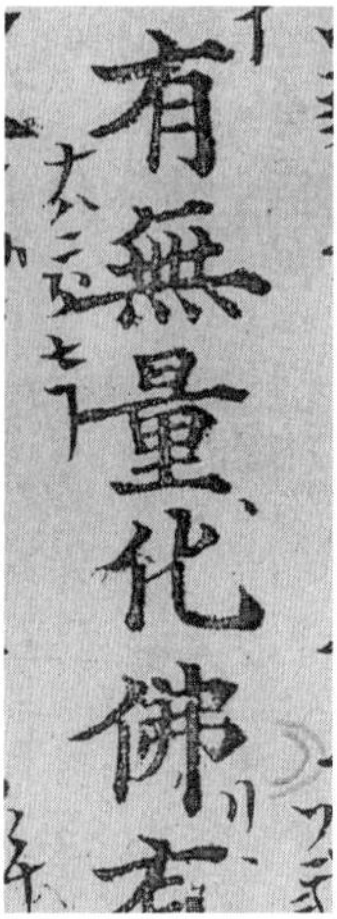

『舊譯仁王經』部分。漢字の左右に口訣が見える

原文　　有ナハニㇰ無セㄱ量㊀化佛リ㊀

口訣の正音表記　　겨ㄱ시며　ㅅ은　이

漢字の読み順　⑤　②　①　③　④

基本的には上から下へ、漢字の右側に口訣が付された字句から読んでゆく。右の例では○で囲んだ「、」が「逆読点」で、日本の「一二点」の「二」のような働きをする。「二」に相当するのが、左側の口訣である。左側に口訣がついている直近の字まで戻って読む。「量」の右下に逆読点「、」があるので、まずこの「量」を読み、次に左側に口訣を持つ直近の「無」に戻る。こうして全体では「量[양]無(업)슨化佛[화불]이有(잇)겨시며」「量無き化仏《けぶつ》あられ」ほどの意となる。( )は訓読み、[ ]は音読みにあたる。「有」の字を「잇《イス》」と訓読みし、続く口訣「ナハニㇰ」と併せて「잇격시며《イスキョクシミョ》」あるいは「잇겨시며《イスキョシミョ》」と読むか、不読字にして「ナニㇰ」という口訣だけで「격시며《キョクシミョ》」あるいは「겨시며《キョシミョ》」と読むかは説が分かれるところである。後者であれば、事実上、「有」の字に対する振り仮名の役割を果たしていることになる。いずれにせよ、「いる」の尊敬形「いらっしゃる」「あられる」であることは、まず間違いがない。漢文の原文にはない口訣に、こうした尊敬形を加えることも、朝鮮語の訓読では重要な意味を持っている。朝鮮語はこうした敬語法のシステムが発達しており、漢文に重ねた層《レイヤー》の上

でどうしても印づけられねばならなかったのであった。

〈角筆《かくひつ》〉の発見――〈点吐釈読口訣《てんとしゃくどくこうけつ》〉

朝鮮語の〈訓読〉、即ち〈口訣〉には〈順読口訣〉だけが伝えられていたところに、第一の画期的発見である〈釈読口訣〉が現れたことを見た。そして第二の画期的発見が、朝鮮語における〈角筆《かくひつ》文献〉の発見である。

小林芳規《こばやしよしのり》(二〇〇二:二、二〇〇九b)によれば、〈角筆〉とは、毛筆が主な用具であった明治時代以前において、毛筆と並んで使われた筆記具であり、それをもって筆記することでもある。前にも少し触れたように、象牙や柘植《つげ》、竹などの先端の尖った筆記具で、墨などを用いず、紙面を直接凹ませて文字や符号などを記す方法である。漢文で書かれた書物などに、角筆を施した〈角筆文献〉は、日本では奈良時代から大正時代まで全国に分布していることがわかっている。日本語の世界における角筆の実際と意義は、小林芳規(一九八九)に詳しい。

角筆を用いて、点などの符号を漢字の四隅や内部に付し、漢文の訓読法を示すことが、日本語では行われていた。韓国における角筆文献の発見によって、こうした訓読法が、日本語のみならず、朝鮮語でも行われていたことが、明らかになったのである。これを〈点吐釈読口訣《てんとしゃくどくこうけつ》〉(점토《チョムト》석독《ソクトク》구결《クギョル》)と呼ぶ。これは日本語では〈ヲコト点〉と呼ばれるものに相当する。

一一世紀高麗時代の角筆文献が韓国において西村浩子、小林芳規らにより発見されたのは、二〇〇〇年のことである。その後韓国の南豊鉉《ナム・プンヒョン》ら研究者たちは、口訣学会という学会を中心に関連する研究を推し進めている。発見されている朝鮮語の角筆文献は、七世紀から一九世紀に及んでいる。朝鮮半島における角筆の発見は、朝鮮語の文字史、エクリチュール史、言語史を大きく書き換えることとなった。漢文訓読をめぐる研究が、日本と韓国の研究者の活発な交流の中で進められていることも、特記せねばならない。

こうした一連の口訣研究を踏まえて、南豊鉉（二〇〇九a）は、高麗時代一三世紀中葉の釈読口訣時代までを古代とし、それに次ぐ、一三世紀後半の順読口訣から朝鮮時代一五世紀の正音頒布までを前期中世、正音頒布から一六世紀末葉までを後期中世とする、朝鮮語史の新たな時代区分を提唱するに至っている。

略体口訣——かたかなへの道

漢字の一部を採るという造りからなる略体口訣は、日本語のかたかなとよく似ている。「多」という漢字からできたかたかな「タ」などは略体口訣でも同じ形で、朝鮮語での読みも「タ」である。他にも、漢字「利、伊、尼、古」を利用した略体口訣はそれぞれ「リ、イ、ヒ、ロ」と書かれ、音はともかく、形はかたかなと全く同じである。こうしてみると、かたかなの起源が略体口訣にあるのではないかと仮説を抱きたくなるであろう。近年の言語資料の発見と研究の進展により、こうした仮説はいよいよ現実味を増しつつある。

借字表記法——吏読《りとう》

漢字で朝鮮語を表記する借字表記法のうち、〈口訣〉を見たので、他の借字表記法も簡単に見ておこう。

今一つの借字表記法に〈吏読《りとう》〉（이두《イドゥ》）がある。吏読で書かれた文章を〈吏読文《りとぶん》〉と言う。高句麗時代、四四六年あるいは五五六年のものと推定される「高句麗城壁刻書」第一石が、知られている吏読文では最も古いものである。新羅時代では五五二年もしくは六一二年と推定されている「壬申誓記石《じんしんせいきせき》」が有名である。朝鮮語の語順で漢字によって書かれているもので、語尾や助詞を付していない形式である。この文体をここから〈誓記体《セイキタイ》〉（서기체《ソギチェ》）と呼んでいる。

「壬申誓記石」拓本。国立慶州博物館蔵。任 昌 淳《イム・チャンスン》編（1975）より

「壬申年六月十六日　二人幷誓記　天前誓　今自三年以後　忠道執持　過失无誓」と始まる、二人の若者の誓いの文章である。「忠道を執持し、過失无《な》きを誓《ちか》ふ」など、明らかに朝鮮語の語順となっている。

下って、朝鮮王朝時代に下級官吏の公文などに用いる文体も、吏読と呼ばれる。語順は朝鮮語の語順で、表記は全て漢字であるが、概ね、実詞は漢字語で、語尾や助詞が固有語となっているものである。

吏読は新羅の薛聡《せっそう》（설・총《ソル・チョン》）が創ったという言い伝えがあった。『訓民正音』にも薛聡の名が出るくだりがあるが、それはこの言い伝えを踏まえたものである。薛聡は七世紀に活躍した学者で、統一新羅の大学僧であった元暁（원효《ウォニョ》：六一七―六八六）の子である。

借字表記法――郷札《きょうさつ》

今一つの借字表記法に触れておこう。史書『三国遺事』に一四首、『均如傳』に一一首など、全部で二六首のみが伝わる〈郷歌《きょうか》〉という韻文がある。この表記に用いられたのが〈郷札《きょうさつ》〉（향찰《ヒャンチャル》）である。実詞の語幹部分を〈訓読み〉し、語尾などを〈音読み〉しているのが特徴である。『万葉集』が四五〇〇首余り残っているのに対し、残る郷歌は、わずか二六首のみであって、解読は極めて難しい。面白いのは次のような表記が見えることである。

夜音 pam

一五世紀朝鮮語と比定して、「夜音」は「夜」の意の /pam/ と読まれたであろうとされる。「夜」の字しかないと、音読みか訓読みかさえわからない。つまり漢字「夜」を固有語で訓読みして /pam/ であることを示したいのであるが、固有語 /pam/ の末音、つまり終声 /m/ を、漢字の「音」の字を添え、その音 /im/ を借りて示し、固有語 /pam/ で読むことを示したというわけである。こうした方法を〈末音添記《まつおんてんき》〉（말음《マルム》 첨기《チョムギ》）と呼んでいる。なお、ここに示した漢字音は、高麗時代のものというわけではなく、仮のものである。

朝鮮語における末音添記の経験は、〈正音〉を創るにあたって、後述のように、音節から音節末の子音を単位として取り出すという、謂わば遺伝子的な作用をもたらしたであろう。

一一四五年になったとされる史書『三国史記』や、一三世紀末葉の『三国遺事』などには、漢字で表記された古代語の地名や人名が現れるが、これらも借字表記法の一つである。八世紀に新羅の景徳王（경덕왕《キョンドグァン》）は固有語の地名を漢字語に改めた。『三国史記』地理志はそれらを併記していて、大変興味深い。

結局、漢字で朝鮮語を表記する〈借字表記法〉には次の四つがあることになる。

①口訣
②吏読
③郷札
④固有名詞（地名、人名）などの表記

言語の線条性と言語の時間——訓読における位相的な変容

ソシュール（一九四〇：八九—九五、一九七二：九五—一〇一）は、「能記 signifiant《シニフィアン》 の線的性質」という表現で、〈話されたことば〉の〈線条性〉ということを強調した。「言語記号の本原的性質」であり、「原理」であるとさえ言っている。ことばが話されるとき、それは時間と共に実現する。あたかも一条の線のごとく、時間に従順な姿で現れては、消えるのである。

しかし〈話されたことば〉とは異なり、〈書かれたことば〉としてのテクストでは、言語の線条性といった根本的な性質が、しばしば破壊される。〈書かれたことば〉では、人は読みながら、しばしば〈立ち止まり〉、あるいは〈返って〉読み、あるいは〈飛ばして〉読む。日本語には〈斜め読み〉などという名詞まで存在する。テクストにあっては、驚くべきことに、〈時を斜めに読み進む〉のである。

〈書かれたことば〉における時間のこうした非線条的な姿は、〈話されたことば〉では基本的にあり得ないものである。単層のテクストを読む場合でさえ、線条性はこうして破壊される。〈話されたことば〉と〈書かれたことば〉は時間、線条性といった観点から見ただけでも、全く位相的《トポロジカル》に異なっている。〈漢文訓読〉といった、二言語が重層化されたテクストにあっては、線条性のこうした破壊はいよいよ劇的である。読み手は時に行き場を失い、テクストという迷宮の中で彷徨する。「吾未㆓嘗不㆑得㆑見也」。

〈訓読〉にあっては、一つの言語のテクストと違って、テクストの文字を一平面上で行き来するばかりでなく、二言語間の空間を折り曲げながら、往来《ワープ》する。これが〈訓読〉の本質的な仕組みである。〈訓読〉されるテクストが仏典であれば、こうした往来の時間はまさに仏教的だと言うべきか。〈訓読〉の実現にあっては、〈書かれたことば〉における言語の存在論的な時間——ことばが意味として実現する時間——が、〈二言語重層テクスト〉の中で、位相的《トポロジカル》な変容を遂げるのである。

五　〈質量を有するテクスト〉

角筆文献の発見は、今一つ貴重なことを教えてくれる。

角筆によって紙に〈書かれた〉窪みは、写真や印刷などでは簡単に見分けることができない。厚みがあり、肌触りがある書物そのものに、読み手はどうしても直接触れねばならない。生きた書物を離れて、記号としてのテクストの表層だけを見ても、角筆は読めないのである。

紙を凹ませるという形で記しづけること。テクストの〈かたち〉が持つ貴きものとしての聖性を、墨書や朱点などで損ねないための、読み手の配慮でもあったろう。そしてそれは読み手の〈読む〉という行いであっただけでなく、読みながら、まさに角筆という層《レイヤー》を重ねながら、二言語重層テクストを生産する、〈書く〉という営為でもあった。

テクストの重層化。それは記号学的な平面で行われただけではない。甲骨などに刻まれて登場した漢字が、紙に書かれたり、刷られたりすることが拡大する時代となって、〈角筆〉は、何と紙を凹ませるという、謂わば漢字出現の原初に立ち返るような営みで記されたのであった。漢字を文字という単位として見るだけではなく、あるいは綺麗に巻かれた巻子本《かんすぼん》であったり、あるいは律儀に綴じられた線装本《せんそうぼん》であったりという、テクストの質的空間的な存在様式を見据えることで、隠れていたテクストの重層化までもが見えてくる。

生身の人が〈書かれたことば〉を〈読む〉という言語場において、単なる記号学的平面のテクストとしてだけではなく、文字通り肌触り《テクスチュア》 texture を有し、質量 mass を有し、香り scent を有するような、書物としてのテクストを見据えることで、これまで見えなかったものが、照らし出されたのである。

レイヤーで写し取られる〈形〉

〈訓読〉にあって、漢字の〈形音義〉のトライアングルに他言語という層《レイヤー》を重ねて読まれ、写し取られたのは、〈音〉や〈義〉であった。そのとき、〈音〉や〈義〉はレイヤーの上で変容を遂げる。それが他言語という異質の層であれば、当然のことである。単に写すのではなく、場を移すのであるから。〈音〉や〈義〉は変容を遂げながらも、レイヤー上に写し取られた。それが〈飜訳〉であった。

では〈形〉はどうなのだろう。〈形音義〉のトライアングルの頂点、〈形〉をレイヤーで写し取るということは行われなかったのか?――行われた。ただし、それは他言語の世界だけでなく、中国語圏の内部で既に行われていた。文字通り、物理的に写し取るという形で。〈音〉や〈義〉は物理的に〈写し取る〉ことはできないが、〈形〉は可能だからである。

例えば〈拓本〉がこれである。石に彫られた文字に水を引いた画箋紙《がせんし》などを当てて墨を含ませた布のたんぽで軽く叩いて文字の形を写し取る。これを湿拓と言う。湿らさずに行うのは乾拓である。あるいは版木に墨を付し、紙を当てて、馬棟《ばれん》でこすり取る。木版画の技法である。例えばマンホールの蓋に紙を当てて、上からクレヨンで擦《こす》り出す、西洋で言う〈フロッタージュ〉(擦《こす》り出し)という技法もこれで、西洋の乾拓である。

書の世界の重ね《レイヤー》――〈双鉤塡墨《そうこうてんぼく》〉

レイヤーを重ねて〈形〉を写し取るということは、例えばまた、書の世界でも行われた。写し取る対象の上に薄紙を重ね、双鉤《そうこう》、即ち輪郭だけを写し取り、のちに塡墨《てんぼく》、輪郭内を墨で埋める。〈双鉤塡墨〉という技法がこれである。双鉤塡墨は、手本を横に置いてそれを習う臨書や、手本を伏せて、あるいは見ずに書く背臨と呼ばれる営みに比べると、いかにも邪道のようであるが、形そのものを写し取るという点では、限りなく手本《オリジナル》に近づける。レイヤーを重ねているのであるから。階調のない写真による現代の書の法帖《ほうじょう》などは、謂わば写真による双鉤塡墨である。そこでは墨の濃淡や、紙に墨がいかに食い込んでいるかといったことは見えない。テクスチュアや質量といったものがレイヤーによって失われるのである。それにもかかわらず、粗末な印刷の法帖からも、しばしば、写し取られた文字のゲシュタルトだけで、形として現れた画と画との間の空画《くうかく》が読め、筆勢が読め、速度が読め、書かれる時間さえも読めるのは、恐い。〈書く〉という営みが書のゲシュタルトに宿されるのである。

テクストを支える身体――肌触り、質量、香り

文字を抽象化された記号としてではなく、肌触り《テクスチュア》を有し、質量を有し、香りを有するようなテクストとして対峙することによって、〈角筆〉が見えた。肌触りや質量や香りとはテクスト

を支える〈身体〉である。テクストは、抽象化された記号論的な空間にのみ存在するわけではない。それは何よりもまず、手で触れたり、擦り出せるような凹凸を持っていたり、さらにはまた、触れれば崩れるかもしれないといった、時間までをも内包するような対象として存在する。刻まれた形を写し取る。刻まれたテクストを浮かび上がらせる。これはテクストが質量を有するテクストであるがゆえに、可能となるのである。

あらゆるテクストはそれを支える身体と共に在る。今日のデジタル空間におけるテクストでさえ、その身体性が異なるだけである。身体性の支えなしには、テクストはテクストたる前提を失うのである。こうしたことは、ソシュール記号学に淵源を求める関係論的な見方だけでは、テクスト、そしてエクリチュールをめぐる問いを問いきることはできないことを、示唆してくれている。

〈質量を有するテクスト〉としての『訓民正音』解例本

実は、他ならぬ『訓民正音』という書物もまた、文字通り、こうした〈質量を有するテクスト〉として存在していた。『訓民正音』の「解例本」と呼ばれる、唯一現存する原刊本は、木版で刷られた袋とじの線装本である。その本文の一部の紙の裏面には何と、正音で『十九史略諺解《げんかい》』が筆写されていたのである。

つまりこの『訓民正音』の袋とじになっている一部の裏面は、『十九史略諺解』の筆写本として存在していたことになる。『訓民正音』解例本は、五〇〇年を生き抜く間、いつからかその身のうちに『十九史略諺解』の断片を抱いていたのであった。

綴じ方も四カ所に穴を空けて綴じる現在の四針眼訂法ではなく、元来は朝鮮の伝統的な造本法である五針眼訂法であった。朝鮮本は和本に比べ、一般に大きく、綴じも五眼であることが多い。

また『訓民正音』解例本は始めの二張つまり四頁分が欠けており、その部分のテクストだけは、後に他の文献を参照し、補写されたものであることが知られていた。従って、世宗の序の冒頭を『訓民正音』解例本の紹介写真などとするのは、避けるのがよい。

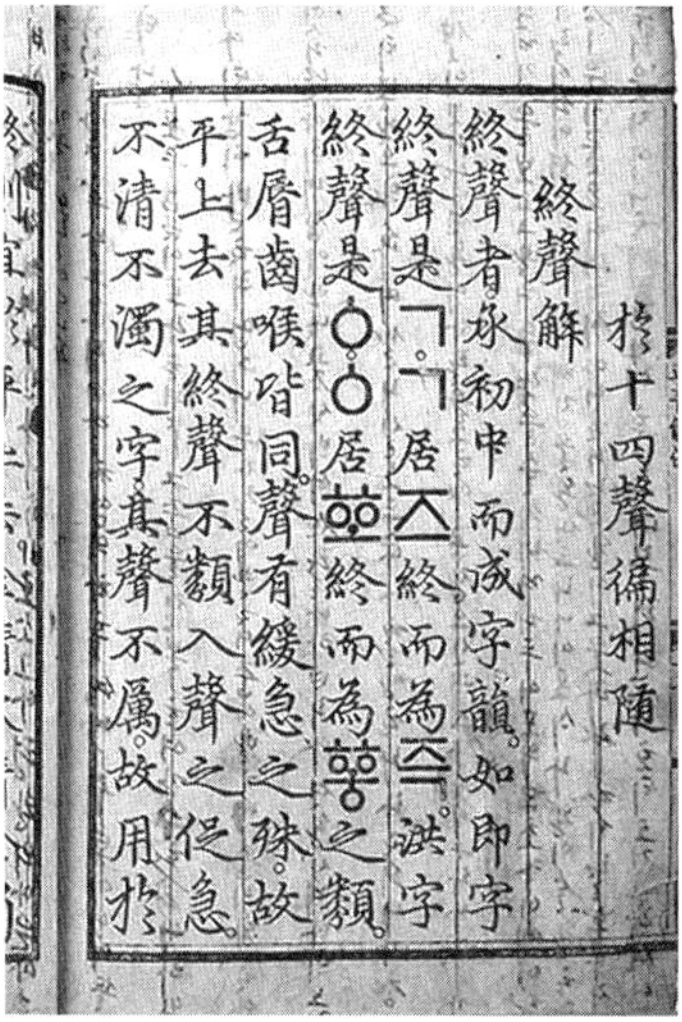
於十四聲徧相隨
終聲解
終聲者承初中而成字韻。如即字
終聲是ㄱ。ㄱ居즈終而爲즉。洪字
終聲是ㆁ。ㆁ居호終而爲홍之類。
舌脣齒喉皆同。聲有緩急之殊。故
平上去其終聲不類入聲之促急。
不清不濁之字其聲不厲。故用於

『訓民正音』解例本の部分。裏に正音で書かれた文字が透けて見える

最新の研究、김주원《キム・ジュウォン》［金周源］（二〇〇五a）は、右のような『訓民正音』解例本のありようと共に、次のような事実も明らかにしている。一九四〇年、慶尚北《キョンサンプク》道《ト》安東《アンドン》の古家で『訓民正音』解例本が発見されたときは、屋根裏の物置に眠っていたと伝えられていた。しかし発見当時

には、これが再びもとの『訓民正音』として製本し直されており、所蔵者によって女性たちへのハングル教育のために使われていたという。同研究は述べている。『訓民正音』は――人々が易しく学び、日々用いるに便ならしめんという、世宗王の意のとおりに用いられていたのであると。

『訓民正音』は肌触り《テクスチュア》を有し、質量を有し、香りを有するようなテクストとして、人々の間で、学び＝教えるという日常の営みの中に存在していたのである。

この書物は一九六二年、韓国では国宝に指定され、一九九七年には書物の世界遺産と言うべき、ユネスコの〈世界の記憶〉Memory of the World に登録された。

六　西方からの道――〈子音文字《アルファベット》ロード〉の終焉

〈訓民正音〉の創製者とイデオローグたちはどんな文字を知っていたか

私たちは今、大胆にも文字を新たに創ろうとしているのであった。既に漢字の造字システムとは訣別した。それでは？　他にはどのような方法があるだろう。〈訓民正音〉の創製者たちは、漢字以外にはどのような文字を知っていたのであろうか。

一五世紀の朝鮮をどのような文字が取り巻いていただろう。中国ではそれまでのモンゴル民族の支配を脱して、一三六八年には朱元璋《しゅげんしょう》が漢民族の明を建国していた。漢民族の世界は、言うまでもなく、圧倒的な漢字の世界である。これに対して、モンゴル民族にはモンゴル文字とパスパ（八思巴）文字という二種の文字があった。朝鮮王朝に先立つ高麗王朝（九一八―一三九二）は、一時期モンゴルの影響下にあった。当然のこと、朝鮮王朝もモンゴル文字、パスパ文字は知っている。モンゴルの他にも、中国をめぐるいわゆる征服王朝には、近くは、例えば金王朝（一一一五―一二三四）があった。金王朝には、契丹《きったん》文字や漢字を基礎に作ったと思われる女真《じょしん》文字があった。朝鮮半島は、もちろん日本や琉球王国とも交渉があった。ひらがなや片仮名も知っている。

こうした様々な文字のうち、ハングルの誕生を見るにあたって、漢字の次に注目すべきは、モンゴル文字とパスパ文字であろう。面白いことに、この二種類の文字は同じく遠く地中海にその淵源を遡る。中原に漢字が誕生し、メソポタミアから地中海には〈アルファベット〉、即ち〈単音文字〉というシステムが生まれた。モンゴル文字とパスパ文字はいずれも西からやって来たこのアルファベットの遺伝情報を有する文字であった。

〈単音文字の道《アルファベット・ロード》〉――地中海から東方への〈子音字母ロード〉

亀井孝・河野六郎・千野栄一編著（一九九六：三〇、一〇八七）によると、アルファベットは紀元前二〇〇〇年の前半頃、シリア・パレスティナ地方の北方セム人の間で発明され、次の二つのルートから東方、モンゴルへと至ったという。以下に要約する。

①北方、イラン系のソグドを経てチュルク系のウイグルに達し、ウイグル文字からジンギス汗によってモンゴル文字が作られる。

②セム系アルファベットのアラム文字がインドに入り、インドで種々の文字を誕生させ、その一派からチベット文字が作られ、これを改良して八思巴（パスパ）文字が作られる。このパスパ文字は、元の世祖クビライ汗の命により、チベットの高僧パスパが一二六九年に作った。

地中海より中国大陸へ至るこれら二つの経路は、謂わば、〈絹の道《シルクロード》〉ならぬ、〈単音文字の道《アルファベット・ロード》〉であった。

文字の構造上の特徴を見ると、ヘブライ文字やアラビア文字のようなアルファベットは基本的に子音しか示さない文字であった。『旧約聖書』や『コーラン』（クルアーン）のような聖典の場合は、読み間違いのないように、識別記号を用いて母音を表した。母音は母音字母としての十全たる資格を持っているとは言えないのである。一般には今日でも子音しか示さない。例えば英語であれば、prsnl cmptr と書いて personal computer と読むようなものである。今日

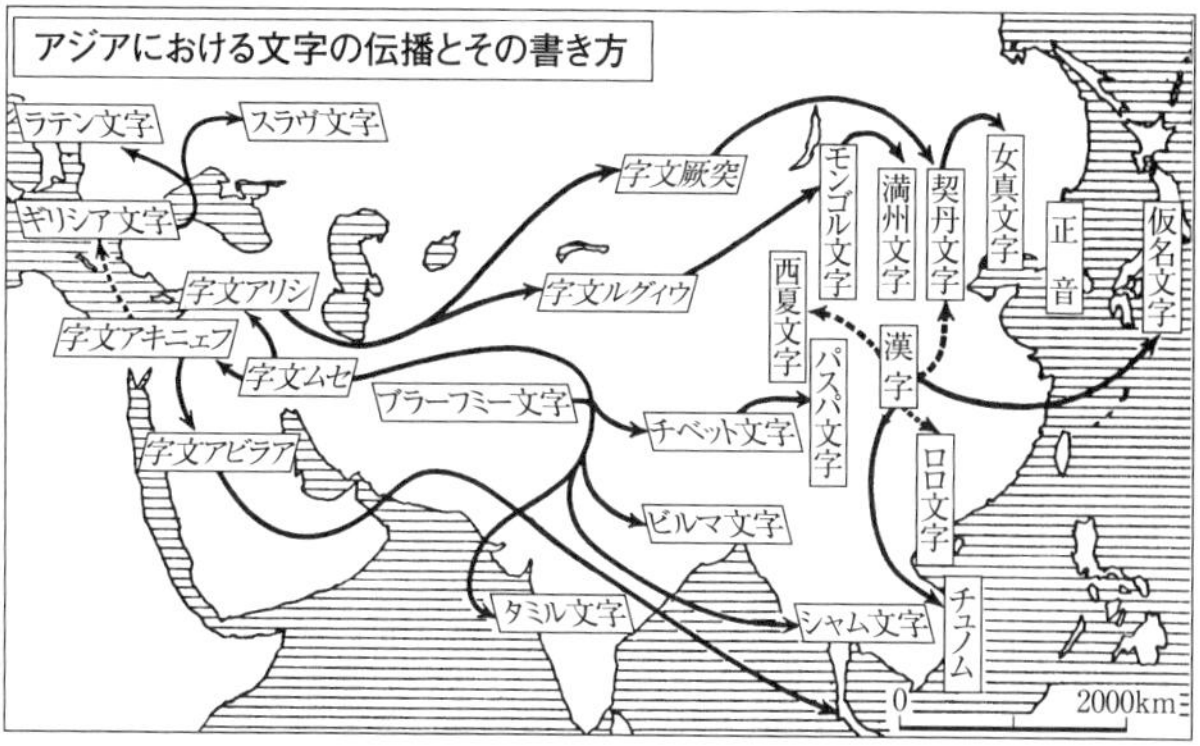

亀井孝・大藤時彦・山田俊雄編（2007第2巻：117）を一部改変

のインターネットの英語でも、母音字を省くこうした表記を、しばしば目にするであろう。要するに単語を知っていれば、文字の平面で子音字母が与えられただけでも、音の平面では単語を再生できるというわけである。

神が線を引き、人が点を打った——アラビア文字

神が線を引き、人が点を打った——そう書かれた、アラビア文字を配したポスターは、大学の空間の中で、文字の神々しさを放っていた。長く伸ばされたアラビア文字の姿からは、あたかも音が聞こえるごとくである。〈神が——〉ということばを記した東京外国語大学アジア・アフリカ言語文化研究所編（二〇〇五：四五）は、アラビア文字やインド系の文字をわかりやすく図解している。次のようなことも手に取るようにわかる。

西方に発する単音文字、アラビア文字は、線を主

体に子音を表す文字であった。アラビア書道においては、子音を形作る線が自在に伸縮する。そして母音は基本的に〈かたち〉を持たない。アラビア文字では、必要な場合に母音記号を付すことが始まり、厳密さを要求する宗教的な文献や初等教育の教科書などでのみ、母音記号が用いられる。アラビア語以外の言語にもアラビア文字は広まり、それぞれの言語でもまた、母音記号が補助的に用いられるが、やはり主体は子音字母であった——。

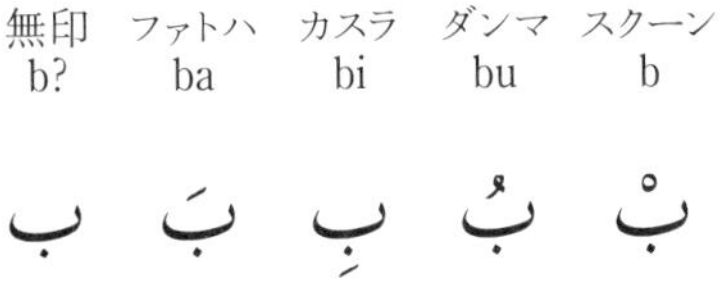

アラビア文字は母音を表す文字がなく、記号を必要に応じて付して表す。東京外国語大学アジア・アフリカ言語文化研究所編（2005^{2}: 50）より

アラビア語は/a/、/i/、/u/三つの母音が存在する。しばしば挙げられる例であるが、K-T-Bという三つの子音の組み合わせを軸に母音を交替させて、例えば、KaTaBa は「彼は書いた」、KāTiB-un は「書く者」、KiTāB-un は「本」という意味になる。

なるほど、子音が柱となり、母音が自在に変容する。このことを日本語のオノマトペと比べてみよう。上の図で子音に注目してみる。

k-r-k-r という子音の支えが、どれも何かしら回転するといったような意味をもたらすことがわかる。母音はこれらの単語群を貫くそうした基本的な意味に、副次的な意味を添え、限定するわけである。子音を柱とするこうした仕組みは、多くの言語に現れる。アラビア語ではそれが、文法的な働きまで担うなど、非常に生産的に働いていることになる。ここまでは音の平面の話である。畢竟《ひっきょう》、文字の平面において、アラビア文字が母音字母の〈かたち〉を有さないのも、故なきことではない。アラビア文字などが持つ子音字母構造の遺伝子は、モンゴル文字、パスパ文字に受け継がれて、朝鮮語の世界へと届けられたとも言える。そして遺伝子は変容を遂げることになる。

karakara　からから
kirikiri　きりきり
kurukuru　くるくる
korokoro　ころころ

子音文字の道の終焉――母音に〈かたち〉を与える

このように単音文字《アルファベット》を見ると、文字の平面では、子音字母は鞏固《きょうこ》な〈かたち〉を有しているのに、母音は〈かたち〉が朧《おぼろ》である。謂わば、母音は子音と子音の間の空洞を吹き抜ける風である。母音は音の平面で生起するのである。西方からやって来た単音文字《アルファベット》とは、子音のゲシュタルト〈かたち〉を構造的に配することによって、人が〈読む〉という営みの中で、子音間の洞穴を母音という風が吹き抜け、〈言語音〉が生起する仕組みである。

こうして私たちは、東方への〈アルファベット・ロード〉とはその根幹においては〈子音字母ロード〉だったことを知る。アジアを渡りきった〈子音字母ロード〉の終着地で、朧なる母音に、断固としてゲシュタルト〈かたち〉を与えたのが、〈訓民正音〉であった。

〈訓民正音〉——〈子音文字《アルファベット》〉から〈子音母音文字＝全面的単音文字《フル・アルファベット》〉へ

中原に発した漢字のシステムと、地中海に発したアルファベットのシステムを見た。私たちが創ろうとする、朝鮮語を描き出す文字は、〈象形〉を基礎とする〈六書〉のシステムを採らず、〈音〉から出発することになる。単音文字のシステムを採るのである。

しかしここで重要なことは、次の点である。〈正音〉はアルファベットのシステムを知ってはいたが、単純に受け継ぐことは、しなかった。と言うよりは、一切の曖昧さを拒否するという点で、原理的には拒絶に近い。子音文字の道は既に歩き終えている。〈正音〉は、西方からやって来たアルファベット・システムの、一千年以上も朧であった母音の空隙《くうげき》を、母音字母という鮮明なゲシュタルト＝〈かたち〉で満たすのである。そしてその母音のゲシュタルトの位置づけは、ラテン文字などとは根底から異なっていた。〈正音〉は、ラテン文字のような、母音字母と子音字母が単に線状に並列される二次元的な配列システムではない。次章で見るように、全く新たな立体的配置のシステムを確立するのである。西方に発する子音文字《アルファベット》は、極東における〈訓民正音〉の誕生をもって、史上空前の全面的単音文字《フル・アルファベット》システムとして完成する。

第3章

〈正音〉の仕掛け

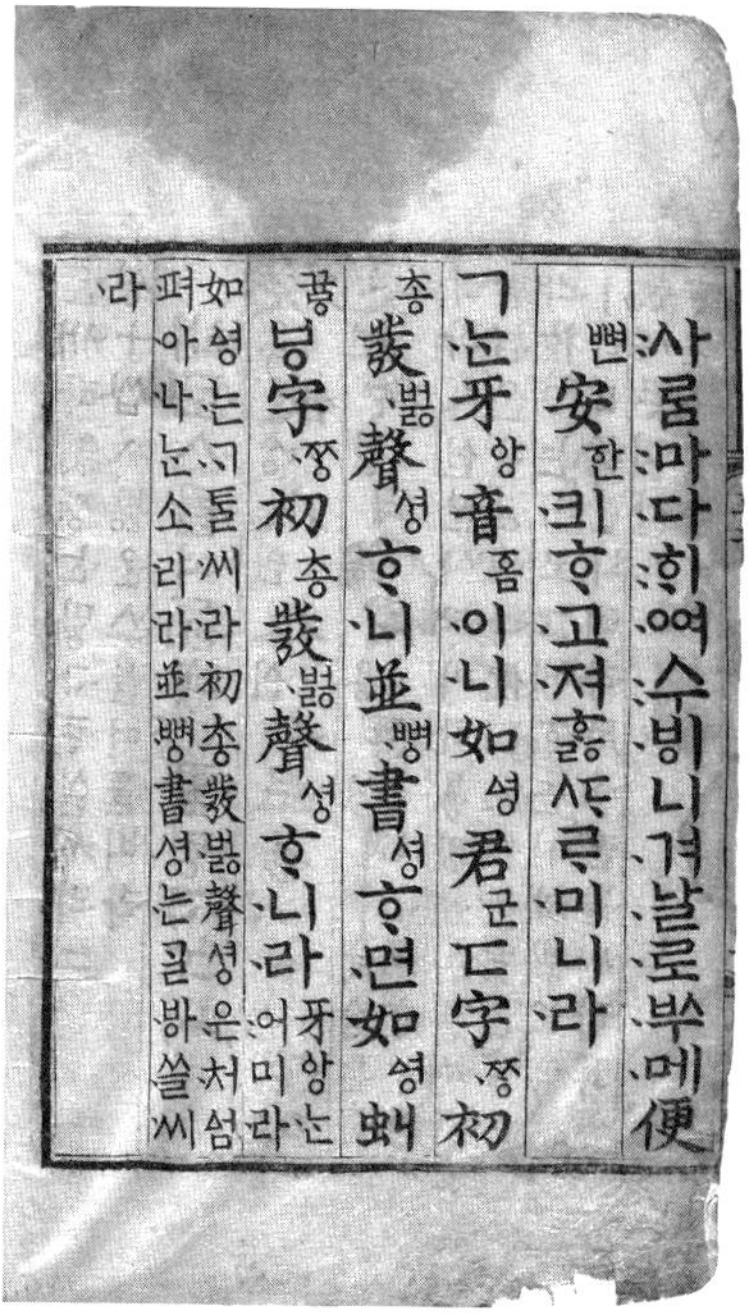
사ᄅᆞᆷ마다 ᄒᆡᅇᅧ 수ᄫᅵ 니겨 날로 ᄡᅮ메 便
뼌安한킈 ᄒᆞ고져 ᄒᆞᇙ ᄯᆞᄅᆞ미니라
ㄱᄂᆞᆫ 牙앙音ᅙᅳᆷ이니 如ᅀᅧᆼ君군ㄷ字ᄍᆞᆼ 初
총發벓聲셩ᄒᆞ니 並뼝書셩ᄒᆞ면 如ᅀᅧᆼ虯
뀽ᇹ字ᄍᆞᆼ 初총發벓聲셩ᄒᆞ니라 牙앙ᄂᆞᆫ 어미라
如ᅀᅧᆼᄂᆞᆫ ᄀᆞᄐᆞᆯ씨라 初총發벓聲셩은 처ᅀᅥᆷ
펴아 나ᄂᆞᆫ 소리라 並뼝書셩ᄂᆞᆫ ᄀᆞᆯᄫᅡ ᄡᅳᆯ씨
라

『訓民正音』諺解本（1447年頃）。1459年刊の『月印釈譜』の巻頭に所収。西江大学校図書館蔵

一　文字を〈創る〉——空気の揺らぎから〈音《おん》〉を切り出す

文字を創る——〈音〉とは何か？

いよいよ、文字を創ることになる。総戦略は既に定まっている。〈音〉から出発すること。漢字のように対象を〈象形〉して形を与えるのではなく、〈音〉に形を与えること。そしてその〈音〉とは、流れては消えゆく言語音を、単位に区切り、各々の単位に形を与える〈単音文字〉とすること。子音と母音を取り出し、〈子音字母〉のみならず〈母音字母〉にもゲシュタルト（かたち）を与えること。

総戦略がこうであるならば、まず第一に考察すべきは、表すべき〈音〉である。朝鮮語はいかなる音よりなるのか？　そもそも、ここでは説明のために「母音」だの「子音」だのと言ってきたが、一五世紀にそうした概念に到達し、それぞれに〈かたち〉を与えている言語学、文字論は、少なくとも東アジアには存在しなかった。東アジアに学問的な高みで君臨する中国音韻学でさえ、母音を〈かたち〉とすることを知らず、子音を十全たる〈かたち〉とすることも知らない。英語の vowel（母音）や consonant（子音）という単語でさえ、文献に登場したのはかろうじて一四世紀である。それらとて、単語はあっても、まだ概念も覚束《おぼつか》ない。

　こうした問題は、現代言語学では〈音声学〉phonetics と〈音韻論〉phonology という分野で扱っている。なお、言語音を単位に分割することを、〈分節〉と呼ぶ。母音や子音は〈分節音〉なわけである。

音の単位を切り出す――音はいかにして文字たり得るか

　そう、そもそも〈音〉とはいかなるものなのか？　今私たちが話している、この空気の揺らぎ、この声の連なりの中から、〈音〉とは、どのように取り出せるものなのだろうか？　いったい、言語音とはどのようなものなのだろうか？

　考えてもみよう、私たちは今、文字を創ろうとしている。そして〈話されたことば〉としては確かに存在を確認しうる言語、音としてだけ実現する言語、しかし誰も文字として書いたことのない言語、そこから音をどのように析出すればいいのだろうか？　対象に形を与えて名づけるという、〈象形〉を基礎とする〈形音義〉のトライアングル・システムは既に捨てている。音《オト》から出発すると言ったが、一体全体、音の世界の言語音はいかにして光《ヒカリ》の世界の文字たり得るのか？　文字にするためには、単位に切り出さねばならない。そうした単位はいかにして取り出すことができるのだろうか？　私たちは今、音が文字となる瞬間に立ち会っている。

二〇世紀言語学の〈音素〉の発見

スイスの言語学者フェルディナン・ド・ソシュール（右）。
ポーランドの言語学者ボードアン・ド・クルトネ（左）。
共に丸山圭三郎編（1985）より

二〇世紀の言語学は、発せられては消えゆく言語音から、単位をいかに切り出すかという問いに対して、整然たる解答を獲得した。二〇世紀言語学の基礎を作り、人文諸学に絶大な影響を与えたスイスの言語学者、フェルディナン・ド・ソシュール F. de Saussure（一八五七―一九一三）や、ロシア構造主義の先駆であるポーランドの言語学者、ボードアン・ド・クルトネ Baudouin de Courtenay（一八四五―一九二九）がそれぞれに到達した、〈音素〉phoneme という概念がそれである。〈音素〉とは、ある言語体系において、単語の意味を区別しうる、言語音の最小の単位である。

日本語東京方言を例に見よう。「出る」と「照る」という二つの単語を比べてみる。どちらもアクセントの型は頭が高く「る」で下がる、「高低」となって、同じである。これを仮名で表記すると、「でる」と「てる」となり、「で」と「て」の違いのように見える。しかし発音記号で音を表記すると、[derɯ] と [terɯ] となって、音が異なるのは、実は[d]と[t]という子音の部分だけだということがわかる。

〈音素〉を取り出す

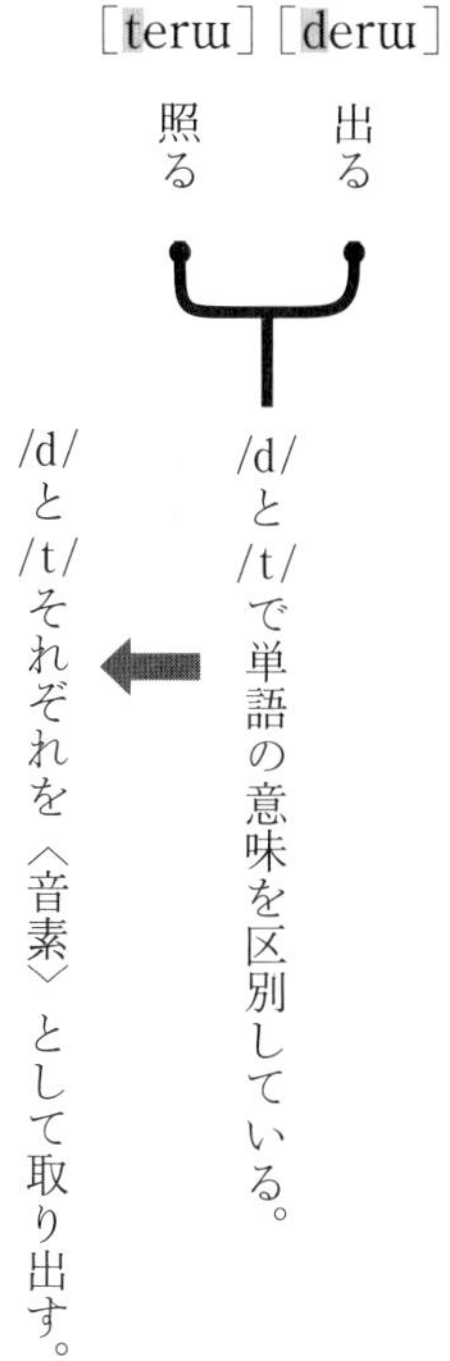
[derɯ] 出る
[terɯ] 照る
/d/と/t/で単語の意味を区別している。
/d/と/t/それぞれを〈音素〉として取り出す。

この[d]と[t]は、これ以上小さな言語音に分割できない。「出る」と「照る」という単語は、[d]と[t]という音の対立によってこの二つの単語の意味を区別していることになる。この/d/や/t/のように、それだけで単語の意味を区別しうる音の単位を〈音素〉と呼ぶ。言語学では音素はスラッシュ/ /に入れて表す習慣である。

音素＝単語の意味を区別しうる最小の音の単位

ここで「出る」「照る」に加えて「蹴る」［keru］を加えれば、/k/も取り出せるし、「切る」［kiru］を加えれば、今度は/e/との対立から母音の/i/を音素として取り出すことができる。/d/と/t/のような対立、/e/と/i/のような対立を、〈音素的対立〉もしくは〈音韻論的対立〉と呼ぶ。音韻論的対立を利用して、当該の言語の音素を次々に取り出すことができるわけである。ある言語の音素の体系を〈音韻体系〉と呼ぶ。例えば日本語東京方言の音韻体系を見ると、/a/、/e/、/i/、/o/、/u/の五母音体系であるし、二一世紀のソウル方言の音韻体系では、概ね/a/、/e/、/i/、/ɯ/、/u/、/o/、/ʌ/の七母音体系である。現代の言語学は、未知の言語を記述するのに、まず音韻体系を明らかにすることから始めている。

一五世紀朝鮮〈正音学〉――〈音素〉に一番近い言語の学

〈音素〉のありようを探る言語学の分野は〈音韻論〉phonologyと呼ばれて、言語音自体の発音のしかたや物理的性質、聞こえなどを探る〈音声学〉から独立した。二項対立などを始めとする二〇世紀音韻論の方法は、人文諸科学に大きな影響を与えたのであった。

文字を創るためには、当該の言語の全ての音素を画定し、それぞれの音素に一つずつ字母として形を振り当ててやればよいことになる。文字の平面で異なった字母は、音の平面でも異なった音となり、それらがそれぞれ意味を区別してくれるわけである。

驚くべきことに、〈訓民正音〉は、言語学が二〇世紀を迎えて辿り着いた〈音素〉へと、ほとんど到達していた。〈正音〉が字母として一つ一つ形を与えた音の単位は、今日私たちが〈音素〉と呼ぶ単位だったのである。

日本語の音節構造

いよいよ〈訓民正音〉のシステムに分け入っている。これからの面白さは、丁寧に見てゆくことで、何倍にも味わえる。音節構造について見てみよう。

言語音を発音する単位に分けると、〈音節〉という単位を取り出すことができる。日本語であれば——話を単純化するために、ここで言う日本語は、日本語東京方言に限っておこう——「さくら」(桜)という単語は、「さ」「く」「ら」という三つの音節に分けることができる。ローマ字で表せば、sa・ku・raということになる。「あめ」(雨)であれば、「あ」a、「め」meという二音節、「えん」(縁)であればenが一つの音節である。

日本語の音節構造は非常に単純で、ほとんどが母音で終わっている。母音で終わる音節を開音節といい、子音で終わる音節を閉音節という。日本語は、促音「っ」を含む「やった」の「やっ」や撥音「ん」で終わる音節などを除き、ほとんどの音節が母音で終わる、開音節言語である。細かいことはここでは省くと、日本語の音節の内部構造は概略、次のようにまとめることができる。

次の図において括弧（ ）で括った要素は、オプションである。音節によって、あったり、

日本語の音節構造の概略

（子音）＋（半母音）＋母音＋（子音）

		a		「あ」
k		a		「か」
	y	a	n	「やん」
		a	n	「あん」
k	y	a	n	「きゃん」

なかったりする。母音は音節の核になる音なので、母音のない音節はない。英語などでは、母音が一つしかないはずの people /pi:pl/ が、あたかも二音節のように発音されるなど、母音以外の音が音節の核になる働きを見せることがあるが、日本語では音節の核は常に母音である。

半母音の言い分

ここで〈半母音〉という術語が出たので、確認しておこう。半母音は、謂わば、母音になりそこねた音で、子音の一種である。日本語東京方言の「や」はローマ字ではya、発音記号では[ja]と表す。「ヤ」を発音すると、音節の頭の音は舌先が歯茎の少し上、硬口蓋《こうこうがい》（一四八頁）と呼ばれる位置に一瞬近づいて、aを発音するためにまた戻ってしまい、舌先がaの位置に下がることがわかる。舌先のこの硬口蓋への狭《せば》めで作られる音がy[j]の音である。[j]が戻らずにそのまま硬口蓋の近くで留まると、母音「い」[i]になるわけである。

日本語東京方言の半母音にはもう一つ、「わ」wa[ɰa]を発音するときの、w[ɰ]がある。「わ」は[a]に行く前に少し唇が狭まるが、この唇の狭めが半母音w[ɰ]である。狭めては戻るので半母音となるが、狭めたままで留まれば、母音u［ɯ］となる。

なお、母音の発音記号［ɯ］は、唇をあまり円く尖らせない「う」に用いる。東京方言の「う」［ɯ］は概ねこれで、関西方言で聞かれる円く尖らせる「う」は［u］で表す。朝鮮語ソウル方言には、東京方言以上に唇が平らな平唇の/ɯ/と、円唇性の強い/u/の二つがある。朝鮮語では/ɯn/は「銀」で/un/は「運」の意となるのを見てもわかるように、/ɯ/と/u/は、朝鮮語において互いに意味を区別する、独立した音素として存在する。

半母音の発音記号［ɰ］は、唇の円めがあまり強くない東京方言のwのような音を示すのに使う。朝鮮語ソウル方言の半母音は、さらに円くすぼめるwであるが、そういう音には発音記号は［ɰ］ではなく、［w］を用いる約束である。

ところで面白いことに、ローマ字、つまりラテン文字では、ここで半母音のローマ字表記に用いている j や y や w はもともとは存在せず、ラテン文字の発達過程で後に加えられたものであった。

子音連続――strike：ス・ト・ラ・イ・ク！

子音について一つ確認しておこう。日本語は一つの音節の内部に子音が二つや三つと連続して立つことはない。現代の朝鮮語も基本的に同様である。英語であれば strike［straik］のごとく、子音が /str/ と三つも続くものがある。こういうとき、開音節言語の日本語母語話者は、

「すとらいく」/sutoraiku/ のように母音を添えてやると、気持ちよく発音できるわけである。ロシア語ともなると、взгляд /vzgl'at/（見ること）のように、子音が四つも並び立つ単語もある。何とこれは母音が /a/ 一つしかない一音節の単語である。こういうときも日本語母語話者は慌てず騒がず、母音を入れて、元気よく「ヴズグリャット」と行く。

朝鮮語の音節構造――音節末の子音たち

朝鮮語も、話を簡略化するために、現代朝鮮語ソウル方言の音から出発してみよう。朝鮮語の音節構造も概ね次のように定式化することができる。/hwal/「弓」という単語を例に見てみよう。

（子音）＋（半母音）＋母音＋（子音）

h　w　a　l　「ファル」

/hwal/

日本語同様、頭の子音と末尾の子音はオプションで、子音がゼロの音節、即ち子音が現れない音節もある。音節の頭に子音が二つ以上連続することが、一五世紀朝鮮語には見られたが、現代の朝鮮語ではなくなっている。

一方、朝鮮語は子音で終わる音節がたくさんある。日本語が母音終わりを好む開音節言語であるのに対し、朝鮮語は子音終わりも豊富な閉音節言語であると言ってよい。右の図式をより単純化すると、次のような構造が典型的な音節構造だということになる。

子音 + 母音 + 子音

初声、中声、終声――中国音韻学を超える

〈訓民正音〉の創製者たちは、音節をこのように分節し、音節の頭の子音を〈初声〉、音節の核となる母音を〈中声〉、音節末の子音を〈終声〉と名づけた。

子音 + 母音 + 子音
初声 + 中声 + 終声
p a m

例えば、/pam/［パム］といった音節であれば、初声が/p/、中声が/a/、終声が/m/となる。初声がない /am/ という音節もあるし、終声がない /pa/ という音節もあり、初声と終声がない、母音だけの /a/ という音節もある。

正音と仮名の本質的な違い――音素はいずこへ?

先に見たように、「でる」「てる」のごとく、単語を音節文字である仮名で表記したのでは、音節を単位として示し、音節の境界を示してくれるという利点はあるが、音素は隠されてしまう。音節文字から音素を取り出すことは、永遠にできないのである。

このことは決定的に重要である。日本の言語学は、一八世紀、本居宣長《もとおりのりなが》の国学をはじめ、極めて高度な水準に達していたが、明治期に西欧の言語学が導入されるまで、音節の内部に分け入ることは、ついぞできなかった。学校文法の用言の活用などは、現代に至るまで、「か・か・な・い」「か・き・ま・す」「か・く」といった具合に、音節を単位に教えられている。つまり文字のレベルでは、音節文字である仮名を単位にして、教えられているわけである。ローマ字で書けば、kak-a-nai, kak-i-masu, kak-u と、語幹の kak- が簡単に析出できるのであるが。中国の音韻学もまた同様に、単音に分け入るのは、近代を待たねばならなかった。一五世紀の〈訓民正音〉は、既に音節の内部にまで分け入っていたのである。

二 〈音《おん》〉から〈かたち《ゲシュタルト》〉へ

〈単音文字〉としての〈正音〉

音節をこのように「子音＋母音＋子音」と分節するのは、中国音韻学をはじめ一五世紀の音韻論では見られないもので、事実上、現代言語学と同じ水準にある。これは音《オト》の世界における音の平面であるが、〈正音〉の創製者たちは、光《ヒカリ》の世界における文字の平面において、これらそれぞれにゲシュタルト（かたち）を与え、文字を造った。

子音＋母音＋子音
初声＋中声＋終声
p　a　m
ㅂ　ㅏ　ㅁ

これを pam のように左から右へと横に連ねるのが、ラテン文字やキリル文字であり、右から左へと続けて書くのがアラビア文字であり、上から下へと続けて書くのが、モンゴル文字であった。もちろん、いずれも単音文字《アルファベット》である。しかしアジアを東へやってきた単音文字は、既に述べたように、基本的に子音文字であり、母音は補助的な記号で表すなど、朧《おぼろ》であって、〈かたち〉が十全に与えられていなかったことも、既に見た通りである。〈正音〉は子音と同じように、母音にもパラディグマティックに〈かたち〉を与えたのであった。

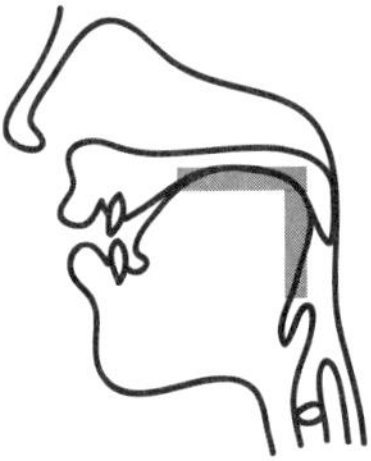

ｋの字母

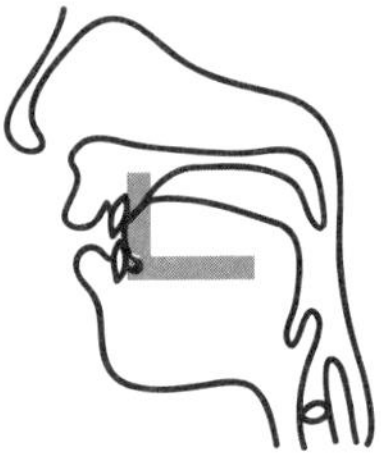

ｎの字母

〈正音〉二十八字、各《おのおの》其《そ》の形を象《かたど》る

母音にも子音にも〈かたち〉を与えたと言った。ではそれらの〈かたち〉はどのように造られたのであろう。

答えは、他ならぬ『訓民正音』、その「訓民正音解例」の中に明確に示されている。曰く、「正音二十八字、各《おのおの》其《そ》の形を象《かたど》り、之《これ》を制《せい》す」、つまり〈正音〉の二八字はそれぞれその形を象って制《つく》った。続いて「初声凡《およ》そ十七字」初声は合わせて一七字。「牙《が》音《おん》ㄱ、舌根喉《ぜっこんのど》を閉づるの形を象る」、牙音ㄱ（ｋ）は、舌根が喉を閉ざす形を象ったとある。驚愕すべき記述である。

「牙音」とは「牙音、舌音《ぜつおん》、脣音《しんおん》、歯音《しおん》、喉音《こうおん》」という中国音韻学の用語の一つである。現代言語学で言う、軟口蓋音《なんこうがいおん》、口の天井の奥に舌の後部がついて発音される音、つまりｋの音の類である。例えば日本語でも「か」ｋａと発音するとき、ｋを発音するために、まず舌の奥が口の中の上あご、つまり軟口蓋についてから、後に舌が下がり、ａへと移ることがわかる。『訓民正音』の記述は、「牙音のㄱは舌根が喉を閉ざす形を象った」と言うのである。何だって？　ｋの音を表す字母の形は、ｋを発音する発音器官の形を象った？　何かの間違いか？　次を読んでみよう。

「舌音ㄴ(n)、舌上腭《じょうがく》に附するの形を象る。脣音ロ(m)、口の形を象る。歯音ㅅ(s)、歯形を象る。喉音ㅇ、喉の形を象る」「な」(na)を発音するときのnの音は、舌先が歯茎から前歯の裏にかけて密着する形になる。舌音ㄴ(n)はこの形だというのである。脣音ロ(m)は口を前から見た形であるし、歯音ㅅ(s)は見ての通り、歯の形、喉音ㅇは喉の形である。なお、喉音ㅇの音価は、有声音のhほどに推定されている。

こうして牙舌脣歯喉という五つの子音を表す字母を造った。なお、「脣音」は日本の現代言語学では「唇音」と書いている。

音を〈象形〉する

こうした〈正音〉の字形がどこに由来するかについては、古来諸説があった。パスパ文字の影響説もその一つである。パスパ文字模倣説については、鄭光《チョン・グアン》(二〇〇九ab)の詳細な批判がある。形そのものについては、姜信沆《カン・シンハン》(一九九三:四三―四六)が喝破するように、中国南宋の鄭樵《ていしょう》(一一〇四―六二)が著した、『六書略』にある「起一成文圖」に源を見る説が、近そうである。

ここでは字形の起源を形だけで論じてもあまり意味はなかろう。ましてや字形だけを見て〈正音〉がパスパ文字の模倣だとか、「起一成文圖」の模倣であるなどとして終わったのでは、〈正音〉の面白さも深さも全くわからない。そもそも鉤形や方形、円などはどこにでもある形なのであって、形などどこからでもヒントを得ることができるからである。口を方形で描くとか、歯を尖った∧で描くなどは、子供でも行うことである。

　世宗らにとって、中国にせよモンゴルにせよ、学ぶ対象ではあっても、前王朝の高麗が傅《かしず》いたモンゴルの文字の形をそのまま受け継ぐなど、とうてい容認しうるものではなかったろう。前王朝の歴史を『高麗史』として総括、編纂せしめた世宗である。そもそも一千年を生きてきた大中華の漢字の形さえ捨てているのである。

　文字論にとって決定的に重要なのは、〈正音〉の創製者たちが、〈その形をいかに理論化し、どのように位置づけていたか〉ということに他ならない。脣音ㅁ、歯音ㅅ、喉音ㅇの形はまだしも、「牙音ㄱ舌根喉を閉づるの形を象る」とか、「舌音ㄴ舌上腭に附するの形を象る」といった音声学的な記述のリアリティは、やはり圧倒的である。

　さらに重要なのは、音を発する形を、その音の字形に採ったという点である。「各《おのおの》象其形《そのかたちをかたどる》」、そう、漢字造字法の根幹をなす〈象形〉である。これを単に「象形」であり、漢字と軌を一にするものだと済ましてしまっては、重要なことを見失う。〈正音〉の言う〈象形〉は、日の形を象って「日」ができるとか、より抽象的な象形と言える〈指事＝象事〉によって「上」という字が造られるといった、漢字が見せてくれたような〈象形〉なのではない。

　漢字の〈象形〉は、見えるものを、見える形に〈象形〉した。〈形音義〉を思い起こそう。見えるものを形にし、その形が指し示す義があり、その義を表すことばの音が一体となっていた。それが漢字の〈象形〉の本質である。見えるものを見える形に〈象形〉すること。それが漢字の発生論的な根源である。

音声器官の〈かたち〉を〈象形〉する

〈正音〉は違う。音を発するヒトの音声器官の形を〈象形〉した、何のために？　他ならぬその〈音〉を示すために。謂わば〈正音〉は、〈音〉という見えないものを、その発生論的な根源に遡って〈かたち〉を求め、見える形に〈象形〉したのである。見えないものを見える形に〈象形〉する。より正確に言えば、創製者たちは〈正音〉の根源、〈音〉が〈かたち〉を得る根源を、そのように位置づけ、そう宣言しているのである。文字論が見据えるべき〈正音〉の理論的な根源にとって重要なのは、まさにこの点に他ならない。

『訓民正音』が語るこの制字原理を確認しよう。〈音〉を表す字母のゲシュタルトは、まさにその〈音〉を発音する音声器官の結構を象ったものであった。何という潔癖、何という執念。何としても〈音〉を〈かたち〉にするのだという意志が見える。

アルファベットを用いる言語圏の少女なら、きっとこう言うだろう。え、その文字もアルファベットなの。何だ、私たちと同じね。じゃ、例えばkの音はどんな形なの？——ちょっとkを発音してみて。——k。k。こう？——ええ、kの字母はその形なの。

〈音《おん》〉の〈かたち〉が棲む〈正音〉

そもそもいかに単音文字とはいえ、世界に通行している文字の、形と音とは何の関係もない。単純な音の連なり「noma」（ラテン文字）は、「нома」（キリル文字）、「νομα」（ギリシア文字）、「ნომა」（グルジア文字）、「ᠨᠣᠮᠠ」（満州文字）などとなって、それぞれの文字とそれを用いる言語で自由に行われているわけである。これに対して、〈正音〉では「노마」と書き、ㄴ（n）はnを発音する舌の形、ㅁ（m）はmを発音する唇の形である。

ソシュールは言語の根本原理として、先にも触れた〈線条性〉が第二原理で、〈恣意性〉を第一原理としている。言語音が表す意味と音の間には何ら必然的な関係がない、全く恣意的な結びつきであるというのである。

日本語母語話者が「いぬ」と呼ぶ対象を、朝鮮語話者は「ケ」といい、英語話者は「ドッグ」という。ドイツ語話者は「フント」である、というように、言語ごとに勝手な音で同じ対象を表しているわけである。これを恣意性という。

唯一の例外がオノマトペである。鳴き声なら、「わんわん」とか「モンモン」とか「バウワウ」とか「ヴァウヴァウ」などと、何となく似てはいる。なにせ、元が同じようなオトなので、それを移す言語音のオノマトペも似たような音《おん》になるわけで、ここだけは音と意味の一定に必然的な結びつきがあるということになる。

言語の音と意味との関係は恣意的である。オノマトペを除いて。そして文字と音との関係は恣意的である。〈訓民正音〉を除いて。――〈正音〉には音のかたちが棲んでいる。目に見えない〈音〉を形象化するという思想で作られ、実際に国家的な規模で広く用いられている文字は、史上、〈正音〉を除いては存在しない。

ちなみに、目に見えない〈音〉を形象化しようとする営みは、その後の歴史の中で現れなかったわけではない。例えば、英国のオックスフォード大学とケンブリッジ大学双方で重職を担ったジョン・ウィルキンス（一六一四―七二）は、〈訓民正音〉の二百年後に、音声器官を象った三四文字の「生理的アルファベット」を考案している。音を発音する音声器官の形と字母の形を一対一的に謂わば無理矢理対応させて作ったものであった。すぐに想像がつくように、調音器官の形を三四種類の形に表すなど、ちょっと無理な相談である。ちょうど漢字が全て象形から造るわけにはいかなかったのと同様である。この文字は、同じく提案した「普遍言語」と同様、もとより実用には供しえず、マニアックな提案に終わっている。

五音から一七音へ――加画と並書、異体による子音字母の派生

さて、一五世紀朝鮮語に子音は〈牙舌脣歯喉〉、つまり「ㄱ、ㄴ、ㅁ、ㅅ、ㅇの五つだけではない。それ以外の子音字母をどうしよう。子音の数だけあれこれ形を造ったのでは、記憶に負担になってしまう。正音に遅れること二百年後に、ウィルキンスが失敗した原因の一つも、この点であったし、漢字が〈象形〉から発し、〈六書〉という増幅装置を得なければならなかったの

〈訓民正音〉の子音字母

	現代言語学の相当術語	①全清（平音）	②次清（激音）	③全濁（濃音）	④不清不濁（有声音）
牙音	**軟口蓋音**	ㄱ [k/g]	ㅋ [k^h]	ㄲ [ˀk]	ㆁ [ŋ]
舌音	**歯茎音**	ㄷ [t/d]	ㅌ [t^h]	ㄸ [ˀt]	ㄴ [n]
脣音	**両唇音**	ㅂ [p/d]	ㅍ [p^h]	ㅃ [ˀp]	ㅁ [m]
歯音	**歯茎硬口蓋音**	ㅈ [ts/dz]	ㅊ [ts^h]	ㅉ [ˀts]	
	歯茎音	ㅅ [s]		ㅆ [ˀs]	
喉音	**声門音**	ㆆ [ʔ]	ㅎ [h]	ㆅ [ˀh]	ㅇ [ɦ]
半舌音	**歯茎硬口蓋音**				ㄹ [ɾ/l]
半歯音	**歯茎音**				ㅿ [z]

も、まさにこの点に他ならない。〈正音〉は、ここでも〈音〉と〈かたち〉の精緻なパラダイムを組み上げる。残りの子音字母は牙音、舌音、脣音、歯音、喉音という音のグループごとに、基本的に、先の五つの字母から派生させて造り上げるのである。

　こうして造られた子音字母の全体像は概ね上のごとくである。

　表では「牙音」などの術語には、現代言語学で言う、調音点の名称をゴシック体で付してある。「全清《ぜんせい》」などの名称も中国音韻学から導入した『訓民正音』のものである。これも仮に現代言語学の相当するものを付した。④の「不清不濁《ふせいふだく》」は、有声の鼻音 /m/、/n/、/ŋ/、有声の摩擦音 /ɦ/、/z/、有声の流音 /r/ の類である。

　この表の意味する詳細については、姜信沆《カン・シンハン》（一九九三）、趙義成《チョ・ウィソン》（二〇〇八 a）を、発音記号など音声学的な詳細は野間秀樹（二〇〇七 c）などを見ていただくとして、ここでは全体像を見るにとどめておこう。何とも整然たるパラダイムをなしていることがわかろう。

一五世紀の音なので、いずれも推定音価である。多くの学者たちが概ね一致しているところもあるし、細かな点では意見が分かれているところもある。ちなみに濃音《のうおん》の成立などは、大きく議論されたところでもある。

子音字母の派生の仕組み

子音字母派生の基礎となる仕組みは、基本となる字母に画《かく》を加える、〈加画《かかく》〉の原理からなっている。「ㅋ、ㄱに比して、声出づること稍厲《ややはげ》し。故に画を加《くは》ふ」とする。解例本では「訣《けつ》」と名づけた七言詩に要訣、即ち核心的なことがらを連ねているが、そこでも「正音の字を制《つく》るは、其《そ》の象《かたち》を尚《たっと》び、声の厲《はげ》しきに因《よ》りて毎《おのおの》画を加《くは》ふ」と強調している。

「ㄱ」（k）は〈平音《へいおん》〉、「ㅋ」（k^h）は〈激音《げきおん》〉と今日呼ばれる音で、激音は中国語などの有気音に相当する。

同じ位置で発音する激音字母は加画で造る

ㄱ　平音の［k/g］

↓ 画を加える

ㅋ　激音の［k^h］

口の前にティッシュを垂らし、平音で始まる ka と激音のついた k^ha を、それぞれ発音する

音声器官の名称

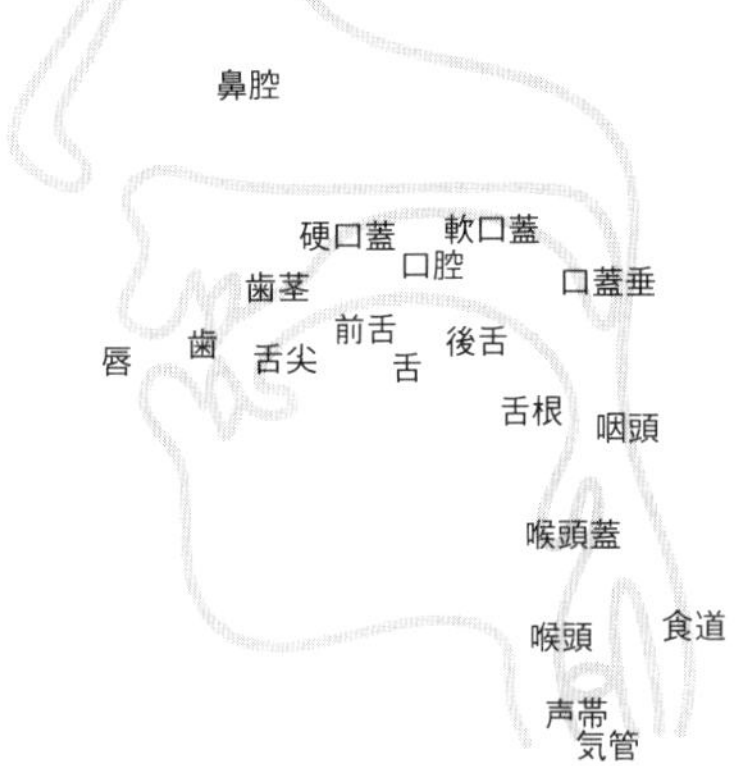

〈訓民正音〉の子音字母の〈かたち〉の派生の体系

	五音			加画		異体
牙音	軟口蓋音	ㄱ [k/g]	舌根が喉を閉ざす形	ㅋ [kʰ]		ㆁ [ŋ]
舌音	歯茎音 歯茎硬口蓋音	ㄴ [n]	舌が上あごにつく形	ㄷ [t/d]	ㅌ [tʰ]	ㄹ [ɾ/l]
脣音	両唇音	ㅁ [m]	口の形	ㅂ [p/d]	ㅍ [pʰ]	
歯音	歯茎音 歯茎硬口蓋音	ㅅ [s]	歯の形	ㅈ [ts/dz]	ㅊ [tsʰ]	ㅿ [z]
喉音	声門音	ㅇ [ɦ]	喉の形	ㆆ [ʔ]	ㅎ [h]	

と、激音の方はティッシュが激しく揺れる。激音とはそのように息が激しく出る音である。同じkなのに、平音のkと激音のk^hがあるわけで、激音の字母は平音の字母に画を加えて造っている。「ㅋ、ㄱに比して、声出づること稍厲《ややはげ》し」といった分析は、精緻である。現代言語学では、激しい〈いき〉が伴うこうした音を〈有気音〉、伴わない音を〈無気音〉と言っている。平音の音素/k/と激音の音素/k^h/を区別するのは、実はこの有気か無気かという特徴である。音素を区別するこうした特徴を、現代言語学は〈弁別的特徴〉と言う。『訓民正音』の記述は、

音素のみならず、さらにそれよりも小さなレベルの〈弁別的特徴〉にまで及んでいるのである。

一方、今日、〈濃音〉と呼ばれる子音は、声門など、調音器官を著しく緊張させて発する音である。/ʔ/の符号を付して/ʔp/のように表す習慣である。〈正音〉の濃音字母に相当するものは、平音の字母を並べて書く、〈並書〉の原理からなっている。「ㄱ」/k/を重ねて「ㄲ」/ʔk/とするごとくである。

要するに、今日の言語学が〈調音点〉と呼ぶ、音声器官が音を作る場所ごとに、文字の形も派生させて造り、同じような〈かたち〉を与えたのであった。

なお、「ㆁ」「ㄹ」「ㅿ」については〈加画〉の原理で作ったとせず、『訓民正音』は〈異体〉と呼んでいる。

初声は終声となり、終声は初声となる

子音のうち、音節の頭の子音、即ち〈初声〉についてはこれで解決した。朝鮮語には今一つ、音節末にも子音が立つのであった。それが〈終声〉である。さあ、終声字母はどういう形にしよう。一五世紀の朝鮮語には終声に八つの音があった。現代語では七つである。これも新しく形を考えるのか？

『訓民正音』は終声についてこう述べている。「終声、復《ま》た初声を用《もち》ゐる。」つまり、終声の字母には初声の字母と同じものを用いるというのである。「ｎａｎ」という音節であれば、初

声のnを表す字母「ㄴ」と同じものを終声にも用いて、解決するというわけである。「난」となる。ありがたいではないか、形を二つずつ覚えなくてよい。

現代言語学から見れば、/nan/という音素の組み合わせでできている音節なのだから、同じくnを使うのは、至極当然のことに見えるかもしれない。しかしながら、/nan/と発音している音の連なり、空気の揺らぎから、初声と終声を同じ音であると喝破することは、そう簡単なことではない。ことは一四〇〇年代、一五世紀である。

まず音節から頭の子音もしくはゼロ子音、即ち初声を分離する、これは中国音韻学が行っていた。声母（Initial）がこれであった。ただし中国音韻学はそれにゲシュタルト（かたち）は与えていない。さらに残った全てから、母音をも引きはがさねば、終声は単位として取り出せない。母音と終声を取り出す音声学的なレベルの観察と、それを音素扱いする音韻論的なレベルの思考がなければ、終声は取り出せないし、ましてやその終声にゲシュタルトは与えられないのである。

〈正音〉はこうして初声と終声、即ち音節の頭の子音と音節末尾の子音が同じ単位として取り出せることを見抜き、同じ字母を与えたのであった。

性理学と陰陽五行思想の理論武装

終声字母に初声字母を用いるというこうした考え方にも、〈正音〉の創製者たちは一つ一つ理論武装を怠らなかった。初声の終声となり、終声の初声となるのは、陰が陽となり、陽はまた陰となるといった理に基づくといった具合に。

初声、「初と為《な》り、亦《ま》た終と為《な》る」、終声が初声となる――そう、朝鮮語では実際に、音の平面にあっても、終声は初声へと変容しうる。そしてまさにこのこと〈終声の初声化〉こそが、朝鮮語の目くるめくばかりの音の変容をもたらす機制《モメント》なのである。この機制を知る楽しみは、しばし後に、第3章の五で述べる。

『訓民正音』はこうした理論の基礎に性理学と陰陽五行思想が貫かれている。『訓民正音』における五音と五行思想の関係は、多くの研究者が整理しているように、次のような表にまとめることができる。

五音、五行、五時、五音の表

五音	牙音	舌音	歯音	脣音	喉音
五行	木	火	金	土	水
五時	春	夏	秋	季夏	冬
五音（音楽）	角	徴	商	宮	羽

正音学の理《ことわり》

性理学と陰陽五行思想が〈正音学〉にどのように現れているか、『訓民正音』解例本から見てみよう。「制字解」冒頭に言う。

「天地の道は、一に陰陽五行のみ。」
天地の道はただただ陰陽五行あるのみである。

「坤復《こんぷく》の間、太極と為り、動静の後に陰陽と為る。」
陰が極まった坤と、陽がまさに生まれんとする復、そのはざまこそ太極であり、動いては静まりし後に、陰陽となるのである。

「凡《およ》そ生類《せいるい》有りて天地の間に在る者は、陰陽を捨て何《いづ》くにか之《ゆ》かん。」
およそ生きとし生けるもの、天地の間にあるものは、陰陽を離れていずこへ行けよう。

「故に人の声音《せいおん》、皆、陰陽の理《り》有れども、顧《た》だ人、察《さっ》せざるのみ。」
ゆえに、人の発する声、言語の音にさえ、あまねく陰陽の理が備わっている。ただただ人がそのことに気づかない。

「今、正音之《これ》作るは、初めて智営して力索するに非ず、但だ其の声音に因《よ》りて其の理を極むるのみ。」

今ここに〈正音〉を作ったのは、もとより人の知の営みだけで作ったといったものでもなく、力を尽くしてたぐり索《もと》めたといったものでもない。ただただ、その音それ自体からその理を極めんとしたものである。

「理、既に二ならざれば、則《すなは》ち何ぞ天地鬼神《きじん》と其の用を同じくせざるを得んや。」

理は二つながらのものではない。ただ一つのものである。そうであれば、どうして天地鬼神とその用、はたらきを異にすることがあろう。

〈正音〉にあっては、全ての音、全ての字母、全ての字形に至るまで、こうした理論的な位置づけが精緻に行われる。〈正音〉の創製者たちにあっては、一点、一画が、決して恣意的なものであってはならず、理に貫かれていなければならない。それは天地鬼神をも貫く理である。あらゆる細部《ディテール》が整然たる陰陽の理に貫かれ、なぜそのような〈かたち〉を有するのかが、一つ、また一つと言語化される。そうした言語化も、「知営」、「力索」の類ではなく、音それ自体からもたらされたもの、天地自然の理《ことわり》だとするのである。

母音字母──天地人のゲシュタルト

子音字母は仕上がった。残るは母音字母である。母音字母こそ、西方からの子音文字ロードに確固たる終焉を宣言し、朝鮮王朝の文字がユーラシアの極《きわみ》に屹立《きつりつ》する象徴でもある。鞏固《きょうこ》なるゲシュタルト（かたち）を与えねばならない。

『訓民正音』解例本の「制字解」から見てみよう。

「中声は凡《およ》そ十一字。」

中声は全部で一一字である。この母音字母は、「・」「ー」「|」という三つの基本的な字母から造られている。

「・は舌縮みて声深し。天の子《し》に開くなり。」

・は舌が縮んで声は深い。天が子に開くものである。

「形の円なるは、天を象《かたど》るなり。」

その形が円をなすのは、天を象ったものだからである。

「ㅡは舌小縮して声深からず浅からず、地の丑《ちゅう》に闢《ひら》くなり。」
ㅡは舌がやや縮んで、声は深くもなく浅くもない。地が丑に闢くものである。

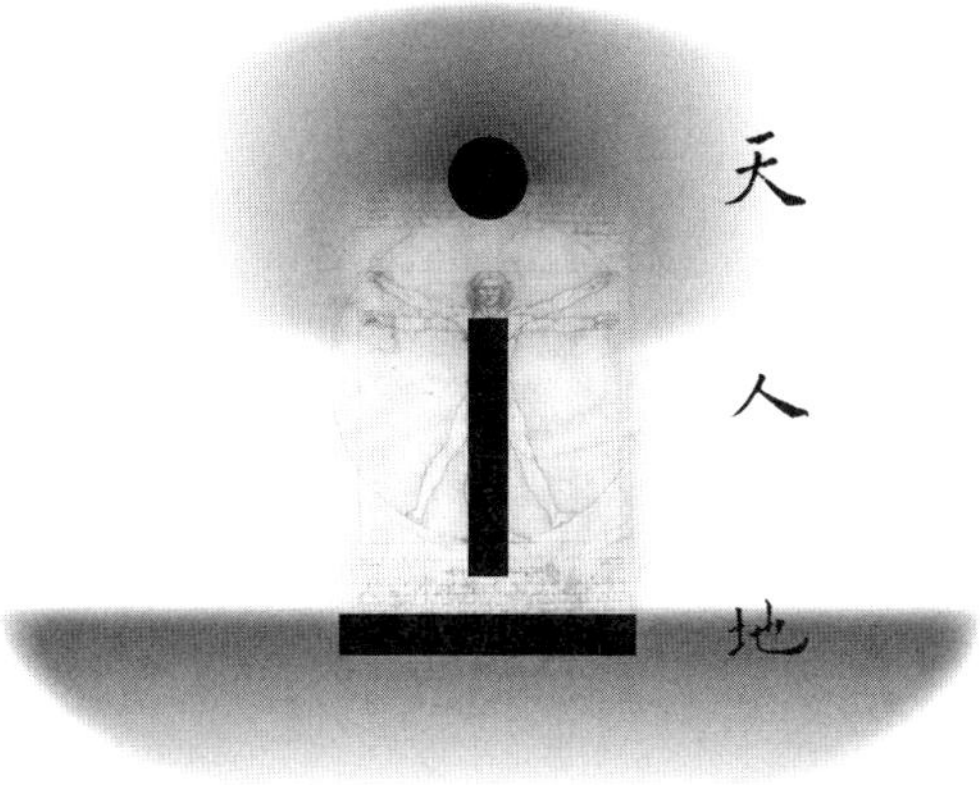

〈正音〉の基本母音字母——天地人を象る

「形の平らなるは、地を象るなり。」
形が平らなのは、地を象ったゆえである。

「ㅣは舌縮まずして声浅し。人の寅《いん》に生ずるなり。形の立つるは、人を象るなり。」
ㅣは舌は縮まず、声は浅い。人の寅に生まれたものである。形が立っているのは、人の姿を象ったものである。

ちなみに、ここで言う子丑寅は、時あるいは順序と捉える学者が多い。

要するに、「・」「ㅡ」「ㅣ」がそれぞれ天地人、「易」に言う〈三才〉ということになる。注目すべきは、ここでもまた母音の音声学的な記述である。「舌縮みて声深し」は、現代の音声学で言う後舌ないしは舌縮母音、「舌小縮して声深からず浅からず」は中舌母音、「舌縮まずして声浅し」は前舌ないしは舌不縮母音であろう。諸説はあるが、「ㆍ」「ㅡ」「ㅣ」はそれぞれ、[ʌ]、[ɨ]、[i]ほどであったろうと、今日推定されている。発音記号の[ʌ]は口をやや広く開けた非円唇の「オ」、[ɨ]は東京方言の「ウ」より若干前に寄り、舌が中程になる「ウ」、[i]は「イ」のような音を表す。

母音字母の生成——「ㅗ」、「ㆍ」と「ㅡ」合して成る

この三つの字母を組み合わせて、残りの母音字母を造った。例えば天・の左に人ㅣを配すればㅏ[a]となる、といった具合に。線と点で造られたㅏの字形は、後に線だけでㅏと書かれるようになる。

こうして、単母音七つを表す字母「ㆍ」[ʌ]、「ㅡ」[ɨ]、「ㅣ」[i]、「ㅗ」[o]、「ㅜ」[u]、「ㅏ」[a]、「ㅓ」[ə]と、半母音[j]を組み合わせた母音字母「ㅛ」[jo]、「ㅠ」[ju]、「ㅑ」[ja]、「ㅕ」[jə]の四つ、都合一一字ができあがった。

「ㅗㅜㅏㅓ」は「天地に始まり、初出を為す」とされ、半母音との組み合わせ「ㅛㅠㅑㅕ」は「ㅣより起きて人を兼ね、再出を為す」とされている。〈再出〉のグループが「ㅣ[j]より起きて」とあるのは、それらが半母音[j]から始まる音であることを、正確に記述しているものである。「ㅗは・と同じかれども口蹙《くちすぼ》む」と円唇母音であることを示す記述や、「ㅏは・と同じ

かれども口張る」と、より広い母音であることを示す記述も、極めて整然とパラディグマティックになされている。

これらは左の図のようにまとめることができる。

『訓民正音』母音字母11字の生成

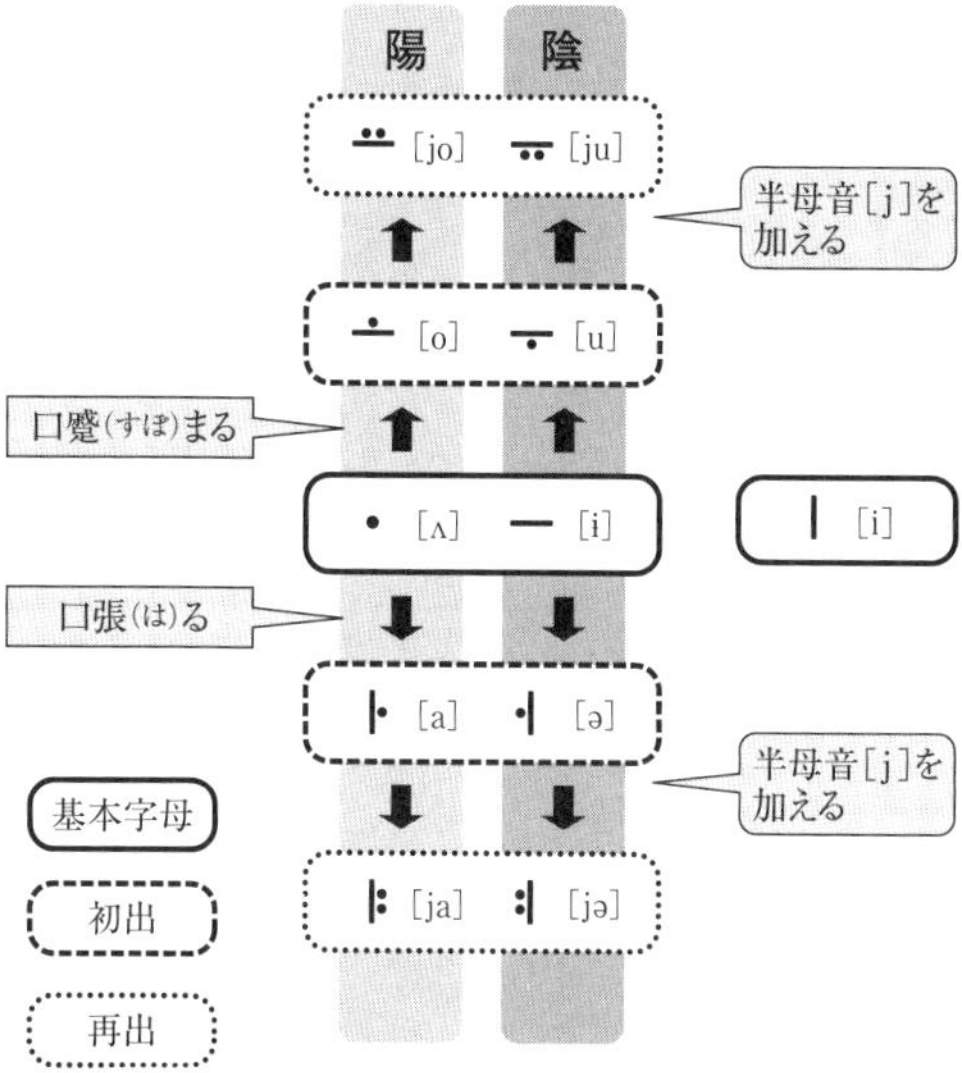

陽母音と陰母音——母音調和論

一五世紀朝鮮語には〈母音調和〉と呼ばれる現象が、はっきりと見られる。モンゴル語などアルタイ諸語にも見られる現象で、特定の母音のグループのみが一単語内で共存しうるという現象である。現代の日本語で似た現象を無理に探してみよう。例えば「からから」karakara、「ころころ」korokoro はあるが、母音が混在する「かろかろ」karokaro などはない。これらの単語ではたまたまこうなっているのであって、一般化など全くできないのだが、言ってみれば、母音調和の音の様子はこんな感覚だと思えばよい。

一五世紀朝鮮語では、前頁の図のように、陽母音と陰母音の区別が存在し、それらが母音調和を形作っていた。『訓民正音』の記述を見ても、図に見える陰母音字母と陽母音字母の区別から、まさにこの母音調和という現象を〈正音〉の創製者たちが確実に把握し、理論化し、さらにそれを〈かたち〉の上に意識的に形象化したことがわかる。陽母音ㅏ[a]と陰母音ㅓ[ə]、陽母音ㅗ[o]と陰母音ㅜ[u]がそれぞれ形の上でも対称をなしていることがわかろう。母音調和に関する音声学的な観察と、字形の上に反映させる律儀さもまた、正音学の精緻さを示すものである。

例えば、体言につく「てにをは」の類の多くは、一五世紀には陽母音用の形と陰母音用の形に分かれている。「…は」にあたる助詞は、「나」na（わたし）のように陽母音で終わる単語には、陽母音からなる「ᄂᆞᆫ」nʌn を用い、「너」nə（おまえ）のように陰母音で終わる単語には、陰母音からなる「는」nɨn を用いるといった具合に。これも母音調和の例である。

나 na-　ᄂᆞᆫ -nʌn　（わたし－は）　陽母音aには陽母音ʌを

너 nə-　는 -nɨn　（おまえ－は）　陰母音əには陰母音ɨを

母音の消失と母音体系の変化

単母音、つまり[j]がついていない母音七つのうち、・[ʌ]はやがてなくなってしまった。一五世紀末から、第二音節目以降の・[ʌ]が概ね一[ɨ]に変化し、一八世紀になると、単語の第一音節目の・[ʌ]が概ねㅏ[a]に変化し始めた。こうして音素としての・/ʌ/はなくなったが、文字の上では字母「・」は一九三三年の正書法の統一まで使われ続けた。こうした音と文字のずれは、日本語で言えば「わ」と発音するのに、「は」と書いているようなものである。

朝鮮語ではその後もこうした母音推移、紆余曲折を経て、六〇〇年後の現代ソウル方言では単母音はㅏ[a]、ㅐ[ε]、ㅔ[e]、ㅣ[i]、ㅡ[ɯ]、ㅜ[u]、ㅗ[o]、ㅓ[ʌ]の八つ、さらにㅐ[ε]とㅔ[e]の区別が失われ、いずれも[e]ほどになり、事実上、単母音は七種となっている。なお、日本の朝鮮語教育では、現在の母音ㅓの発音記号には[ʌ]でなく[ɔ]を用いることが多い。

母音体系のこうした変化のおかげで、母音調和は現代語で大部分が崩れてしまっているけれども、用言の活用と擬声擬態語の形造りの中には残っている。光るさまを表す擬態語の例を見てみよう。それぞれ陽母音同士、陰母音同士からなっている。陽母音からなる「パンチャクパンチ

반짝반짝（きらきら）　陽母音a
[pan^{ʔ}tʃa^{kʔ}pan^{ʔ}tʃa^{k}　パンチャクパンチャク]

번쩍번쩍（ぎらぎら）　陰母音ʌ
[pʌn^{ʔ}tʃʌ^{kʔ}pʌn^{ʔ}tʃʌ^{k}　ポンチョクポンチョク]

ャク」は可愛い、明るい感じの「きらきら」、陰母音からなる「ポンチョクポンチョク」の方は、暗い感じの「ぎらぎら」といったところである。このヴァリエーションでは「パンチョクパンチョク」などという、陰陽が混在した形は存在しない。

母音字母についてはこれくらいに留めて、先へ進むことにしよう。

三　単音＝音節文字システムの創出

〈音節文字〉としての〈正音〉——字母は原子、文字は分子

子音字母と母音字母は全て揃った。あとはこれらを一列に並べ連ねて書けばよい。ラテン文字などは皆そうしている。ところが、〈正音〉のシステムはこれでは満足しなかった。何と音節ごとに組んで書くという仕組みにするのである。

子音 ＋ 母音 ＋ 子音

初声 ＋ 中声 ＋ 終声

p　a　m

ㅂ ㅏ ㅁ

밤

pam

本書の序章で見たハングルのスケッチは、この部分である。

このとき、文字のレベルで何が起こっているのであろう。初声、中声、終声それぞれの〈音〉を表す「ㅂ」、「ㅏ」、「ㅁ」といった文字のレベルにおける単位は、現代言語学で言う一字母である。alphabet、алфавит のごとく、一字母を即、一文字として配列するのが、ラテン文字やキリル文字などの単音文字であった。言語によっては複数の字母 ph で一音 f = φ を表すなどということもある。ラテン文字やキリル文字などは、〈ユニットとしての字母〉=〈ユニットとしての文字〉、要するに字母=文字なのである。

これに対して、〈正音〉にあっては字母は未だ一文字ではない。字母は、説明のために字母自体を示すとき以外は、それだけで書かれることはない。字母はどこまでも文字をなすためのユニットとしての扱いである。字母≠文字、謂わば、字母は原子で、文字は分子である。これら字母のユニットを組み上げて、一文字のユニットを作り上げてから、用いる仕組みを作ったのであった。

音素の平面と音節構造の平面の二層を統合する〈単音＝音節文字〉システム

こうして、一音が一字母である〈単音文字〉という性格と、一音節が一文字という〈音節文字〉の性格を併せ持つ文字体系が、成立することとなる。〈単音＝音節文字〉システムの成立である。幾度も強調するごとく、言語の平面と文字の平面は区別せねばならないし、言語の音の平面と文字の平面は重々区別せねばならない。区別してこそ、音が文字となる仕組みが見える。あ、ハングルは単音を組み合わせてできているのか、などという納得で終わっては、〈正音〉の思想の深さはほとんど見えてこない。残念なことに、朝鮮語の多くの入門書ではこうした「納得」に導かれてしまう。丁寧に見ればわかるように、〈正音〉は単音を組み合わせたわけでも、母音や子音を組み合わせたわけでもない。単音や母音、子音は音のレベルであって、〈正音〉はそれらを表す字母を文字のレベルで組み合わせたのである。そして私たちはここで留まらず、次のことに分け入らねばならない。

音素と音節の平面の階層化

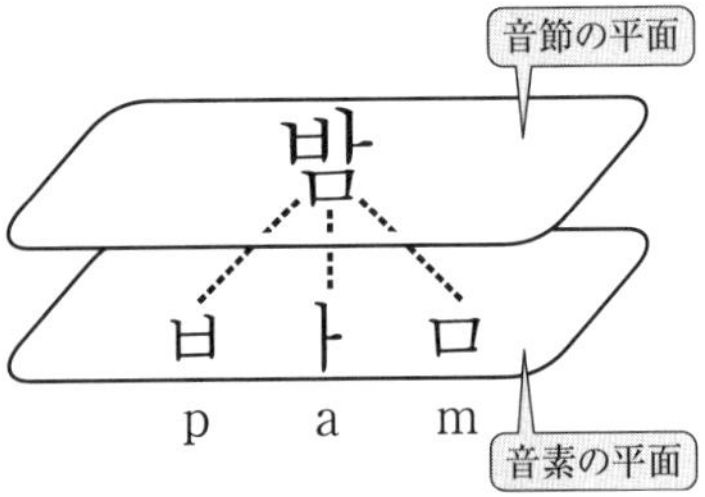

〈音素の平面〉と〈音節の平面〉の階層化

〈訓民正音〉は、音の平面を、さらに〈音素の平面〉と〈音節の平面〉の二層に階層化して見ているのである。

このことは非常に重要である。音の平面を二層に階層化する。さらに文字の平面にあっても、ゲシュタルトの上でその二層を区別しつつ統合するという表記システムとなっているわけである。音の最小のレベルにおける音素に一字母を与え、音素が合したさらに高次の音のレベルにおける音節に、字母の結合体としての一文字を与える。音素＝字母を組み上げて音節＝文字をなす。こうして単音＝音素の配列を示すと同時に、音節の〈単位と境界〉のみならず、音節の〈内部構造〉をも示すのである。

「ㅂ」p、「ㅏ」a、「ㅁ」mのような単音文字としてのユニットと、「밤」/pam/のような音節文字としてのユニットが、音素と音節、それぞれの層に〈かたち〉として位置を占める。同時に、〈音素の平面〉と〈音節の平面〉の二層の表し方も、その二層を貫く単音文字のユニットだけから二層の〈かたち〉が成り立つという、経済的な仕組みである。ゲシュタルトとして記憶するのは、単音文字のユニットだけで、音節ユニットを表す別のゲシュタルトを覚える必要はない。

仮名、ラテン文字、正音——音節の内と外は見えるのか?

音節の平面と言ったが、〈正音〉の面白いところは、音節の境界、即ち音節の外と、音節の内部構造、即ち音節の内のいずれをも、ゲシュタルトによって表している点である。

「かな」「あめ」のごとく、仮名のような音節文字は、音節の境界は示すが、音節の内部構造

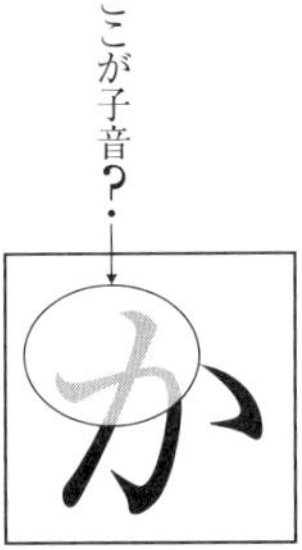

仮名はどこからどこまでが子音か母音かなど、内部構造は見えない

は示せない。「か」のどこからどこまでがkで、aか、などは〈かたち〉の上ではわからない。文字の分類を扱った書物ではしばしば、仮名もハングルも同じく「音節文字」だとされる。仮名もハングルも同じく「音節文字」としたのでは、両者のこうした違いが見えなくなる。仮名は音節の外の境界しか見えないのである。

他方、kanaやameのごとく、ラテン文字のように単線的に直列される単音文字は、単音とその配列は示すが、音節の切れ目も、音節の内部構造もゲシュタルト（かたち）としては示さない。ラテン文字で〈かたち〉によって音節境界を示そうとすると、辞書などに見られるように、al-pha-betのごとく区切り記号を入れるとか、音節の頭だけ大文字にして、AlPhaBetとするとか、al pha betと空白を入れるとか、[al][pha][bet]と音節単位に囲むとか、何らかの区切り子delimiterを入れなければならない。音節構造は綴りを分析して初めて、得られるものである。ラテン文字は、aだのlだのと、音節の内にあり得る〈かたち〉は見えるが、音節の外が見えないことによって、音節の内と外の区別がつかないのである。

〈正音〉はこれを、「알파벧」（アルファベット）のごとく、字母を組み上げ、組み上げたそれぞれを一つの単位とする方法で実現したのであった。

알 øal　　파 pʰa　　벧 bet　（現行の正書法では「알파벳」と書く）

〈正音〉は、音のレベルにおける〈音素の平面〉と〈音節の平面〉の二層を、文字のレベルで一層に重ねて統合し、表した。のみならず、音節の内と外の双方、音節の内部構造と外部境界を可視化したのである。文字は一層でありながら二層である。後に第3章の五で見るように、音素の平面、音節の平面をこうした方式で階層化したことは、これに〈形態素〉と呼ばれる単位の平面が加わった、さらなる重層化を可能にするのである。

漢字との調和――漢字と同じ空間を占める〈正音〉

一文字が一音節を表すという〈正音〉の仕組みは、音節の単位と境界や内部構造を示すという利点のみならず、今ひとつの重要な利点があった。私たちは文字を創っている。私たちの前には、漢字が存在したのであった。エクリチュールの全ては漢字であった。そこに私たちの新たなる文字〈訓民正音〉の場を与えねばならない。

漢字は多く縦に書かれる。扁額などでは右から左へと書かれた。そうした漢字の場にも〈正音〉が息づく場が欲しい。漢字と共に用いても調和する、そんな仕組みにできないだろうか。

日本語では漢字一文字の音は「愛＝a-i あい」とか、「学＝ga-ku がく」のごとく、しばしば二音節に及ぶ。文字のレベルでは、「習＝しゅう」など、三文字に及ぶものもある。朝鮮漢字音では、漢字一文字は朝鮮語で発音すると、常に一音節である。単独では一音節をなさない終声の子音を、小さいカナで表してみると、こうなる。「愛＝ɛː エー」「学＝ha^{k} ハク」「習＝$sɯ^{p}$ スプ」。ということは、文字のレベルで、漢字を〈正音〉で表しても、それぞれが一文字ということになる。ここでは便宜上、現代語の漢字音で示しておく。

「愛＝애 ɛː エー」「学＝학 ha^{k} ハク」「習＝습 $sɯ^{p}$ スプ」

先に見た『論語』の一節を〈正音〉で書くとこうなる。日本漢字音もカナで表してみる。

學而時習之、不亦說乎
학이시습지、불역열호
ガクジジシュウシ、フエキエツコ

どこからどこまでが漢字一字分に相当するのか、見ただけでは全くわからない仮名と比べ、〈正音〉では漢字と文字数は全く変わらず並行的である。文字の数と音節の数も一致する。良いではないか。何よりも漢字と同じだけの空間を占めるのがいい。そして何かと便利である。

四　四分法システムの衝撃

中国音韻学の音節構造論──声母と韻母の二分法

〈正音〉は音節の内へと分け入って、初声、中声、終声を取り出した。しかし〈正音〉の創製者たちの思想はこれに留まらない。さらに驚嘆すべき地平へと突き進む。それは音の〈高さ〉をめぐる地平に他ならない。

この地平を知るには、東アジアの知の最前線である中国音韻学が、伝統的に音節をどのように捉えてきたかを見るのがよい。

ここでも河野六郎（一九七九b：二三四、三五〇）の定式化によって見てみよう。現代言語学の観点から中国語の音節のあらゆる場合を考慮に入れると、次の図のような構造式に集約することができる。

北京語の「天」tiānであれば、tがI、iがM、aがV、nがF、そして後述の声調がTにあたる。I、即ち音節の頭の音は声母と言われる子音である。子音がない場合、即ち子音がゼロの場合もある。声母は〈正音〉で言えば〈初声〉にあたる。介母は頭の子音から母音の間に

伝統的な中国音韻学の音節の捉え方

I　＋　MVF/T

声母　＋　韻母

現代言語学からの中国語の音節の捉え方

IMVF/T

I	＝頭音（Initial）	声母《せいぼ》	
M	＝介母《かいぼ》（Medial）		韻母《いんぼ》
V	＝母音（Vowel）		
F	＝末音（Final）		
T	＝声調（Tone）		

介在する母音的要素で、概ね半母音にあたる。この介母と母音が〈正音〉では〈中声〉にあたる。音節の末音が、概ね〈終声〉に相当する。一五世紀はもちろん、中国音韻学では伝統的にこれを、Ｉと、ＭＶＦ／Ｔの二つに、即ち、頭の子音と、それ以外の全てという二つに分けて捉えていた。

頭の子音を声母と呼び、残りの要素を韻母と呼ぶ。長い伝統を誇る中国音韻学は、声母と韻母の二分法 dichotomy によって音節を解析してきたのであった。漢詩を作るときに、「脚韻」や「韻を踏む」などと言うが、その「韻」が韻母にあたる。漢詩を作るには、韻を詩作の決まりに従って揃えねばならないわけである。

声調がある——音には高さがある

ここで一つ注意せねばならない。韻母に含まれている〈声調〉Tone は、他の子音や母音といった要素とは性質が異なる。それは音の〈高さ〉だからである。従って先の式ではスラッシュ／の後ろに Tone が示されている。音節全体に謂わばかぶさった形で実現するのが声調である。

〈声調〉とは、単語の意味を区別するのに関わるような、音節内部で音の高さが変化するパターンを言う。例えば現代の北京語では、音の高低に四つの型があり、これを〈四声《しせい》〉と呼んでいる。四声によって、単語の意味が変わってくるわけである。左に示したピンインと呼ばれるローマ字表記の、母音字母aの上の記号は四声を表している。中国で現在使われている漢字の簡体字は〈 〉に入れて示す。

現代北京語の声調

mā 媽〈妈〉(お母さん) 高く引く
má 麻〈痳〉(麻) 低から高へ
mǎ 馬〈马〉(馬) 一度下がってから高へ
mà 罵〈骂〉(ののしる) 高から低へ

漢字で漢字音を知る——〈直音〉と〈反切〉

ところで、中国語圏の人々は、漢字の音がわからないとき、どのように知ったのであろう。現在のようにローマ字表記があるわけでも、日本のように仮名があるわけでもない。

漢字で漢字音を知る、それには二つの方法が用いられた。

一つは〈読若法《とくじゃくほう》〉、〈直音法《ちょくおんほう》〉と呼ばれる方法で、字音のわからない漢字Xを、別の漢字α

反切の仕組み

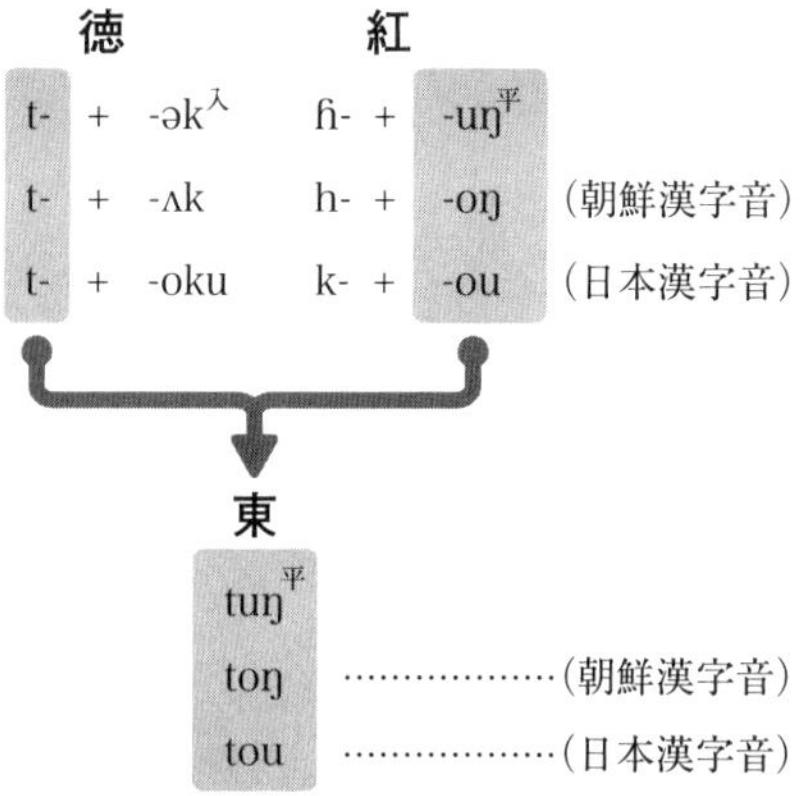

声母と韻母を組み合わせて未知の字音を知る

で示す方法である。読若法は、「X読若α」つまり「Xはαの若《ごと》く読《よ》む」と示す。αはXと同じか、似た音の漢字が用いられた。直音法では「X音α」つまり「Xの音はα」と示す。αはXと同じ字音の漢字である。

今一つの方法は〈反切《はんせつ》〉と呼ばれる。字音のわからない漢字Xを、別の漢字αとβ、二つの漢字の組み合わせで示す方法である。「Xαβ反」あるいは「Xαβ切」という形で示されるので、「反切」と呼ばれている。例えば、「東徳紅反」とあれば、「東」の字音は、「徳」の声母（Initial）「t」と、「紅」の韻母（Rime）「uŋ^{平}」を組み合わせた音であることを示す。「平」「入」は声調の区別である。これは日本漢字音や朝鮮漢字音でも応用が利く。日本語でやってみよう。「東」の字音がわからない。それを字音がわかっている「徳」と「紅」を組み合わせて知る。「徳」の声母＝頭の子音tと、「紅」の韻母ouを組み合わせる。「東」touができあがる。

〈反切〉とは要するに、音節を声母とそれ以外の全て、つまり韻母とに分割し、それらを組み合わせて未知の音節を示す方法である。（I）＋（MVF/T）という二分法によるわけである。

言うまでもなく、朝鮮漢字音を知るのに、正音があれば、こうした回りくどい方法はいらない。「東」の字音は、「동」であると、正音それ自体で漢字音を直接示すことができるからである。

〈音〉の高さが意味を区別する言語――日本語東京方言を見る

〈音〉を解析し、〈文字〉として形を与えようとしている私たちにとって、ここで決定的に重要なことは、中国音韻学では〈声調〉まで含めて、「韻母」と括られているという点である。そう、母音だの子音だのと言うが、〈音〉とは実はそれが全てではない。音には〈高さ〉などといったものがある。そしてそうした〈音の高さ〉は、言語によっては単語の意味を丸ごと変えてしまうような働きをする。現代の北京語では音節の内部の音の高低が単語の意味を区別する。それが声調であった。

これに対して、日本語ではどうだろう。例えば日本語の東京方言を見る。「アノはしで食べテ」と言われるとき、「はしで」のうち、どの音節を高くし、低くするかによって、単語の意味が変わってくる。

「アノはしで食べテ」

はしで　　高低低　　「箸で」

はしで　低高低　「橋で」
はしで　低高高　「端で」

音節内部ではなく、どの音節を高くするかとか、どこから低くなるかなどといったことで単語の意味を区別するこうしたシステムを〈高低アクセント〉と言う。「はし」だけでなく、「で」といったいわゆる助詞まで含めて初めて、アクセントの型の違いが見えることも面白い。

日本語では方言ごとにこうした高低アクセントのありようが異なっていることが知られている。そもそも高低アクセントの決まったパターン自体がない〈無アクセント〉などと呼ばれる方言も存在する。

なお、日本語では音節ではなく、〈モーラ〉（拍《はく》）と呼ばれる単位に高低アクセントが乗っていると考えられている。「ギター」/gita:/は/gi/（ぎ）と長母音つきの/ta:/（たー）という二音節だが、モーラは三モーラと数える。モーラは「ぎ・た・あ」と数えているわけである。「ぎ・た・あ」と〈訓民正音〉との関係、これが面白くなってくる。

高低アクセントや声調は変化する

高低アクセントの型は、時代と共に移り変わる。例えば「ギター」といった単語は、現代の東京方言では「高低低」と、「頭高型《あたまだかがた》」で発音されている。NHKの『新版 日本語発音アクセント辞典』(一九九八)や秋永一枝《あきながかずえ》編『新明解 日本語アクセント辞典』(二〇〇一)でも頭高とされている。ところが現在では多く、「低高高」と、「平板型《へいばんがた》」と言われる型で発音される。東京方言では「ぼく、ギターやってるんです」などと頭高で発音すると、何となく初心者のようだが、「おれ、ギターやってんだ」などと平板型で来ると、いかにも、お、やりそうだな、と早弾きの姿など思い浮かべて、うまく聞こえる。「ドラム」や「ベース」もそうで、『新明解』ではこれらの単語では頭高型に加え、年代的に新しい型として「新では」平板型だと、わざわざ示してある。言語学ではこうした「平板型アクセント」を「専門家アクセント」などと言ったりもしている。

個々の単語のアクセントの型が変わったり、言語内のアクセントのパターンが変化したりするのは何も珍しいことではなく、場合によってはその言語全体から高低アクセントが失われ、高低アクセントの言語が高低アクセントを持たない言語に変わることもある。中国語の声調のありようもまた、方言ごとにも異なるし、時代と共に大きく移り変わっている。

高低アクセントと強弱アクセント

アクセントについて一つ区別しておこう。日本語や中国語とは異なり、英語など、import「輸入」と impórt「輸入する」のごとく、どの音節を〈強く〉発音するかが、単語の意味の区別に関わっているシステムは、〈強弱アクセント〉と言う。日本語母語話者にとって強弱アクセントは非常に難しいので、たいていはこの〈強弱アクセント〉を〈高低アクセント〉に変えて覚えている。高く発音すると、結果として強くなることが多いので、あながち間違った方法とは言えないけれども、高さと強さは本質的には異なるものである。強弱アクセントが織りなす英語の強弱のリズムは、日本語母語話者には大変難しいものである。

プロソディへの肉迫——再び〈音〉とは何か

こうして見てくると、言語の〈音〉は子音や母音といった〈分節音〉だけではないことがひしひしとわかる。分節音に加え、〈声調〉、〈高低アクセント〉などの音の高低に関わる要素、英語の〈強弱アクセント〉など、音の強弱に関わる要素もある。音の高低や強弱など、分節しがたい音の要素が、意味の区別に関わるとき、こうした要素を〈超分節的音素〉、あるいは〈プロソディ〉prosody と呼んでいる。文のイントネーション、抑揚と言われるものも、プロソディの重要な要素である。

私たちは音を文字に造ろうとしている。音に形を与えること。もし、当該の言語において、音の高低が単語の意味を区別するとしたら、そうした〈音の高低〉にも〈かたち〉を与えなければならない。子音や母音だけに形を与えて表しても、音節だけに形を与えても、その文字はしばしば意味となり損なうのである——オベントウハ、アノハシデタベテ。

〈高低アクセント〉に〈かたち〉を与える

実は、一五世紀朝鮮語にも日本語東京方言のような高低アクセントのシステムが存在した。〈正音〉の創製者たちは、何とこの高低アクセントまでをも、分析的に抽出し、〈かたち〉を与えるのである。

例えば、/son/ が高く発音されると「手」の意味であったし、低く発音されると「客」の意味であった。/sol/ が高ければ「松」であり、低高調であれば「刷毛」を意味した。と、まるで聞いたふうな口を利いているが、もちろん誰も一五世紀朝鮮語を聞いたことがあるわけではなく、実は朝鮮語の高低アクセントの原理こそ『訓民正音』によって鮮明になったのである。

一五世紀朝鮮語のことは、まず『訓民正音』に聞けばよい。高低アクセントは中国語の声調を表すのに用いられていた術語を用いて、「平声」「去声」「上声」と区別されている。『訓民正音』の諺解本と呼ばれるヴァージョンには、驚くことに、「平声は最も低い音である」、「去声は最も高い音である」、「上声は始めが低く、後ろが高い音である」などを始め、朝鮮語の高低アクセントの詳しい記述がなされている。平声は低い音節、去声は高い音節、上声は低高の二拍の音節であった。

先に、日本語東京方言の「ギター」/gita:/ は二音節だが三モーラの単語であり、アクセントの単位はモーラにあったことを見た。一五世紀朝鮮語も、ちょうど現代の日本語東京方言のような、モーラ単位でアクセントを示すモーラ言語だったのである。単語の意味を区別するような高さそれ自体としては、低と高の二つの高さがあるわけである。

〈正音〉の高低アクセント表記

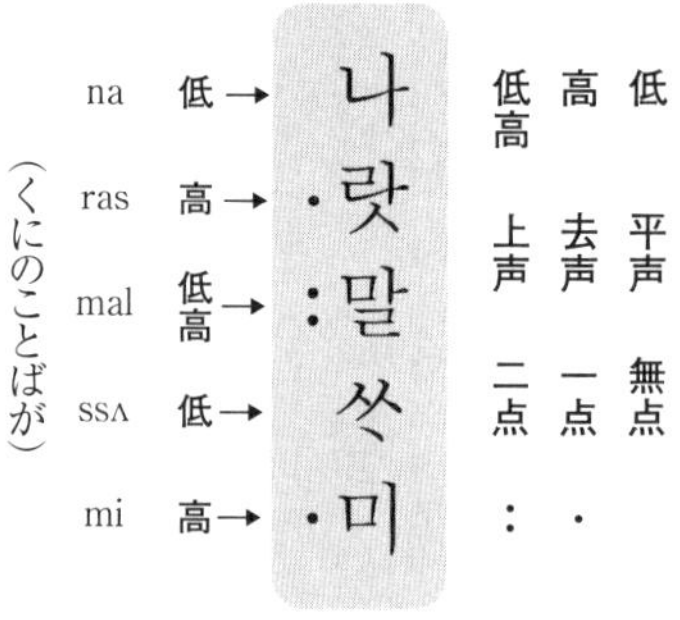

〈正音〉はこのアクセントの区別を、文字の左側に点を打つことで形象化した。解例本に、「凡《およ》そ字は必ず合して音を成す。左に一点を加ふれば則ち去声、二点すれば則ち上声、無きは則ち平声」とある。点は今日、〈傍点《ぼうてん》〉と呼ばれている。

実にわかりやすい形象化である。平声に無点、即ちゼロを打つという考え方も面白い。

ちなみに「平声」の術語を日本の朝鮮語学では「へいせい」とも「ひょうしょう」とも言う。同じく、「去声」は「きょせい」「きょしょう」、「上声」は「じょうせい」「じょうしょう」がいずれも用いられている。

四分法の地平——〈音〉を極限まで〈かたち〉にせよ

ここまで来て、いよいよ一五世紀朝鮮語の音節の把握に戻らねばならない。伝統的中国音韻学では音節を声母と、声調（Tone）を含むそれ以外の全てという二分法で捉えるのであった。〈正音〉ではどうであろう。数ある既存の訓民正音論は、音節を初声、中声、終声の三つに分析したとする。そしてそれを先進的な音韻論であると評価する。三分法 trichotomy と見るそうした考え方自体、誤っているとは言えない。しかしながら、それでは決定的なものが欠ける。先の（I）+（MVF/T）という定式化を思い起こそう。「/T」、即ち声調（Tone）が忘れられている。三分法と見て、そこで感嘆して終わってしまうのでは、〈正音〉の創製者たちが肉迫した、〈音〉とは何かという、深い問いを見据えたことにはならないのである。〈音〉は子音、母音といった分節音だけではない。そのことを〈正音〉は知っていた。

中国音韻学の反切の二分法（dichotomy）

I　+　MVF/T

声母　+　韻母

正音学の四分法（tetrachotomy）

I　+　MV　+　F　+　T

初声　+　中声　+　終声　+　アクセント

『訓民正音』の声を聞こう。凡《およ》そ字は必ず合して音を成す。左に一点を加ふれば則ち——そう、〈正音〉の文字であれば、必ず点が加えられなければならない。無点、一点、二点の三つのうちから、義務的に選択しなければならない。音の高低が即ち単語の意味を区別する不可欠の要素だったからである。一五世紀朝鮮語は、高低アクセント言語であった。王朝では『訓民正音』の創製と並行して漢字音研究が行われていたが、そうした漢字音研究も、高低アクセント形象化という思想を支える、重要なモメントとなったであろう。

傍点は、印刷された版本だけでなく、手書きの手稿や筆写本でも律儀に付されている。『上院寺《サンウォンサ》御牒《ぎょちょう》・重創勧善文《じゅうそうかんぜんぶん》』（一四六四）

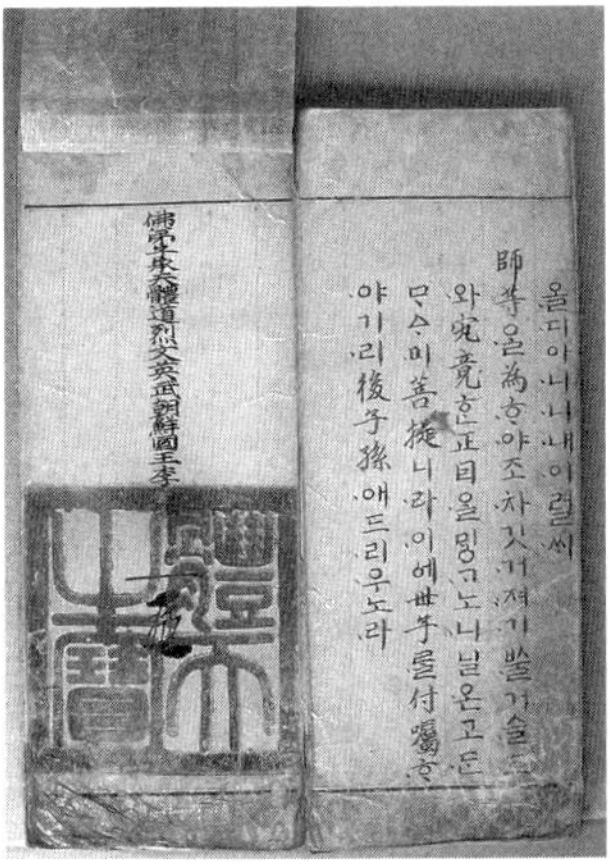

『上院寺御牒・重創勧善文』（1464年）。手書きのハングルにも傍点が付されている。紅い覆いをめくると、王・世祖の署名と朱で押された玉璽の印影が現れる。月精寺蔵。著者撮影

と呼ばれる、〈正音〉最古の手稿にも、丁寧に傍点が付されている。『御牒』は第七代世祖《せいそ》の筆になる。そこではアクセントもまた言語音であることを、傍点が静かに語っている。

かくして〈正音〉は、音節を、初声、中声、終声、そしてアクセントという四つの要素に解析し、それぞれに〈かたち〉を与える、四分法 tetrachotomy の高みへと到達するのである。一五世紀正音学のこうした認識は、一五世紀中国音韻学の反切に見える二分法をはるかに凌駕するのはもちろん、ほとんど二〇世紀言語学の地平である。世宗たちの思想は、言語音が意味と関わっているものである限り、それを極限まで〈かたち〉にしようとしたのであった。

傍点が語る六〇〇年の言語史

なお、一五世紀朝鮮語に存在した高低アクセントは、やがて消滅した。音の高低で単語の意味を区別しなくなったのである。実際の〈話されたことば〉において、「あめ」（高低・雨）と

「あめ」（低高：飴）の区別が全面的になくなったようなものである。〈書かれたことば〉において傍点が消失したのは、〈話されたことば〉において高低アクセント・システムが失われたことの反映である。面白いことに、咸鏡道《ハムギョンド》地方の東北方言、慶尚道《キョンサンド》地方の東南方言は、現代もなお高低アクセントの言語である。

『訓民正音』に、上声、つまり一音節内で〈低から高へ〉の二モーラの単語の例として、二点が付されて挙げられた単語、例えば감《カーム》（柿）や별《ピョール》（星）、섬《ショーム》（島）といった単語は、高低が失われた代わりに、今日のソウル方言ではそれぞれ、［kaːm カーム］、［pjʌːl ピョール］、［sʌːm ソーム］という長母音の単語となった。低高の二拍であった上声の音節の一部は、このように現代ソウル方言では長母音として残った。さらに今日のソウル方言では、その長母音さえ失われようとしている。六〇〇年の間に、言語は猛烈に変化しているのである。

朝鮮語の方言区画図

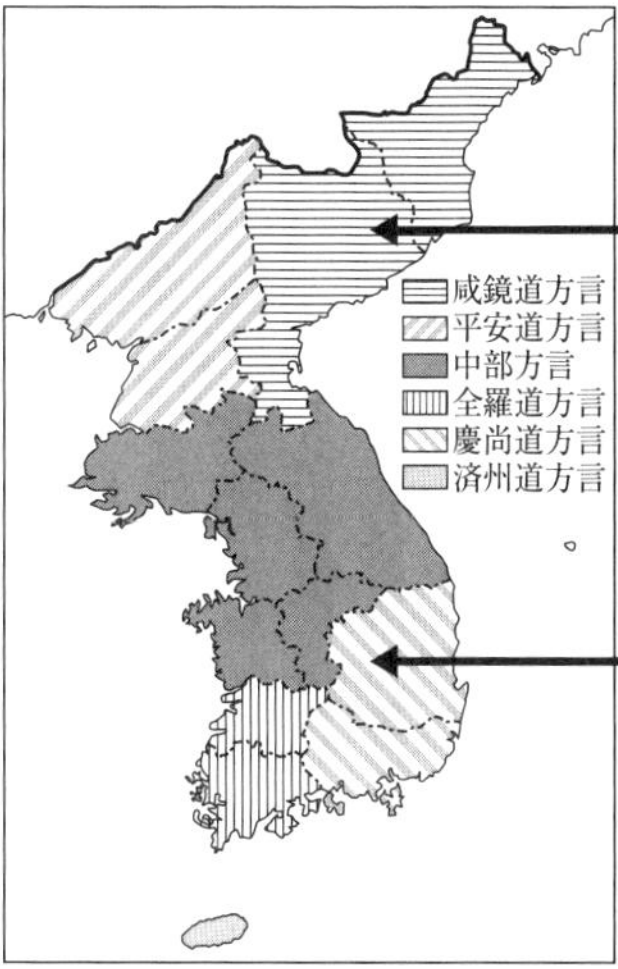

今日、東北方言と東南方言は高低アクセント言語である

李翊燮《イ・イクソプ》他（1997: 316）をもとに作図

高低アクセントのシステムが消滅してきたこうした過程も、他ならぬこの傍点の表記でわかる。厳格に付されていた傍点が、一六世紀末には、書物によってはしばしば揺れが見られ、さらに傍点表記の規則性も見られなくなり、やがて傍点自体が付されなくなっていったからである。〈正音〉の創製者たちの思想は、高低アクセント言語のありようを示しただけではなく、高低アクセント言語の崩壊過程をも、まざまざと描き出してくれたのである。

その文字は、音節の外部境界、内部構造、音の高低が見えるか

	音節の外部境界は見えるか	音節の内部構造は見えるか	音の高低は見えるか
ローマ字	× 見えない	△ 見えない	× 見えない
仮名	△ 見える	× 見えない	× 見えない
漢字	○ 見える	× 見えない	× 見えない
訓民正音	○ 見える	○ 見える	○ 見える

その文字は、音節の外部境界、内部構造、音の高低が見えるか

ここで、一六三頁で見た、〈その文字は音節の外部境界、内部構造が見えるか〉という問いに、ここで見た〈音の高低が見えるか〉という問いを加えて、ローマ字、仮名、漢字、訓民正音の四種の文字体系の性格を整理しておこう。訓民正音という文字体系の特徴がよく顕れてくるだろう。念のために付け加えるが、これらはどこまでも文字の性格であって、優劣などとは全く関わりがない。

仮名は音節文字とは言われても、〈捨てがな〉と呼ばれる促音の〈小さい「っ」〉や拗音の〈小さい「ゃ」〉、さらに撥音の「ん」や長母

音表記 /o:kina/「おおきな」（大きな）などの場合は、二文字で一音節を表すなど、音節境界と文字の境界が一致しないものが、少なくない。

漢字は、中国語や朝鮮語の場合には音節境界が見えているのに対し、日本語では見えなくなるのであった。

五　音の動的な変容を〈かたち〉にする——形態音韻論への肉迫

〈音〉を〈かたち〉にする最後の難問——〈正音〉の動的システムが解く

言語音を音節に区切り、音節内部を解析し、分節音とプロソディを〈かたち〉にし得た。それで文字は創り終わったことになるのか？　文字の役目は終わるのだろうか？　実は今一つ、決定的な難問と、その難問の〈訓民正音〉による驚くべき解決を見なければならない。ここまでを〈正音〉の静的なシステムだとすると、ここからは〈正音〉の動的なシステムを見てゆくことになる。

〈音素〉から〈形態素〉へ

先に見たごとく、単語の意味を区別する最小の言語音の単位が〈音素〉であった。/m/だの/n/

だのという子音のそれぞれ、/a/や/i/など、単母音のそれぞれは音素であり、〈正音〉は基本的に〈音素文字〉なのであった。つまり基本的に一字母が一つの音素を表すのであった。ここで〈正音〉の動的なシステムを照らすのに大変役立つ概念装置をちょっと獲得しておこう。

言語学では意味を持つ最小の言語音の単位を〈形態素〉morphemeと言う。形態素はしばしば{　}という括弧に入れて示される。英語のplayingやdancingにおける{play}/pleɪ/や{dance}/dæns/は語彙的な形態素、{-ing}/ŋ/は文法的な働きをする形態素である。日本語の「食べさせられた」は、{tabe}という語彙的な形態素と、文法的な働きを担う{sase}、{rare}、{ta}という三つの形態素からなっている。「てにをは」の{は}や{が}なども文法的な形態素である。

形態素は音素からなる。意味を実現しうるのは形態素までなので、例えば形態素{dance}/dæns/を/d/、/æ/、/n/、/s/のごとく、より小さい単位である一つ一つの音素に分解してしまうと、もはや意味を実現し得なくなる。このことは〈正音〉にとってとても大切なことである。そして次章で述べる、〈正音エクリチュール革命〉をめぐる知的闘争の根幹に関わることがらでもある。形態素は音素に解体すると、意味を実現しなくなる――。

〈異形態〉と〈音素交替〉――形態音韻論

日本語の「葉」haという単語がある。これは{ha}という一つの形態素からなる単語である。

この{ha}が「落ち葉」となると、oti-ba のごとく、-ba になるが、「枯れ葉」となれば、kare-ha のごとく、-ha のままである。これら -ha と -ba は、いずれも同じ{ha}という形態素の別な実現体である。同じ形態素のこうした異なった現れを〈異形態〉allomorph と言う。{ha}と{ba}という異形態同士を比べると、/h/と/b/という〈音素の交替〉が起こっていることがわかる。

なお、本書は冒頭にも述べたように、ことばはそれ自体が意味を持っていて、それをやりとりするといった考え方はしない。ことばは意味を〈持つ〉のではなく、意味と〈なる〉、そしてしばしば意味と〈なりそこなう〉と考えるので、形態素の定義も、〈意味を実現しうる最小の言語音の単位〉と書き換えることになる。整理しておこう。

音素　単語の意味を区別する言語音の最小の単位
形態素　意味を実現しうる言語音の最小の単位
異形態　同じ形態素の、異なった音素からなる実現体

前述したように、音素と音素の体系を考える学問を〈音韻論〉という。形態素と異形態をめぐる音韻論的な諸問題を考える学問は〈形態音韻論〉morphophonology という。形態音韻論は二〇世紀、ロシアの言語学者で、かつチェコ、プラハ学派の中核の一人、ニコライ・トゥル

形態音韻論の創始者、ニコライ・トゥルベツコイ。Трубецкой（1987）より

ベツコイ Николай Трубецкой（一八九〇—一九三八）によって開拓された分野である。没後に刊行された『音韻論の原理』はその後の音韻論、形態音韻論を基礎づけた著作である。

これで〈正音〉の動的なシステムを味わう言語学的な概念装置は出揃った。

音節構造の変容——〈終声の初声化〉

音節をめぐって、朝鮮語では非常に面白い現象がある。例えば、「夜」という意味の /pam/［パム］に、「…が」の意味の/i/［イ］という音節が結合すると、/pam + i/［パムイ］ではなく、必ず /pa + mi/［パミ］のごとく音節構造が変容する。つまり音節末の子音、終声/m/が、次の音節の初声と化してしまうのである。これを〈終声の初声化〉と呼ぶ。

/pam/ + /i/ ⇒ /pa mi/

夜 + が

〈終声の初声化〉と似た現象はいろいろな言語で観察される。例えばフランス語の発音における、アンシェヌマン enchaînement と呼ばれる現象によく似ている。enchaînement とは、鎖（仏 chaîne シェンヌ；英 chain）に入れる（仏 en；英 in）ことの意。［イル］と［ア］が結合すると、［イル・ア］ではなく、［イ・ラ］と発音される現象である。終声、つまり音節末の/l/が、次の音節の初声、つまり音節の頭の子音となって発音されている。

（表記）	il	+	a	⇩	il a
（発音）	/il/	+	/a/	⇩	/i + la/
	彼	+	持っている		彼は持っている

なお、朝鮮語の〈終声の初声化〉をリエゾン liaison と呼ぶ教材が見受けられるが、リエゾンは〈終声の初声化〉とは異なった現象なので、避けるのがよい。フランス語のリエゾンは、les amis /le-za-mi/ のような例がそれで、定冠詞の複数形 les を単独では /le/ と発音するのに、amis が後続すると /lez/ という音が現れるような現象である。つまり単独で発音されるときにはなかった音が、出現する現象である。〈終声の初声化〉はアンシェヌマンと同じく、単独でも存在した終声が、次の音節の初声となるのであって、リエゾンとは明らかに別の現象である。

ちなみに、フランス語の教材の中には、この les の s などを黙字と呼び、リエゾンは黙字が発音される現象などと説明する向きがあるが、これは便宜的にはともかく、原理的には音の平面と文字の平面を行ったり来たりしてしまっている、ロジックの混濁である。音の平面でのできごとはまず音の平面で説明しきらねばならない。問いは、まさに今本書で共にしているように、〈音の平面でこれこれの出来事がある、それではそうした出来事を文字の平面ではいかに表すか〉という順序になるはずで、音と文字、〈話されたことば〉と〈書かれたことば〉という、言語の存在様式の違いを踏まえた、そうした問いの解析こそが面白いわけである。朝鮮語の教材における説明でも、音の平面と文字の平面の混同は少なくない。いわゆる表音文字で書かれる言語は、ややもすると、音と文字の混濁に陥りやすい。

さて朝鮮語では、終声を持つ音節に、母音で始まる音節、つまり初声がゼロの音節が結合すると、この終声の初声化が基本的に起こる。朝鮮語はこの〈終声の初声化〉による、音節構造の変容の激しい言語である。

〈終声の初声化〉をいかに表記するか

音素の平面と音節構造の平面の二層を統合する〈正音〉のシステムは、面白いことに、こうした音節構造の変容にも対応しきる仕組みとなっている。先の例を〈正音〉で表記してみよう。

発音	/pam/	+	/i/	⬇	/pa mi/
	夜	+	が		

表記①	ㅂㅏㅁ ＋ ㅣ	⬇	ㅂㅏㅁ ㅣ
表記②	밤 ＋ 이	⬇	바 미
表記③	밤 ＋ 이	⬇	밤 이

〈終声の初声化〉は音の平面の現象であって、文字の平面の現象ではない。文字の平面ではただただ、そうした音の平面で起こる現象を、どのように表記するかが問題になるだけである。

表記①＝音韻論的表記

ㅂㅏㅁ　ㅣ

p a m i

これが pam「夜」

①は、音素を出現する順序に線的に配列して表記する方法である。ラテン文字などのアルファベットは、音素の平面だけを反映する、こうした素朴な単層のシステムである。〈音素的表記〉あるいは〈音韻論的表記〉と呼ぶことができる。単純な音韻論的平面を一対一的に文字の

平面に投影しているわけである。
第7章で述べるように、〈正音〉も近代に入って、こうした単線的な表記で用いられることがあった。こうした①の表記法を〈풀어쓰기《プロッスギ》〉（解き書き）と呼んでいる。②や③のように音節ごとにまとめて書くのは、〈모아쓰기《モアッスギ》〉（組み書き）と言う。

表記②＝音節構造論的表記

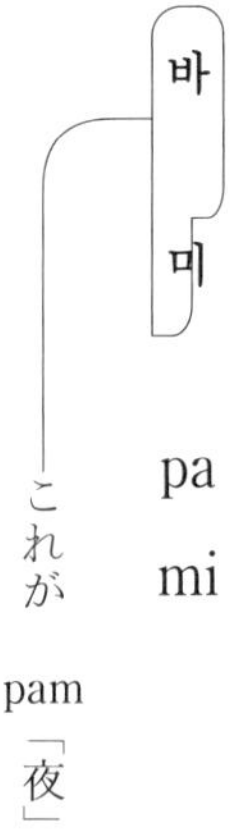

②は、音節の境界通りに、「바미」/pa+mi/と表記する方法である。構造的には、これは音素の平面に加えて、音節の平面を重ねる二層の表記システムとなっている。仮名などとは違って単に音節全体の音と音節境界とを示すだけでなく、音節の内部構造も示している。ここまでは第3章三の一六〇―一六五頁で既に見た通りである。
こうした表記は〈音節構造論的表記〉と言えよう。伝統的な表記論では、この音節構造論的表記を「音韻論的表記」とか「音素論的表記」と呼ぶが、その名称は①に与えるべきものであ

る。無論、音節は音韻論で扱うことがらである。そうだからといって、②を「音韻論的表記」としたのでは、①と②の重要な区別がつかなくなる。②で重要なのは、音節の内部構造と外部境界の双方を示すということに他ならない。従って単なる「音節的表記」でもない。

この音節構造論的表記は、音節構造の変容した結果を、文字の平面でも直接反映させているわけである。音節構造の変容の結果は容易にわかるが、文字の平面で「밤」/pam/という形態素の終声を表す字母「ㅁ」/m/が、次の初声の位置に移動していて、「夜」の意を表す、もとの「밤」/pam/という形態素が、二文字にまたがってしまっている。

表記③＝形態音韻論的表記

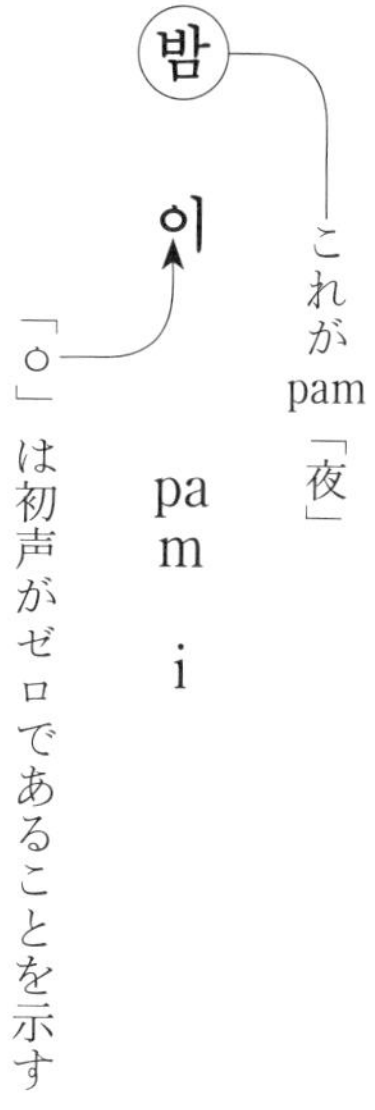

これに対して③の表記方法は、文字の平面において「밤」/pam/というもとの形を保ったま

まで、「밤이」/pam+i/と表記する方法である。文字の平面で、「밤」/pam/というもとの形がわかるようになっている。「이」/i/の頭の「ㅇ」は初声がゼロ、即ち、初声の子音が存在しないことを示す字母として現在は用いている。こうした③の表記を〈形態音韻論的表記〉と言う。形態音韻論的表記は、音の平面で音節構造の変容が起こっても、形態素を形作る音の〈かたち〉/pam/が、文字の平面でも視覚的にわかるようになっているのである。

今日の表記法の決まり、即ち〈正書法〉は、こうした形態音韻論的な表記を採っている。ロシア、レニングラード学派（ペテルブルク学派）の優れた朝鮮語学者であり日本語学者でもあったA・A・ホロドヴィッチ（一九〇六―七七）は、その書 **Холодович**（一九五四：一二）で、形態素と音素という観点から、朝鮮語のこうした今日の正書法の原則を次のようにまとめている。

形態素は音素に対して優先権を持つ。単語をまず形態素に分けよ、しかる後に、残った全てを音節に分けよ――こうした原則が、朝鮮語の正書法において現在は主導的である。

〈正音〉は音韻論、音節構造論、形態音韻論の三層構造である

こうして見てくると、〈正音〉のシステムは形態音韻論的表記に至って、音素の平面、音節構造の平面の二層なのではなく、さらに形態音韻論的な平面が加わった、三層の構造を有して

いることがわかる。

〈正音〉の形態音韻論的な性格は、一文字だけ、つまり一音節だけ眺めていてもわからない。基本的には二文字以上の文字列において現れる動的な性格だからである。

〈正音〉の表記システムは、ここで述べた三つの表記法を選択することができるわけであるが、すぐにわかるように、単線的に字母を配列するラテン文字などのアルファベットでは、音節構造論的な平面での表記や、形態音韻論的な平面での表記といった方法自体が存在しない。一六三―一六五頁で見たように、ラテン文字などでは、音節境界を何らかの区切り子でマークせねば、音節境界自体が形の上でわからないからである。〈正音〉は〈初声＋中声＋終声〉を一つの〈かたち〉の上での単位にまとめる立体的な構造によって、音素の平面と音節の平面、そして形態音韻論の平面という三層を統合するシステム

音韻論、音節構造論、形態音韻論の三層構造としての〈正音〉

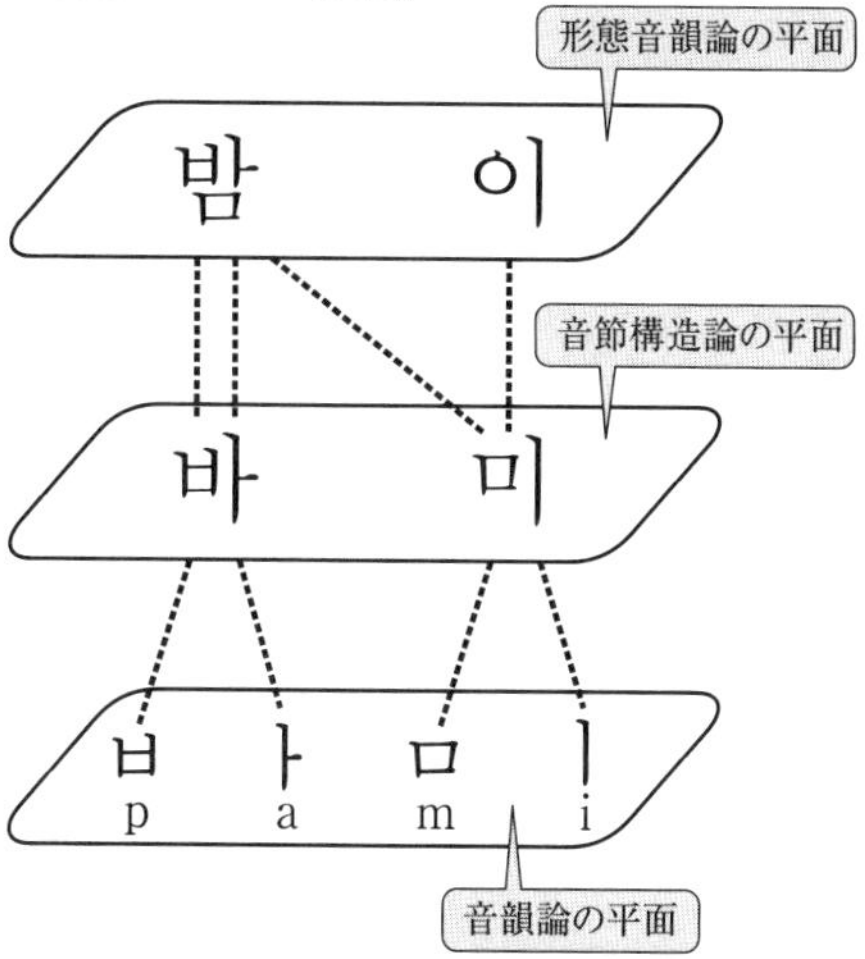

である。それゆえ、こうした三つの方法の選択が可能となるのである。〈正音〉の動的なシステムはこの三層構造によって支えられている。

音の動的な変容を支える〈ゼロ字母〉「ㅇ」

それにしても初声がゼロであることを示す字母「ㅇ」が、こんなところでも役立つとは。音節の内部構造において、そこが空いていることを示せるわけで、音の平面では、前の終声をそこに移してやればよいことが、視覚的にすぐわかる。初声ゼロを示す字母「ㅇ」は、基本的には次の二つの働きがあるわけである。

初声ゼロを示す字母「ㅇ」の指示《コマンド》

（a）前に終声字母がなければ、その音節は「ㅇ」の次の母音字母から発音せよ

이미　［이미 imi］　既に

아이　［아이 ai］　子供

（b）前に終声字母があれば、その終声字母を「ㅇ」の位置に充当し発音せよ

밤이　［바미 pami］　夜が

（b）の働きは、〈終声の初声化〉が起こりうるマーカーとしての働きである。つまり〈ゼロ字母〉というべき「○」の存在によって、〈終声の初声化〉という音の平面のメカニズムを文字の平面に取り込むことが、可能となるのである。文字の平面で終声字母があって、直後に〈ゼロ字母〉「○」が現れれば、その終声字母は次の音節の〈ゼロ字母〉「○」へと入り込み、初声字母へと転化する。〈ゼロ字母〉「○」は、音の動的な変容を文字に生かしきるための、決定的なデバイス（装置）である。

なお、〈終声の初声化〉が起こる際には、同時に音素の交替が起こることがあったり、逆に〈終声の初声化〉を避けるために/n/の音が挿入されることがあるなど、〈終声の初声化〉をめぐっては、さらに豊かな音の変容が観察される。のみならず、朝鮮語は口音《こうおん》が鼻音《びおん》になる、鼻音/n/が流音/l/になる、平音が濃音《のうおん》や激音《げきおん》と呼ばれる別の音になるなどといった、音の変化が大変激しい言語であるが、そうした音の変化をぎりぎりまで書き表すシステムになっているのである。

〈正音〉の形態音韻論的表記で日本語を書いてみる

〈正音〉の形態音韻論的表記で日本語を書いてみると、どうなるのだろう。例えば、動詞の活用の様子はどんな具合になるのだろう。

日本語の学校文法式の五段活用の動詞「書く」の活用表

かかない	갘- 아- 나이	kak-a-nai
かきます	갘- 이- 마스	kak-i-masu
かく	갘- 우	kak-u
かくとき	갘- 우 토키	kak-u toki
かけば	갘- 에- 바	kak-e-ba
かこう	갘- 오- 오	kak-o-o
かいた	가- 이- 타	ka- i-ta

日本語の学校文法で言う五段活用の動詞「書く」を試しに〈正音〉で書いてみよう。

先のホロドヴィッチの原則（一九〇頁）を思い起こそう。「単語をまず形態素に分けよ」であった。音の変わらない部分はまず「각」kak- と取り出せる。ちなみに終声字母を「각」とすると、朝鮮語の発音では、「각아나이」は kag-a-nai「かがない」と濁って発音され、「嗅ぐ」になってしまう。ここでは終声字母を激音の字母にして「갘」としておこう。「갘아나이」は［kak^{h}anai カカナイ］となる。

次の原則は「残りを音節に分けよ」であった。そうすると、「書く」の活用においては、母音「아이우에오」（a i u e o）がついて、いわゆる「未然、連用、終止、連体、仮定、未然（志向）」の六つができあがっていることがよくわかる。最後の「書いた」はイ音便と言われる形である。

どうだろう。音節の切れ目だけでなく、音節の内部構造もわかれば、動詞の活用の構造も鮮明に見えて来るではないか。

①単独では同音異義語

ㅂ ㅏ ㄱ ⇒ 박　/pak/［pa^{k} パㇰ］　「ふくべ」

ㅂ ㅏ ㄱ ⇒ 박　/pak/［pa^{k} パㇰ］　「外」

②母音で始まる音節が後ろに来ると、〈終声の初声化〉で違う音に替わる

ㅂ ㅏ ㄱ ＋ ㅣ ⇒ ㅂ ㅏ ㄱ ㅣ ⇒ 바기　［pagi パギ］　「ふくべが」

ㅂ ㅏ ㄱ ＋ ㅣ ⇒ ㅂ ㅏ ㄲ ㅣ ⇒ 바끼　［$pa^{ʔ}ki$ パッキ］　「外が」

↑

平音/ㄱ/が濃音/ㄲ/に音素交替を起こしている

‖

異った形が現れている

言語音は変容する――「ふくべ」と「外」の物語

日本語の「葉」{ha}という一つの形態素が /ha/ になったり /ba/ になったりするように、〈音〉は変容するのであった。「葉」ha という形はいつもそのままでいられるわけではない。

ここで面白い現象を一つ見ておこう。〈正音〉の動的システムの醍醐味を味わえる現象である。

母語話者に尋ねてみよう。「ふくべ（瓢簞）」は朝鮮語で何と言うの。/pak/［pa^{k} パク］と言うのだよ。なるほど、/pak/［pa^{k} パク］ね、では書いてみよう。「ㅂㅏㄱ」/p-a-k/ を音節にまとめて、「박」/pak/［pa^{k} パク］。では「外」は何て言うの。「外」は［pa^{k} パク］だよ。あ、同じ発音なんだね、ではやはり書いてみよう。「박」［pa^{k} パク］。

これだけ比べてみると、同音異義語のように見える。

さらに尋ねてみよう。では、「…が」という助詞 /i イ/ をつけて、「ふくべが」ってのは何て言うの。［pagi パギ］

って言うんだよ。はあ、なるほど。/pak パク/ + /i イ/ が /paki/［pagi パギ］となって、〈終声の初声化〉を起こしてるわけね。ちなみにここで「パキ」ではなく「パギ」と濁音になるのは、〈有声音化〉という現象で、朝鮮語の発音上の鉄則である。では発音通り書いてみよう。「ㅂㅏㄱㅣ」、これをまとめて〈組み書き〉すると、「바기」［pagi パギ］。これでいいかな。

では「外が」ってのは何て言うの。「外が」はね、「ㅂㅏㄲㅣ」［pa^{ʔ}ki パッキ］って言うんだよ。え、何？「ふくべが」と「外が」は違っちゃうの？ 何、その［pa^{ʔ}ki パッキ］のつまったような［^{ʔ}k］って音は？ あ、これね、これがかの有名な〈濃音《のうおん》〉だよ。日本語の促音の「っ」がついたkみたいなものだけど、もっと緊張した音だね。朝鮮語では［k］と［g］は同じ音素で、濃音の /^{ʔ}k/ は別の音素だよ。ひぇーっ。〈終声の初声化〉という音節構造の変容を起こしつつ、音素交替まで一緒に起こっちゃうの。

とにかく、「ふくべが」「ㅂㅏㄱㅣ」「바기」/paki/［pagi パギ］と「外が」「ㅂㅏㄲㅣ」「바끼」/pa^{ʔ}ki/［pa^{ʔ}ki パッキ］は違うわけね。これも書いてみよう。

形態音韻論的な交替——「ふくべ」と「外」が分かつもの

「ふくべ」「外」だけなら同じ「박」/pak パク/ という形だったのに、「…が」/i イ/ がついて「ふくべが」「外が」となると、何と変わってしまっている。平音 /ㄱ/ が濃音 /ㄲ/ に音素交替を起こしているのである。つまり「外」の該当部分だけ見ると、「ㅂㅏㄱ」と「ㅂㅏㄲ」と

③音韻論から形態音韻論へ

ㅂㅏㄱㅣ ➡ 바기 ➡ 박이　/paki/［pagi パギ］　「ふくべが」
ㅂㅏㄲㅣ ➡ 바끼 ➡ 밖이　/paˀki/［paˀki パッキ］「外が」

音韻論の平面　　音節構造論の平面　　形態音韻論の平面

いう〈異形態〉が現れている勘定になるわけである。

ここで重要なことは、朝鮮語において /pak パク/ という音列に /i イ/ が結合すると、常に /pagi パギ/ となるわけでも、/paˀki パッキ/ となるわけでもないという点である。そうなるのなら、それは純粋に音韻論的な平面の音素交替だと言うことができる。どんな音の環境でも、同じ条件なら全てが同じように変化するのだから。

ところがここでは、片や「ふくべ」の意の /pak パク/ では /paki/［pagi パギ］となり、片や「外」の意の /pak パク/ では /paˀki/［paˀki パッキ］となっている。つまり、〈どういう意味の形態素か〉によって、音の現れが異なっている。つまりここでは、既に純粋な音韻論的な平面の音素交替ではなく、意味を実現しうる形、即ち〈形態素〉が関わる、〈形態音韻論的な交替〉が起こっているのである。

さて、右の表記で留まると、音節構造論の平面で終わることになる。今日の正書法は、これをさらに上のように、形態音韻論的な表記に組み上げるのである。

音韻論の平面での表記は「ㅂㅏㄱㅣ」、音節構造論の平面では「바기」と、それぞれ一種類の表記に定まるが、形態音韻論の表記では、「바기」

現代語の終声の音と終声字母

	唇音	歯茎 硬口蓋音	軟口蓋音	
口音	p	t	k	音の平面
鼻音	m	n	ŋ	
流音		l		
口音字母	ㅂ ㅍ	ㄷ ㅌ ㅅ ㅆ ㅈ ㅊ ㅎ *	ㄱ ㅋ ㄲ	文字の平面
鼻音字母	ㅁ	ㄴ	ㅇ	
流音字母		ㄹ		

（ㅎは喉音の字母）

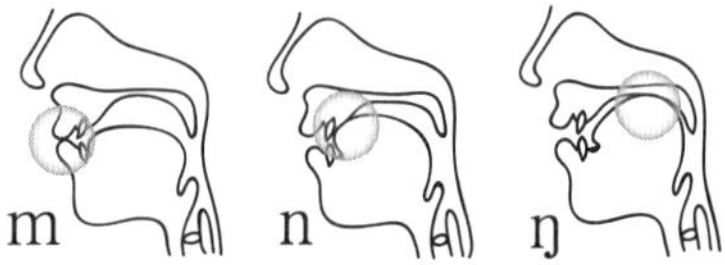

と「박이」を選択しうるわけである。

こうして「ふくべ」は「박」と書き、「外」は「밖」と書くことになった。見た瞬間に互いの区別がわかるではないか。そして〈終声の初声化〉を起こすときの音まで示されている。

日本語では音節末には撥音の「ん」か促音の「っ」しか立たないのに対し、朝鮮語では音節末に上の表の七つの子音が立ちうる。この七つしかないので、終声字母に濃音の字母「ㄲ」などが書かれていても、音の平面において濃音が終声に立つことはそもそもない。kの系列で現れる終声は、おのずと「ㄱ」だけとなって、間違いようがないのである。なお、一五世紀には、終声に立ちうる音はsが加わり、八つであった。

右の表に添えた図は、鼻音のm、n、ŋの調音器官の図である。

ŋは、音声学では「エヌジー」と呼んでいる。日本語では「ん」に聞こえるが、kの形のままで音を鼻に抜く、鼻音である。唇も閉じないし、舌先も上がらない。

表語と表音の輪廻

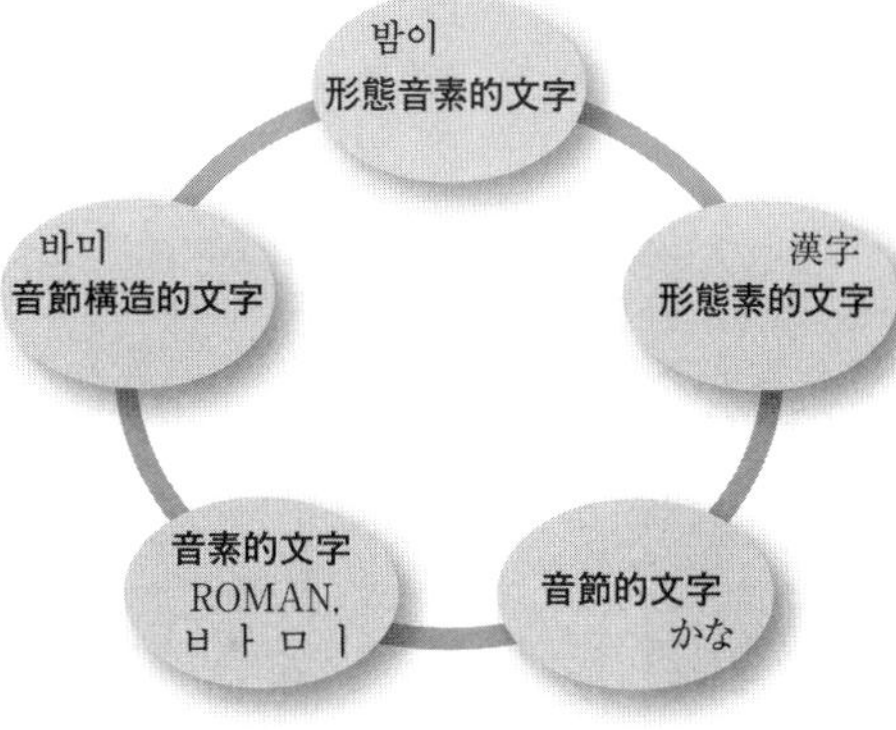

表語と表音の輪廻

形態音韻論的な表記を採るということは、文字が音を示すだけではなく、文字の〈かたち〉が意味と結びついているということでもある。つまり「밤」という〈正音〉一文字の単位が、形態素の単位にもなりうるわけである。「박」と書けば「ふくべ」であり、「밖」と書けば「外」であるという具合に。これはまさに一

文字が単語というものを表す、〈表語文字〉だということに他ならない。現代のハングルでも「있」[ɸiss]（在る、いる）、「읽」[ɸilk]（読む）、「놓」[noh]（置く）のようにハングル一文字で形態素がほとんど特定されるものも珍しくない。

もちろん、二文字以上で一つの形態素を示すこともいくらでもある。そうだとしても、ここでは音を示したはずの文字が、いつしか形態素を示す文字でありえ、事実上、単語を示す文字という性格まで帯びてくるのである。

世界の文字の歴史は表語文字から始まった。そして音節文字や単音文字が生まれた。同じ単音文字と言っても、〈正音〉の表記のありかたを見るならば、音韻論の平面、音節構造論の平面、形態音韻論の平面それぞれの段階で縦横な表記が可能であることを見た。そして形態音韻論的な表記とは、とりもなおさず、〈表語〉への道でもあるわけである。表語文字から発して表語文字へ帰る。世界文字史の輪廻である。

第4章

〈正音〉エクリチュール革命——ハングルの誕生

朝鮮王朝初期の離宮・昌徳宮《チャンドククン》。名庭・秘苑《ピウォン》を擁する。
世界遺産。著者撮影

文字を創るという私たちの目的は、前章まででまず達成されたのであろうか。実は、文字を考え、文字を創っただけでは、まだそれは十全たる文字とは言えない。何よりも文字は人々によって書かれなければならない。文字はテクストに飛躍せねばならない。まさにこのことこそ、文字が真の文字として生きうるか否かを、決定するのである。

では何を書くのか？　いかに書くのか？　一方で人々が文字によって何かを書くためには人々がその文字を知らなければならない。文字に形と仕組みができたのは、どこまでも未だ始まりに過ぎないのである。

一　〈正音〉革命派と漢字漢文原理主義との闘い

知識人たちにとって漢字漢文は生であり死であった

第2章でも触れたごとく、一五世紀朝鮮の知識人たちにとって漢字は、謂わば生そのものであった。さらに言うなら、漢字とは生であり死でもあった。士大夫たる両班《ヤンバン》の子弟は、この世に生を受けるや、漢字で名を授けられ、漢字で世界を知り、漢字で友と語り、漢字で詩をしたため、漢字で国家を論じ、漢字に生き、死を賜《たまわ》るのさえ漢字によってであり、死してなお讃えられるのも、漢字をもって讃えられたのである。

そうした知識人たちの、およそありとあらゆる〈知〉は漢字漢文によって形作られ、組み上げられ、動いていた。

例えば科挙といった制度一つとってみてもよい。中国で隋王朝、五九八年、文帝の時代から清王朝まで一千三百年にわたった官吏登用試験である科挙制度は、朝鮮半島では新羅王朝時代、七八八年には既に導入されていた。岸本美緒・宮嶋博史（二〇〇八：一一四）によれば、高麗王朝の九五八年以来、朝鮮王朝にあっても科挙は定期的に実施されている。その間、中断はあっても、科挙は朝鮮半島においても既に七百年近い歴史を有する制度となっていた。言うまでもなく、科挙を経なければ、真の士大夫たり得ない。そしてその科挙の全て、隅から隅まで、科挙に向かうまでも、科挙を経た後でも、全てが漢字、漢文の世界であった。

〈正音エクリチュール革命〉の出発点――〈知〉の変革へ

〈書くこと〉をめぐる様々なありようを、人文思想で用いられる術語を借りて、広く〈エクリチュール〉と呼んでおこう。〈エクリチュール〉écriture とは、フランス語の〈書く〉を意味する動詞 écrire の派生語である。「書くこと」「書かれたもの」のみならず、「文字」や「筆跡」「文体」などの意味にまで、広く用いられている。英語では writing や script などと訳されることもあるが、日本語同様、外来語としてそのまま用いられることも多い。

〈エクリチュール〉écriture＝
〈書くこと〉〈書かれたもの〉
〈自らが書くことによって考えること〉〈他者によって書かれたものから考えること〉
〈書かれた知〉

エクリチュールの全ては漢字漢文であった。それが世界の全てであった。誰も見たこともない〈正音〉が、漢字漢文の世界に屹立《きつりつ》すること。これが一五世紀朝鮮〈正音エクリチュール革命〉の出発点的な構図である。

王は最高権力者であるから〈革命〉などとは言えない？　違う。王が〈正音エクリチュール革命〉で闘う相手とは、王などとは比較にならないくらい強大な相手であった。それは、歴史が書かれて以来今日までを貫く、〈漢字漢文エクリチュール〉である。闘う相手は、歴史そのものであり、世界そのものであった。巨大なエクリチュールの歴史の前では、史書、即ち書かれた歴史を繙《ひもと》けばわかるように、王は諡《おくりな》で呼ばれる、書かれた数文字の固有名に過ぎない。

王朝最強の頭脳集団＝集賢殿

世宗は〈正音〉を創製し、実践してゆくにあたって、〈集賢殿《しゅうけんでん》〉という機関を総司令部に据えた。集賢殿とは、高麗時代よりその名が見える学問研究機関である。名は中国唐代の機関の名をとったものである。高麗末より長く実質的な働きを失っていたところに、世宗は王位に就いた翌々年、一四二〇年には、この集賢殿を再生、最大限の活性化を図っている。

集賢殿は王朝最強の頭脳集団である。集賢殿こそは正音エクリチュール革命派の中枢であった。より正確に言うと、集賢殿が組織を挙げて革命の遂行にあたったのではなく、実はその一部の精鋭たち、やや大げさに言ってみれば、フラクションがその任にあたったのであった。

王朝の官職は、上は正一品《しょういっぽん》、従《じゅ》一品から順に正九品、従九品まで階級が定められている。集賢殿の頂点は領殿事《りょうでんじ》という職名で、これが正一品である。以下、大提学《だいていがく》（正二品）、提学（従二品）、ここまでは兼任の名誉職とされる。実質的な職務は、副提学（正三品）以下の、次の職位の者が担った。直提学《ちょくていがく》（従三品）、直殿《ちょくでん》（正四品）、応教《おうきょう》（従四品）、校理（正五品）、副校理（従五品）、脩撰《しゅうせん》（正六品）、副脩撰（従六品）、博士（正七品）、著作（正八品）、正字《せいじ》（正九品）がそれである。

〈正音エクリチュール革命〉のイデオローグたち

〈正音エクリチュール革命〉の最高指導者は世宗（一三九七—一四五〇、在位一四一八—五〇）その人であり、世宗のもとで理論闘争を指揮するイデオローグは、集賢殿に集う次のような人物である。いずれも『訓民正音』後序に官職名と共にその名が見える。〈正音〉が創製された一四四三年の時点での満年齢も見ておく。既に〈正音〉も完成していることであるから、今後は重要な人名などには〈正音〉でも名を併記しておこう。

鄭麟趾《てい・りんし》（정 인지《チョン・インジ》）　集賢殿副提学、正三品。四七歳。
崔恒《さい・こう》（최 항《チェ・ハン》）　応教、従四品。三四歳。
朴彭年《ぼく・ほうねん》（박 팽년《パク・ペンニョン》）　副校理、従五品。二六歳。
申叔舟《しん・しゅくしゅう》（신 숙주《シン・スクチュ》）　副校理、従五品。二六歳。
成三問《せい・さんもん》（성 삼문《ソン・サムムン》）　脩撰、正六品。二五歳。
姜希顔《きょう・きがん》（강 희안《カン・ヒアン》）　敦寧府《とんねいふ》・注簿、正六品。二六歳。
李塏《り・がい》（이 개《イ・ゲ》）　副脩撰、従六品。二六歳。
李善老《り・ぜんろう》（이 선로《イ・ソルロ》）　副脩撰、従六品。年齢不詳。

このとき世宗四六歳、エクリチュールの若き革命家たちは、いずれも大変に若き秀才たちであった。鄭麟趾はわずか一五歳で生員《せいいん》という科挙の下級試験に合格し、文官を選ぶ科挙である文科には、一八歳で壮元《そうげん》、即ち首席及第となったほどの大秀才である。後に、官僚の最高位である領議政にまで上り詰めている。

申叔舟は一四四三年には朝鮮通信使の書状官として室町時代の日本の地を踏んでいる。その経験を『海東諸國紀』として著し、江戸時代、日本でも広く知られるところとなった。七代世祖の時代には政権を支える中心人物となり、官位はやはり領議政に至っている。

革命家たちは単なる知識人、文人に留まらない。姜希顔などは、後に徐居正《ソ・ゴジョン》（一四二〇—八八）をして「詩書画の三絶」、書は王羲之《おうぎし》と趙孟頫《ちょうもうふ》を兼ねるとまで言わしめることになる芸術家でもある。

王立の学問研究機関、アカデミーに過ぎなかった集賢殿の革命家たちは、世宗の没後にはそれぞれのしかたで、さらに深く政治の中枢で生死を懸けることになる。

『世宗荘憲大王實録』

『朝鮮王朝實録』が語る崔萬理らの反〈正音〉

こうした同じ集賢殿において副提学という指導的立場にあった、正三品・崔萬理《さい・ばんり》（최만리《チェ・マルリ》）らは自らの存在をかけて王を諫《いさ》めた。〈正音〉は罷《まか》り成らんというのである。この点でも解るように、同じ集賢殿の内部でさえ、〈正音〉をめぐって事実上、思想的には分裂していることになる。

崔萬理、生年は一三九〇年代であろうとも言われるが、定かではない。世宗と同年代であったろう。王朝を代表する知識人であることは間違いない。一四三八年には副

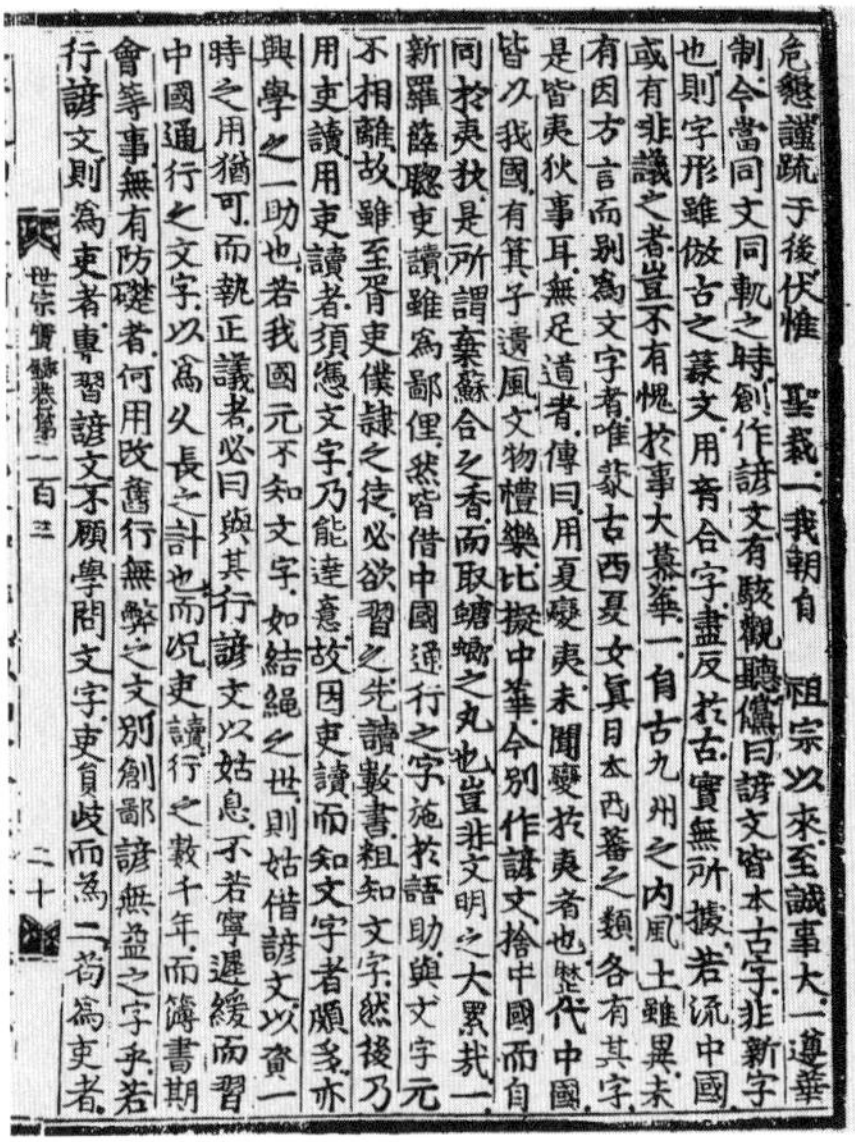
危懇謹疏于後伏惟　聖裁一我朝自　祖宗以來至誠事大一遵華
制今當同文同軌之時創作諺文有駭觀聽儻曰諺文皆本古字非新字
也則字形雖倣古之篆文用音合字盡反於古實無所據若流中國
或有非議之者豈不有愧於事大慕華一自古九州之內風土雖異未
有因方言而別爲文字者唯蒙古西夏女眞日本西蕃之類各有其字
是皆夷狄事耳無足道者傳曰用夏變夷未聞變於夷者也歷代中國
皆以我國有箕子遺風文物禮樂比擬中華今別作諺文捨中國而自
同於夷狄是所謂棄蘇合之香而取螗螂之丸也豈非文明之大累哉一
新羅薛聰吏讀雖爲鄙俚然皆借中國通行之字施於語助與文字元
不相離故雖至胥吏僕隷之徒必欲習之先讀數書粗知文字然後乃
用吏讀用吏讀者須憑文字乃能達意故因吏讀而知文字者頗多亦
興學之一助也若我國元不知文字如結繩之世則姑借諺文以資一
時之用猶可而執正議者必曰與其行諺文以姑息不若寧遲緩而習
中國通行之文字以爲久長之計也而況吏讀行之數千年而簿書期
會等事無有防礎者何用改舊行無弊之文別創鄙諺無益之字乎若
行諺文則爲吏者專習諺文不顧學問文字吏員岐而爲二苟爲吏者
世宗實錄卷第一百三　二十

『世宗實録』に見える崔萬理の上疏文から

提学、翌年には道知事にあたる官職である江原道観察使、一四四〇年には集賢殿に副提学として戻っている。

崔萬理らの説くところは、王朝の正史である『世宗實録』に記載された上疏文《じょうそぶん》によって知ることができる。

朝鮮王朝の記録は、『世宗荘憲大王實録』、略して『世宗實録』のごとく、王の治世ごとに編年体で編まれている。総称して今日『朝鮮王朝實録』と呼んでいる。一八九三巻、八八八冊に及ぶ書物《エクリチュール》である。言うまでもなく、この『朝鮮王朝實録』も、それまでのあらゆるエクリチュール同様、全て漢字漢文で記されている。ちなみに『訓民正音』解例本と並んで、『朝鮮王朝實録』もユネスコの世界の記憶に登録されている。

崔萬理らの反〈正音〉上疏文

崔萬理の上疏文はこう始まる。

「臣ら伏して観《み》るに諺文《おんもん》の制作、至って神妙《しんめう》たり、物を創り智を運ぶこと夐《はる》か千古を出づ。然《しか》れども臣らの区々たる管見を以てするに、尚ほ疑ふべき者有り、敢《あへ》て危懇《きこん》を布《し》き、謹みて後に疏《そ》す。伏して聖裁を惟《おも》ふ。」

臣らが伏して拝察いたしますには、諺文の制作、極めて神妙なる域に達しており、その新たに創造し、知を巡らせるありようは、まことに遥か千古のいにしえより出《い》でしものでございます。しかしながら、臣らの至らぬ見識をもっていたしますと、なお気がかりなところがございます。恐れながら敢えて誠心をもってここに疏《そ》を奉《たてまつ》り、伏してご聖断を仰ぐものでございます。

諺文つまり〈正音〉のシステムを見て、崔萬理がここで「神妙」と形容したのは、あながち世宗に媚びたものとは言えない。確かによくできている、というわけである。「創物運智」といったありようをそこに見て取っている。かたちを創り、システムを動かすのである。

世宗。金学洙（김 학수《キム・ハクス》：1919-2009）画。世宗大王記念事業会蔵

知識人たちの驚愕

集賢殿で進められた〈正音〉の創製が公になるや、知識人たちは驚愕した。

崔萬理は言う。

「我が朝、祖宗より以来、至誠《しせい》にして大《だい》なるに事《つか》へ、一《いっ》に華制《かせい》に遵《したが》ふ。」

我が王朝はその祖よりこのかた、この上なき誠をもって大なる中華に仕え、ただただ中華の制度に従って参りました。

「今、同文同軌の時に当りて、諺文を創作するに駭《おどろ》きて観聴する有り。」

今まさに文を同じくし、文物制度を同じくすべき時でありますのに、諺文を創作するなど、驚きをもってこれを見るものがございます。

知識人たちは「駭《おどろ》きて観聴する」のである。何、王はそんなことをやっていたのかと。政治を顧みず、風流管弦の類に溺れるような王ならまだしも、相手は政《まつりごと》を自ら司り、確実に世を動かし、時代を作りつつある世宗である。

世宗、後の世に王朝最高の名君と謳われる王である。一四一八年に即位した世宗は、確かに様々な改革を推し進めている。『高麗史』などという史書を鄭麟趾らに編ませることも始めたし、一四三二年に人文地理書『新撰八道地理志』も編ませている。二代・定宗と三代・太宗の『朝鮮王朝實録』も世宗の代の編纂になる。一四〇三年にはすでに鋳字所も設けられていたが、ここで銅活字の鋳造《ちゅうぞう》も進めた。朝鮮の活版印刷はヨーロッパのグーテンベルクに先立つものとして、今日も知られているところである。世界初と言われる雨量計「測雨器」を全国に配するなど、科学技術の勧奨も怠らなかった。

そうした世宗が何と文字などというものを創っている。王の手遊《てすさ》びならば見逃しもしよう、しかし違うのだ。世宗はどう見ても本気である。文《エクリチュール》を同じゅうすべき、大中国に抗《あらが》うのか？

至誠事大＝漢字漢文原理主義の政治的表現

崔萬理、あるいはまたこうも言う。

「古《いにしへ》より九州の内、風土異なると雖《いへど》も、未だ方言に因《よ》りて別に文字《もんじ》を為す者有らず。唯《た》だ蒙古、西夏、女真、日本、西蕃の類、各々其の字有るは、是れ皆夷狄《いてき》の事のみ、道《い》ふに足る者無し。」

古《いにしえ》より、中華九つの州のうち風土が異なるといえども、いまだ方言によって別に文字を有するなど見たこともございません。ただただ、蒙古、西夏、女真、日本、西蕃の類に各々文字がありますのは、これら皆、夷狄《いてき》、えびすの仕業にて、論ずるに足るものでもございません。

崔萬理は憤《いきどお》る。士大夫の国、文明の国たる朝鮮は、漢字漢文エクリチュールを大中華と共にするのであって、未開の地のみが真の文字を知らぬのである、笑止。我が朝鮮が元々文字を知らず、「結縄《けつじょう》」文字でも用いている太古であればまだしも。「結縄」、縄など結わえて文字の代わりにしている時代ならともかく――崔萬理が文字の例としてここで「結縄」を引いているのである――我々には真の文字がある。

「歴代の中國、皆我が国を以て箕子《きし》の遺風有りとし、文物・礼楽は中華に比擬《ひぎ》す。今、別に諺文を作り、中國を捨てて自ら夷狄《いてき》に同じくす。」

歴代の中国は皆朝鮮を箕子朝鮮（伝説的な古代王朝名）の遺風が残るものとし、中華に擬《なぞら》え、中華に比肩するものと扱っております。

ところが今はどうだ、王ともあろうかたが、諺文を作っている。大中華を捨て、自ら夷狄になり果てんとしている。

これ「豈《あ》に文明の大累《たいるい》に非ざるや。」そう、我が国は「文明」の地である。文字を作るなど、文明に大いなる累を及ぼす所業に他ならない。

東アジアの政治力学への崔萬理たちの憂慮はいよいよ深刻である。

「若《も》し中國に流れ、或ひは之を非議する者有らば、豈《あ》に事大慕華に愧《は》ずること有らざらんや。」

もしやこのことが中国に知れ、あるいはこれを非難する者があれば、大なるに仕え、中華を慕うに恥ずべきものでありましょう。

東アジアにあっては——事実上、世界にあってはということに他ならない——朝鮮王といえ

ども、中国皇帝より冊封《さくほう》を受ける君主に過ぎない。一三九二年、王位に就いた太祖・李成桂（이성계《イ・ソンゲ》：一三三五―一四〇八）でさえ大明国からは王と認められていなかった。第三代太宗の代になってようやく、「朝鮮国王」の辞令を告げる「誥命《こうめい》」と印章が明より朝鮮に伝えられる。

かくのごとく、天と地を繋ぎうる唯一の存在は中国皇帝である。その昔、秦王・政《せい》は始皇帝となって文字を統一した。〈文字を統《す》べる〉などといった営みは唯一中国皇帝のみがなしうることである。いつからか使われていた文字ならまだしも、わざわざ自国の文字をこれ見よがしに今日に至って創るなど、中国にこんなことが知られたら大変なことになる。

崔萬理らのこうした思想は、近代に入って事大《じだい》主義であると大きな批判を受けてきた。例えばポスト周時経《チュ・シギョン》学派の中核、解放後に至るまで韓国で言語教育において絶大な影響を及ぼした文法家・崔鉉培《チェ・ヒョンベ》は、その書『改正 正音学』において、引用さえ憚られるようなことばで、崔萬理を罵倒している。日本の植民地の中での朝鮮語の置かれた状況を身を以て体験している崔鉉培であってみれば、崔萬理に対するそうした極めて強い批判も、故なきことではない。

漢字漢文原理主義の思想

しかしながら、崔萬理らの思想を単なる事大主義として切って捨てるのは、早計であろう。それでは〈正音〉に反対する上疏文の政治的な側面しか見ていないことになる。ここではどうしても次の二つの点を見なければならない。

第一に見なければならないのは、〈知識人たちにとって漢字漢文は生であり死であった〉と前述した、〈正音〉以前のエクリチュールの磁場である。崔萬理らの立場は、時代の知識人たちの圧倒的な多数派の立場であり、漢字漢文に生きて死んでゆく人々の、むしろ存在の根源からの声であった。それは知識人として、当然であり、常識であり、自然であり、理性でもあった。正統だったのは崔萬理たち、漢字漢文原理主義派であって、世宗たち、エクリチュール革命派が異端だったのである。

衝撃度だけの比喩に過ぎないが、〈正音〉の提起は、今日の日本語の文字表記の仮名の部分は全てグルジア文字に変えようとか、アラビア文字にしようといったような衝撃、あるいはそれ以上の衝撃だったと思えばよい。見たこともない文字にしようというのである。それも今まで書かれたこともなかった〈話されたことば〉を書くぞと。人々の信の厚い圧倒的な賢者が、国家権力の中枢にいて、ある日突然、漢字や仮名をやめて、私が作ったこの文字を使えというような衝撃。

第二に見なければならないのは、崔萬理らの思想が、〈正音〉について、勝《すぐ》れて言語学的、文字論的、さらに広く〈知〉の地平から問いを立てているという点である。

第一の点については、崔萬理をめぐる今日の言説の中には、一五世紀という時代背景を考慮し、事大主義という断罪から距離を置こうとしているものが少なくない。

これに比べ、崔萬理らの議論が、言語学的、文字論的な〈知〉の地平での思想闘争だったという第二の点については、既存の訓民正音論がほとんど位置づけてこなかったと言ってよい。一言で〈漢字漢文原理主義〉と総括しうる崔萬理らの思想は、圧倒的に優勢な旧体制＝アンシャン・レジームの単なる代弁と言うより、〈正音〉の潜在力が漢字漢文エクリチュールの根幹を揺るがすような内容を持つものであったがゆえに、体制の根幹を支える思想を原理主義的に純化、理論化しようとしたものに他ならない。

二　〈用音合字《ようおんごうじ》〉の思想──〈知〉の原子を問う

〈用音合字〉＝音を用いて字に合す

崔萬理たちが〈正音〉を言語学的、文字論的な地平から問題にしていることは、王に向けた上疏文《じょうそぶん》というテクストに明確に現れている。その決定的な言がこれである。

「用音合字、盡反於古」
「音《おん》を用ゐて字を合はすは、尽《ことごと》く古《いにしへ》に反す」

〈用音合字《ようおんごうじ》〉は、〈音を用ゐて字を合《あ》はす〉あるいは〈音を用ゐて字を合《がっ》す〉、〈音を用ゐて字に合《がっ》す〉と訓じてもよかろう。要するに音を用いて字に作る、つまり音を表す字母を組み合わせて文字とする、訓民正音のそうしたありかたは、尽く古《いにしえ》に反するものである、古来、どこにもなかったものだと言うのである。そう、〈用音合字〉、それは古来地球上のどこにもなかった。〈正音〉のような完成された形での形態音韻論的なアルファベットのシステムは、中原《ちゅうげん》にもなかったし、地中海にもなかった。およそ文字という観念からは絶対に導き出し得ない被造物である。

〈正音〉の思想を〈用音合字〉というわずか四文字の簡潔な字句の中に捉えている崔萬理の眼目は、確かである。崔萬理たちは、単に事大思想から〈正音〉に異を唱えているのではない。優れて〈用音合字〉というありかたそれ自体に異を唱えているのである。文字の形だけではなく、文字を造り上げるシステムそれ自体への異議である。

世宗の反論――古《いにしえ》の文字とは

「上《しょう》、疏《そ》を覧《み》て、萬理等に謂《い》ひて曰く」、上疏文を読んだ世宗はやはりこのくだりに真っ先に反論している。世宗自身が〈用音合字〉の字句を何よりもまず問題にした、このことは重要である。問題の核心のありかがまさにここであることを教えてくれる。核心は文字のシステムにある。王宮にあって、〈正音〉をめぐるこうした言語学的な思想闘争が行われているのである。

このこと自体も驚きである。

「汝《なんぢ》ら音を用ゐて字を合はすは、尽く古に反すと云へり。薛聡《せつそう》の吏読《りとう》も亦《ま》た音を異にするに非ざるや。」

汝《なんじ》らは、音を用いて字に合わすのを、尽く古に反すと言った。しかしながら薛聡（설총《ソル・チョン》）の吏読もまた漢字とは音を異にするものではないか。吏読については第2章の四（二一〇頁）で見た。借字表記法の一つである。朝鮮王朝時代には下級官吏などが吏読文を用いていた。世宗はそういうことを踏まえて言っている。

〈細胞〉としての漢字

崔萬理らは答える。

「薛聡の吏読、音を異にすと曰ふと雖《いへど》も、然れども音に依り釈に依りて、語助、文字は元より相ひ離れず。」

薛聡の吏読は漢字の字音と音が異なるとはいえ、どこまでも漢字の音と訓に依るものであって——そう、借字表記法であるから——語助、即ち助詞・語尾の類と漢字は元より互いに離れるものではありませぬ。

借字表記法はどこまでも漢字という〈形音義トライアングル・システム〉の朝鮮語的な利用であった。

崔萬理らの思いを今日のことばで敷衍《ふえん》するなら、次のようなものであったろう。

漢字を見よ、漢字は一字一字が細胞である。それは一字一字が生きている。「天」「地」「人」然り、「仁」「義」「忠」「孝」また然り、全ての漢字は〈形音義〉が見事に統一された有機的統一体である。いかな借字表記法とて、その細胞の遺伝子は生きているのである。片仮名へと遺伝子を伝えた口訣が、漢字の形の一部を借りるのもそうだ。漢字から決して離れない。文字とはそうしたものを言う。

〈原子＝音素〉と、〈分子＝音節〉としての〈正音〉

ところがこの〈正音〉はどうだ、崔萬理は言う。

「諸字を合はせて並書するは、其の音釈を変えて字形に非ざるなり」

字母を合わせて並べて書くなど、その音だの訓だのといった概念さえも跡形もなく変えてしまう。そんなものは文字というものではない、およそ字の体《てい》などなしていないではないか。〈用音合字〉の思想は、漢字とは根底的に異なる思想である。崔萬理たちの恐怖と戦慄は、〈正音〉が〈用音合字〉というシステムからなることにある。

文字とは古来、細胞のごとき存在である。生きた細胞が〈知〉を作る。生きた有機体たる一文字一文字の漢字、一文字一文字が意味をなす漢字が〈知〉を作る。ところが〈正音〉は細胞であるべき文字を、分子に解体してしまう。さらに分子は原子に解体される。言うまでもなく、分子は音節であり、原子は音素である。意味たる細胞を解体し、分子、原子へ。

『訓民正音』は「凡そ字は必ず合して音を成す」などと言っている。「凡そ字は必ず合して音を成す」と？　文字＝漢字とは有機的な一《いっ》なるものであって、それ自体が音を成すのである。文字とは合したり離れたりするものではないのだ。〈正音〉は生きた有機体たる文字を無機的なエレメントに解体してしまっているではないか。そんなことが許されていいわけがない。

崔萬理たちは考えたろう。書かれた歴史が存在してこのかた、我々はそうした細胞を単位として生きてきたのだ。考えるとは、そうした細胞を単位として考えることであり、書くとは、そうした細胞を、生きたしなやかな体《からだ》へと培うことであった。文章に綴るとは、我々の思考の細胞を大きな身体へと組み上げることである。〈書かれたことば〉とは、一つ一つが生きた細胞から成り立つものである。性理学のエクリチュールこそ、その究極形態である。

我々は「人」という〈かたち〉で〈人〉を問い、「山」という〈かたち〉で〈山〉を問うてきたのだ。これを解体して「ㅿㅣㄴ」/z－i－n/だの「ㅅㅏㄴ」/s-a-n/などと問うことは、できないのだ。我々の〈知〉は「人」や「山」のようにどこまでも文字＝漢字を単位として成り立っている。それを〈音〉を単位にしてだと？ それも音が合して文字となると？「山」はs、a、nと解体すると、もはやそれは〈知〉ではない。――形態素は音素に解体すると、意味を実現し得なくなる。

〈知〉が崩壊する、エクリチュールが崩壊する。崔萬理たちは、〈知〉とエクリチュールの根源に対する〈正音〉の過激《ラディカル》で根底的《ラディカル》な仕掛けに戦《おのの》くのである。〈正音エクリチュール革命〉が漢字漢文原理主義へ突きつけた問いは、〈象形〉を起源とする〈六書〉の思想から、〈用音合字〉という四分法システムの思想へ――こう立てられている。そうした構図を、崔萬理らの思想は鮮明に見て取っている。

漢字が忘れ去られるという危機感

崔萬理たちは現実の社会をも見据えて言う。

〈正音〉が行われれば、エクリチュール崩壊の結果、官職にある者は〈正音〉だけ習得し、学問を顧みなくなる。役人ともあろう者が、わずか二七字《ママ》の〈正音〉しか知らずに「宦達《かんたつ》する」、即ち官職につき、それを極めることができるなら、誰が苦労して性理学など学ぼう。それでは数十年の後には漢字を知る者は、必ずや少なくなり、〈正音〉だけで吏事、役所仕事はできても、聖賢の文字を知らなければ、何も学んでいないようなもので、事理の是非には暗いとしか言いようがない。かくして〈知〉が崩壊する——崔萬理たちの呻《うめ》きである。

崔萬理たちが言ったように、学問事理云々はともかく、〈正音〉しか知らずとも、「宦達する」、官職を極める、そう、現代ではほぼそうなっている。漢字を知る者も非常に少なくなっている。韓国の大学の国語学や古典の教材でさえ、売れないからと、漢字交じり文をハングルだけにしてくれと、出版社が執筆者に懇願する時代となった。韓国の国家の印章である国璽《こくじ》もハングルである。共和国ではつとに一九五五年より、漢字は一切使用せず、ハングルしか用いていない。共和国では人名さえハングルだけである。崔萬理たちはある意味では、世宗たち以上に〈正音〉のラディカルさを読み取っていた。ハングル・エクリチュールの圧倒的な制圧という今日的事態をも、見据えていたことになる。

世宗は崔萬理らを罷免した。姜信沆（一九九三：一七八—一七九）によれば、上疏を共にした学者たち七名のうち、崔萬理を含めほとんどが翌日には許され、四カ月後にはほとんどが復職している。倒すか倒されるかといった純然たる政治権力闘争であれば、こうはいくまい。こうしたことからも、正音エクリチュール革命派と漢字漢文原理主義派との闘争は、政治権力闘争のイデオロギー的な外皮といったものではなく、それ自体、〈知〉をめぐる闘いでもあったことが、窺えるのである。

三　〈正音〉よ、生きとし生けるものの〈こゑ〉を聞け

天地自然の〈文〉――〈正音エクリチュール革命〉の理論武装

崔萬理たちのこうした漢字漢文原理主義に対して、〈正音〉エクリチュール革命派のイデオローグたる鄭麟趾《チョン・インジ》は、『訓民正音』解例本の序を、次のような一文から始めている。

「天地自然の声有れば、則ち必ず天地自然の文有り。」

この地に〈文〉あるは、この地にこの地の〈声〉があるがゆえである。それは中国皇帝を超えた〈天地自然〉、この地にこの地のエクリチュールあるは、天地自然の理《ことわり》である。〈至誠事大〉といった人間《じんかん》の作法の類ではない。〈正音〉二八字は、天地自然の理として、声があるがゆえに文が自ずからあるというしかたで、生まれたものである。こう理論武装を行うのである。

この地の〈声〉が書けない

鄭麟趾はさらにこうも言う。

　わが東方、朝鮮は礼楽、制度、文化といったものは皆中国に似ているのに、ことばは中国と同じゅうしない。書を学ぶ者は、その内容が理解しがたいことを愁え悩み、獄を治める者は複雑なありようが通じがたいのを憂える。その昔、新羅の薛聡が初めて吏読を作り、官府民間を問わず、今に至るまでこれを行ってきた。しかしながら、皆、漢字を借りて用いても、あるときはことばに困り、あるときはことばに詰まる。これは単に見識狭く、荒唐無稽であるといったようなものではない。

「言語の間に至りては、則ち其の万一に達する能《あた》はず。」

そもそも、話される言語に至っては、その万に一つとて書き表せないのである。

鄭麟趾が〈書かれたことば〉と〈話されたことば〉を明らかに区別していることがわかる。

〈正音〉の前段階は基本的に、〈書かれたことば〉は古典中国語たる漢文であり、〈話されたことば〉は朝鮮語であるという、二重言語状態であった。〈文〉と〈声〉の乖離《かいり》的な二重構造。〈書かれたことば〉では意を尽くせず、〈話されたことば〉は、何と書き表せない。この地の〈声〉が書けない、〈声〉があるのに、その〈文〉がない。この地の〈声〉がこの地の〈文〉たり得ない——母語が〈文〉たり得ないのである。

「癸亥冬。我
殿下創制正音二十八字、略掲例義以示之、名曰訓民正音。」

それゆえ、癸亥《きがい》年、即ち世宗二五年、一四四三年の冬、我らが王は正音二八字を創制なさり、概略、例義を掲げて以て之を示されたのである。名づけて曰く——〈訓民正音〉。

なお、この記述だけでも、少なくとも〈正音〉の思想と制字の根幹は世宗の創制になると見てよい。

三極の義、二気の妙、該括《がいかつ》せざる莫《な》し

鄭麟趾の言うところを、さらに聞こう。

「形を象《かたど》りて字は古篆《こてん》に倣《なら》ひ、声に因《よ》りて音は七調に叶《かな》ふ。」

〈正音〉はその発音の形を象って、字画は古篆に倣った。声に基づき、音は七つの音階、即ち七調にも叶っている。

「三極の義、二気の妙、該括せざる莫し。」

天地人、三極の意味するところも、陰陽の二気の妙、〈正音〉は尽く該《そな》わっている。つまりありとあらゆるもの、これを〈正音〉は蔵すと説くのである。天地人として形象化されるものも備わっており、陰陽として変わりゆくものさえ、〈正音〉は括《くく》り束ねるのである。

「二十八字を以てして転換窮まり無く、簡にして要、精にして通ず。」

わずか二八字によって、そのありようは変幻自在、極まるところを知らず、簡潔にして要を押さえ、精緻にして貫く。わずか二八字が天地の間《かん》、ありとあらゆるところへと行き渡る。なお、このように『訓民正音』では二八字とされるものが、先の崔萬理の上疏文には二七字とある。

さらに言う。

「用ゐて備はざる所無く、往きて達せざる所無し。」

これを用いれば、書けないということがない、及ばぬところがない。要するに森羅万象を我がものとしうる文字であるというのである。

オノマトペ・エクリチュール——〈正音革命テーゼ〉

そして刮目《かつもく》すべき次の言説に及ぶ。

「風声《ふうせい》、鶴唳《かくれい》、鶏鳴《けいめい》、狗吠《くばい》と雖《いへど》も、皆得て書くべし。」

風のそよぐ音も、遠き鶴の鳴き声も、夜明けを告げる鶏の声も、そして犬の吠える声さえ、尽く〈正音〉の表せないものはない。どうだ、かつて漢字で朝鮮語のオノマトペなど、表せたか？——鄭麟趾、渾身の〈正音エクリチュール革命宣言〉である。

鄭麟趾が〈正音革命テーゼ〉とも言うべき、『訓民正音』の序という決定的な位置を占めるテクストにおいて、人為ならざる自然の極北としてのオノマトペに言及しているのは、決して偶然ではない。ましてや漢字漢文エクリチュールの四六駢儷体《しろくべんれいたい》的な修辞に終わるものでもない。

既に述べたように、朝鮮語は擬声擬態語の圧倒的に豊富な言語なのであった。言語資料が限定されている一五世紀朝鮮語でも、そのことはありありと窺える。

オノマトペ・エクリチュール――〈用音合字〉の優位

風声、そう、ここでは人の〈声〉（こえ）に対して、天地自然の〈声〉を〈こゑ〉と書いておこう。聞こえてくるありとあらゆるものの〈こゑ〉。漢字漢文で読めるのは、「風声《ふうせい》」なのであって、それは朝鮮語で響く風の〈こゑ〉ではない。「鶴唳《かくれい》」、これも然り。あるいは鶴が悲《かな》しく鳴き、あるいは鶴が愛《かな》しく鳴く、朝鮮語では確かに聞こえている、そうした〈こゑ〉ではない。

　生きとし生けるものの〈こゑ〉を書く。漢字漢文が書き得なかった朝鮮語のオノマトペを〈正音〉が書く。それは〈正音〉の創製者たちにとっては、漢字漢文を超える決定的な目標値の一つであったろう。

　〈鶴が鳴く〉ということ、〈鳴く鶴の声〉ということは、漢字漢文がいかようにも書ける。そもそも鳥という対象を象る〈象形〉こそ、漢字の発生論的な根拠地であった。しかしながら、この地にあって漢字漢文が〈かたち〉にしうるのは、どこまでも〈鶴が鳴く〉ということ、〈鳴く鶴の声〉ということであって、そこで示されるのは、私たちに聞こえてくる朝鮮語の音《おん》の世界に奏《かな》でられる〈鶴のこゑ〉そのものではない。あるいは刹那を悲《かな》しく、あるいは一千年を愛《かな》しく鳴く、その〈こゑ〉それ自体を描くには、どうしても音そのものを形象化しなければならない。〈こゑ〉を〈かたち〉にしうるシステムでなければならない。母語を〈かたち〉にせねばならない。

朝鮮語の言語音が生まれる、まさにその根源の形を象っては組み上げる、〈用音合字〉というシステムこそ、それに叶うものであった――音を用ゐて字に合す。

オノマトペを〈正音〉が書く、このことの意義は重要である。

第一に、漢字を借りた表記では決して表し得ないような、日常言語の隅々に宿るオノマトペを〈書く〉瞬間とは、『訓民正音』の冒頭、世宗の序に言う〈日用の便〉の威を示す瞬間たりうる。まぎれもなき〈くにのことば＝朝鮮語〉を書きうる瞬間たりうる。オノマトペといったものまで、即ち、ありとあらゆる〈話されたことば〉を書きうることが示される。

第二に、まさに言語音を初声、中声、終声、そしてアクセントという四分法によって分析総合する〈用音合字〉というシステムこそが、擬声擬態語の音の視覚的な形象化をなしうるという、圧倒的な優位を示すことができる。〈音〉の全てを〈かたち〉にしうるという優位。固有語の全てを形象化しうるという優位。

漢字漢文に対峙し、〈くにのことば〉を書き、オノマトペを〈書く〉瞬間とは、漢字漢文に対する〈正音〉の圧倒的優位を高らかに誇る瞬間である。

四　〈正音〉よ、くにのことばを——エクリチュール革命宣言

文字から文へ、文章へ

さて、文字が作られたからといって、それが直ちに〈文〉や〈文章〉といったものになるわけではない。『訓民正音』解例本に〈正音〉で書かれているのは、実はほとんど全て〈単語〉、それもほとんどは名詞であって、〈文〉が書かれているわけではない。話す順序で単語を並べれば文ができる？　違う。第1章でも触れたように、〈話されたことば〉と〈書かれたことば〉は、互いに位相の異なる存在である。〈書かれたことば〉は〈話されたことば〉の単なる写像ではない。日本語の〈話されたことば〉と〈書かれたことば〉を比べてみてもそのことはいくらかは知れる。論文のごとくに、新聞記事のごとくに、手紙文のごとくにでさえ、話している人はいない。〈書かれたことば〉のごとくに話している人など、誰一人いないのである。

ドラマのシナリオなどはどうだろう。まるで話しているようなことばで書いてあるではないか。登場人物のケンはユミをあんなに愛している。〈話されたことば〉そのもののごとく生き生きと書いてあるではないか。そういうふうに書けばよいのではないのか？

これは大きな誤解である。シナリオの中で、ケンはユミに語っているのではない。ケンが自らの気持ちをユミに語っているのではない。ケンのことばはケンのことばではなく、シナリオの〈書き手〉のことばである。ケンはケンの都合ではなく、シナリオの〈書き手〉の都合で語るのである。ケンがユミに語る、それをシナリオの読み手が読むためのことばで書かれている。

アニメーション童話のシナリオを見よう。東京の公園で子供たちに向けて老人が言う。「わしはこの子のおじいさんじゃ。」でも現実の老人はそんなふうには語らない。「おじいさんじゃ」と語れば、いかにも安心して老人だと思ってくれるだろうという、〈書き手〉の思惑によって、老人は「おじいさんじゃ」という、現代の東京方言ではまず見ることのできない形で語るのである。かくのごとく、書くことと話すことは違う。「話す」ように「書く」などということは、そもそもできはしないと言ってよい。「言文一致」などと言っても同様で、それは〈話すように書く〉ことを意味しない。〈話すような文体で書く〉ということに過ぎない。

単語を文字にできたからといって、それが直ちに〈文〉や〈文章〉が書けることにはならないのである。〈書く〉ことには〈話す〉ことには存在しなかった、書くこととそれ自体の何ものかが確実に存在する。そしてそれは明らかに目的意識的な営みによって得られるものであって、決して自然に得られるものなどではない。

私たちは決して忘れてはならない。一五世紀はおろか、二一世紀の今日でさえ解読とてままならぬ古き郷歌など、朝鮮語のごくわずかの断片を別にすれば、全面的に朝鮮語が書かれたものなど、未だ誰も見たことがない、それが〈正音〉が現れた磁場である。朝鮮語の〈文〉、朝鮮語の〈書かれたことば〉は未だ存在していない。

〈文字〉は〈文《センテンス》〉へと、さらに〈文章《テクスト》〉へと飛躍しなければならない。これは単なる成長なのではない。文字がテクストとなるのは、全く新たな位相を獲得する、謂わば位相学的《トポロジカル》な飛躍が必要なのである。

例えば、文字が名詞を書くというレベルに留まれば、それは品物の記録や、固有名詞の記録といった、単語という形の文、単語を横に羅列したという形のテクストで終わることになろう。朝鮮語が中国語のようなタイプの言語であったら、即ち単語の形が変化しない言語であれば、単語さえ書ければ、とりあえずのところまでは、文もできたかもしれない。しかし朝鮮語は中国語ではない。日本語同様、動詞は活用するし、形容詞も活用をする。形が変化すれば、それもまた書き表さねばならない。形態論的な変容も形にしながら、同時に文を構成する統辞論的な仕組みも文字で表さねばならない。なおかつ、そうした文は、今述べたごとく、話す通りに書くなどというしかたでは、決して産み出すことができないのである。ここにはどうしても決定的な飛躍が要る。それは商品が貨幣となるような、〈命懸けの飛躍〉である。

〈話されたことば〉と〈書かれたことば〉の〈時空間の捻《ねじ》れた鏡像関係〉

〈話されたことば〉と〈書かれたことば〉がある。〈話されたことば〉は〈書かれたことば〉

に先立つものであった。〈話されたことば〉が〈書かれたことば〉となるとき、〈音〉のあらゆる具体的なリアリティは失われる。話す速度も、強さも、高さも。〈書かれたことば〉にイントネーションはない。〈話されたことば〉が持つ〈音〉の性質のうち、〈正音〉のような音素＝音節構造文字で〈書かれたことば〉に生かされるのは、音の具体的なリアリティの中から抽象された、音素と音節構造、そして何も書かれていないことで示される、音の空白などといった、音韻論的な性質のみである。

では、〈書かれたことば〉は〈話されたことば〉から音の次元を削除すればできあがるのか？ それは違う。〈書かれたことば〉では既に見たように、〈話されたことば〉にはなかった新たな性質がいくつも生まれる。〈話されたことば〉で厳格に守られていた時間の線条性が失われ、〈書かれたことば〉にあっては、時を返って読んだり、時を斜めに読み進むなどといった事態まで現出するのであった。

〈話されたことば〉にあっては、ことばそれ自体が、話し手と聞き手の相互作用の中で作られる。二人の対話であれば、それはあたかも二つの旋律からなる対位法的な構造を見せてくれる。〈話されたことば〉は決して一人の発話の連続としてだけ生成されるものではない。

〈書かれたことば〉ではそうした対位法的な構造は失われるかわりに、視覚的な、そして既に見たように、時として触覚的でさえある、〈テクストという書かれた総体〉が、一つ一つのことばを規定し、制約し、一つ一つのことばが総体を形作るという様相を示す。このように

〈話されたことば〉と〈書かれたことば〉の違いを問うことは、〈言語がいかに在るか〉という根幹の問いを問うことに他ならない。

〈話されたことば〉と〈書かれたことば〉との関係は、一方にあったものが他方になく、他方にあったものが一方にあるといった、〈捻《ねじ》れた鏡像関係〉である。次元が増えたり減ったりという関係ではない。互いに鏡像関係にありながら、互いに異なった性質が欠けている一方で、それぞれに余剰的な性質が出現する。時空の軸が互いの鏡像の中で捻れを示す、時空間の捻れた鏡像関係、謂《い》わば位相的《トポロジカル》な変容関係である。

文字を創るという私たちにとって、問いはこう立てられている。〈正音〉によって一から〈書かれたことば〉を創り上げるということ。テクストを構築するということ。〈書かれたことば〉に用いる〈書きことば〉という文体を創出すること。では、どうする？

〈くにのことばが〉――〈諺解《げんかい》〉エクリチュールへ

『訓民正音』解例本の冒頭の序に世宗自らがこう書く。

「国の語音、中国に異なり、文字と相ひ流通せず、故に愚民、言はんと欲する所有れども、終《つ》ひに其の情を伸ぶるを得ざる者多し。予、此れが為に憫然《びんぜん》たりて、新たに二十八字を制《せい》し、人々をして易《やす》く習ひ、日用に便たらしめんと欲するのみ。」

我が国の語音は中国と異なっており、漢字漢文と互いに通じることがない。それゆえ、漢字漢文を知らぬ愚かなる民は言いたいことがあっても、その情《こころ》を述べることもできずに終わる者が多い。予はこれを見るに忍びなく、二八字を制《つく》った。これもただただ、人々が習うに易《やす》く、日々用いるに役立つよう、願ってのことである。

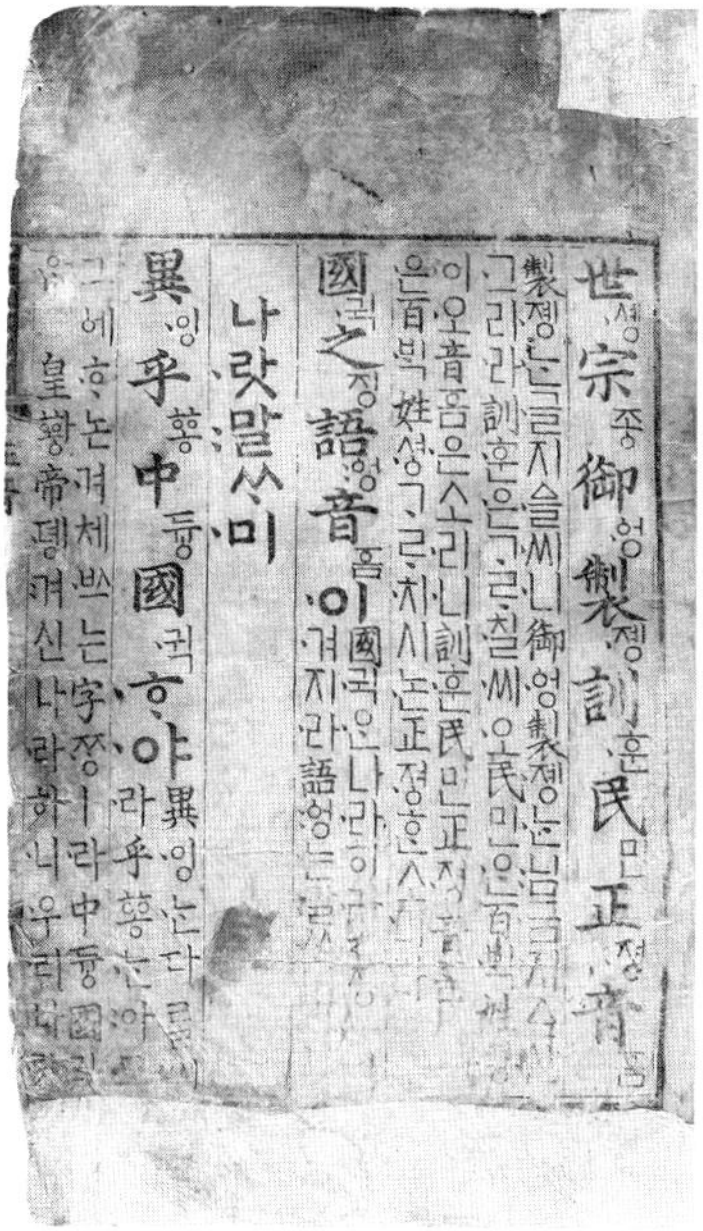

『訓民正音』諺解本。西江大学校図書館蔵。
湖巖美術館編（1996）より

筆致は押さえてあっても、その意は高らかなる宣言である。

そして〈正音〉の創製者たちは、この『訓民正音』解例本の漢字漢文エクリチュールを、朝鮮語で書き表すことを行う。これが今日『訓民正音』「諺解本《げんかいぼん》」と呼ばれるものである。이현희《イ・ヒョニ》［李賢煕］（一九九六：二二

四）は一四四七年頃に作られたと見ている。一四五九年刊行の『月印釈譜』の巻頭に収められているのが、現存する原刊本、つまりオリジナルの版本である。

諺解本では「國之語音」（国の語音は）といった漢文を、音読みするのではなく、次のごとく、固有語で描き出し、〈正音〉で書く。

나랏말ᄊᆞ미
くにのことばが

漢文を朝鮮語に飜訳する〈諺解《げんかい》〉という形の〈正音〉エクリチュールの誕生である。そしてこの『訓民正音』諺解本こそ、単語のレベルではない、〈文《センテンス》〉や〈文章《テクスト》〉としての書かれた朝鮮語を形成してゆく〈諺解〉という様式の嚆矢《こうし》となるのである。

王朝を称える『龍飛御天歌』――〈正音〉エクリチュールの誕生

『訓民正音』が一四四六年に公にされるや、翌一四四七年、『龍飛御天歌《りゅうひぎょてんか》』（용《ヨン》비《ビ》어천가《オチョンガ》）が刊行される。朝鮮王朝の建国を称《たた》える叙事歌である。『訓民正音』が公にされる前年には既に完成していたものである。

この書が『訓民正音』諺解本などの〈諺解〉エクリチュールと異なるのは、〈漢文の飜訳〉ではなく、どこまでも朝鮮語を主とし、漢文による訳文と註を付したものだという点である。漢文が主で朝鮮語が従なのではなく、逆に朝鮮語を主とし、漢文を従とする、史上空前の全面的な〈正音〉エクリチュールの誕生である。全一二五章の第一は次のように始まる。

海東 六龍이 ᄂᆞᄅᆞ샤。일마다 天福이시니。古聖이。同符ᄒᆞ시니

海東の六龍、天翔《あまかけ》り給《たま》ひ、ことごとに天の福あり、古《いにしへ》の聖人またかくのごとくあり

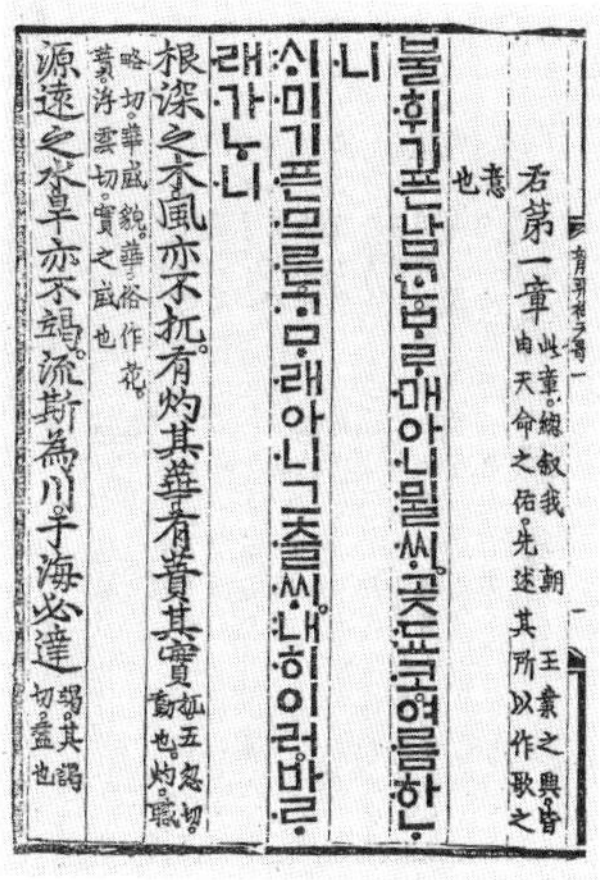
右第一章 此章。總敍我朝王業之興。皆由天命之佑。先述其所以作歌之意也
불휘기픈남ᄀᆞᆫᄇᆞᄅᆞ매아니뮐ᄊᆡ。곶됴코여름하ᄂᆞ니
시미기픈므른ᄀᆞᄆᆞ래아니그츨ᄊᆡ。내히이러바ᄅᆞ래가ᄂᆞ니
根深之木。風亦不扤。有灼其華。有蕡其實
源遠之水。旱亦不竭。流斯爲川。于海必達

『龍飛御天歌』（1447年）

右の文のように、漢字語は漢字で表記し、固有語は〈正音〉で表記している。これにまた詳細な註が付されている。海東の六龍とは、朝鮮王朝の始祖たちを言う。

全編の冒頭、続く第二章にあっては、次のように漢字を一字も含まない、まさに〈正音〉のみのエクリチュールが屹立する。ここでは日本語訳もできるだけ漢語を避け、かつ、

仮名だけを用いて書こう。

불휘기픈남ᄀᆞᆫ。ᄇᆞᄅᆞ매아니뮐ᄊᆡ。곶됴코。여름하ᄂᆞ니
ᄉᆡ미기픈므른。ᄀᆞᄆᆞ래아니그츨ᄊᆡ。내히이러。바ᄅᆞ래가ᄂᆞ니

ね ふかき きは、 かぜに あゆく ことなく、 はな うるはしく、 みゆたけし。 いづみ ふかき みづは、 まひてりにも、 たゆる ことなく、 かはと なりて、 うみへと そそく。

漢字を一字も含まないテクスト。漢字語を全く用いずに王朝の頌歌《しょうか》を高らかに歌い上げる一章。単語のリストではなく、内的な連なりと動的な展開を有する〈文《センテンス》〉であり〈文章《テクスト》〉である〈書かれたことば〉。そこではまぎれもなく、〈くにのことばが〉（나랏말ᄊᆞ미）躍動する。「声に因《よ》りて音は七調に叶《かな》ふ。」傍点で示される旋律と共に朝鮮語で奏でられる、〈風に揺《あゆ》くことなき根深き樹〉と〈ま日照りにも絶ゆることなき泉深き水〉という陰陽の暗喩は、私たちの誰もが今はじめて体験する、朝鮮語の婀《たお》やかなるエロティシズムである。この地に漢字が現れしより一千年の時を経て、今、泉のごとくあふれる、この地のことばである。

かくのごとき正音エクリチュールを前にして、〈正音エクリチュール〉の創製者たち、正音エクリチュール革命の前衛たちの誇りは、いかばかりであったろう。これは歴史の中で、未だかつて誰も目にしたことのない、朝鮮語の〈書かれたことば〉であった。どうだ、漢字漢文で、これが書けるか。

かくして母語はエクリチュールとなり、〈知〉となった。

こひねがはくは

鄭麟趾の『訓民正音』の序の結びにはこうしたことばが見える。

「庶《こひねがは》くは観る者をして師あらずして自ら悟らしめんことを。其の淵源精義の妙の若《ごと》くは、則ち臣等の能《よ》く発揮する所に非ざるなり。」

乞い願わくは、〈正音〉を見る者に、師なくして自ら悟らせんことを。その淵源、深き意の妙といったものは、臣らが到底語り尽くせるようなところではない。

〈正音〉は「簡にして要」、それでいて師がなくとも、自ずから悟りうるものだとする。志の高いこの序の末尾において、鄭麟趾が最後に語っているわけである——〈正音〉は深い。

第5章

〈正音〉エクリチュールの創出

『石峰千字文』（1583年）

〈正音〉は誕生した。〈正音〉のエクリチュールはいよいよ大きな歩みを始める。いよいよおよそことばが書かれるあらゆる局面において〈正音〉が用いられることになる。

一 〈正音〉よ、音を統《す》べむ――『東國正韻《とうごくせいいん》』

〈正音〉よ、音を統べむ

世宗は『訓民正音』を編むことと並行して、漢字音についても考えていた。漢字音とは、漢字の音読みにあたるものである。例えば「矜持」(きょうじ)を「きんじ」と読むなどといったことが日本語でもある。こうした読みは今日「慣用読み」とされ、一般にも通行している。驚くべきは、漢字音をめぐる謂わばこうした問題まで、世宗が重要な問題と考えていたという点である。世に行われている漢字音が乱れている、これを正そうというのである。〈正音〉、まさに正しき音、世宗は音を正さんとする。

日本漢字音の母胎

漢字音のことも日本漢字音のことと照らして少し見ておくのがよさそうである。

日本漢字音には呉音、漢音、唐音という三つの種類があることが知られている。唐音は唐宋音とも呼ばれる。「行」の字音であれば、「ギョウ」（ギャウ）は呉音、「コウ」（カウ）は漢音、「アン」は唐音である。「兄弟」は呉音では「キョウダイ」（キャウダイ）、漢音では「ケイテイ」となる。（ ）内は字音仮名遣い、いわゆる旧仮名遣いの表記である。

日本漢字音のうち、呉音は五、六世紀頃より最も古くから行われていた漢字音である。中国では劉裕が東晋を滅ぼし、建康（現在の南京）に宋を開く。これが北朝に魏、南朝に宋、斉、梁、陳と交代する南北朝時代の始まりである。この南朝を中心とする中国語の音が入ってきたものが、呉音であるとされる。百済など朝鮮半島との交流が盛んであったのもこの頃である。

中国の南北朝は五八九年、隋によって統一され、六一八年には唐が建つ。六七六年には新羅が朝鮮半島を統一している。新羅には遣新羅使が、新羅からは新羅使が日本—新羅間を往来している。隋や唐は長安（現在の西安）に都を置いた。長安が東アジアの国際的な中心都市となるわけである。六〇七年には遣隋使小野妹子が隋へ赴く。遣唐使は六三〇年以来、八九四年まで、難破などで到達できなかったものを除いても、一五回、唐の地を踏む。

この長安帰りの新世代の人々がもたらしたのが漢音である。「漢」は中国のことを指す。新しい漢字音を学んだ人々は、古い漢字音を呉音と呼び、貶《さげす》んだ。七九四年、京都に遷都し、平安時代を切り開いた桓武天皇は、漢音奨励の勅まで出す。しかしながら日本における漢字音の

日本漢字音の呉音、漢音、唐宋音

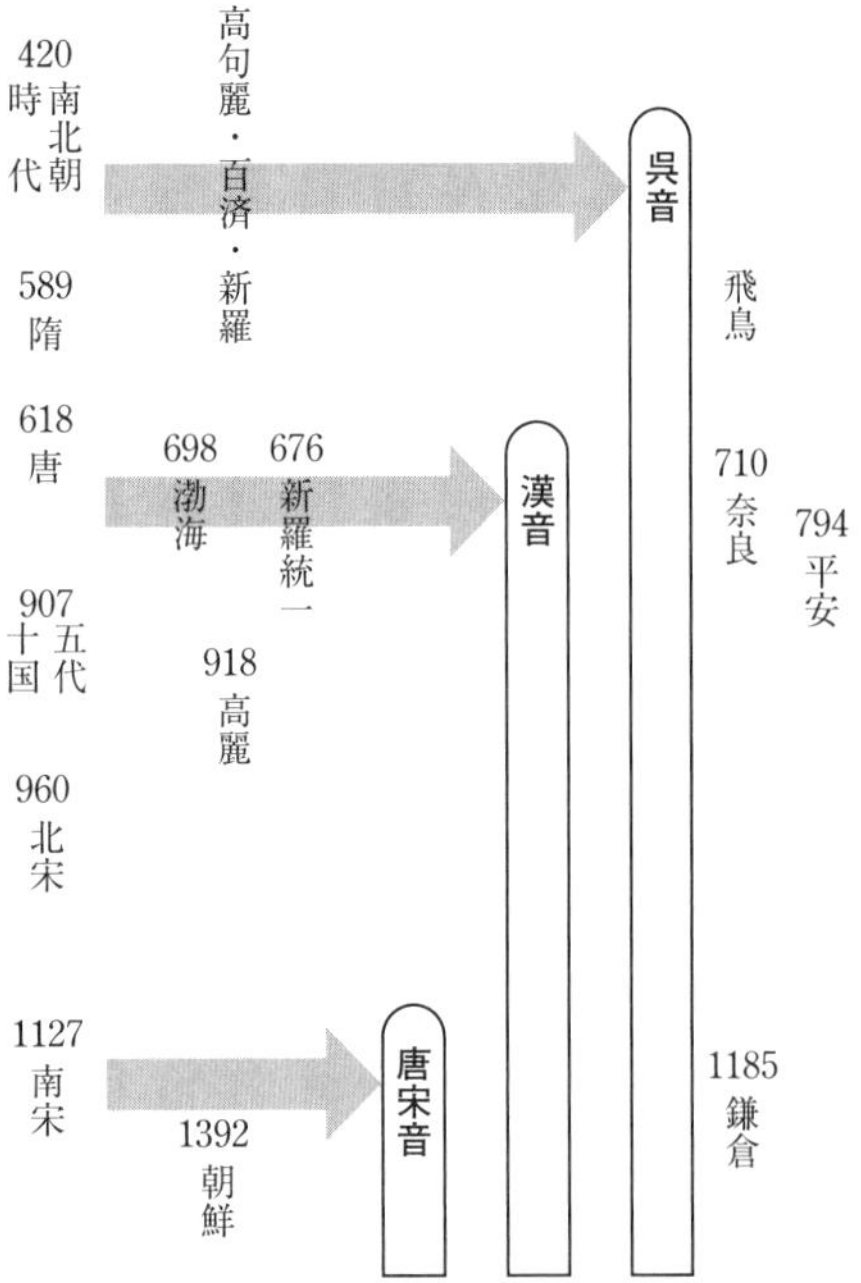

全体が漢音に取って代わることはなく、旧世代の呉音と新世代の漢音が棲み分けることとなった。仏典は概ね伝統的な呉音が中心となり、仏典以外の漢文の書籍、即ち漢籍は改進派の漢音となった。

中国では九〇七年唐が滅び、朝鮮では九一八年高麗が建つ。九六〇年中国に趙《ちょう》匡胤《きょういん》が建てた宋王朝は、漢民族ではない金や元に圧迫され、江南の臨安（現在の杭州）へと移り、一一二七年、南宋を建てるに至る。鎌倉、室町時代の僧侶たちはこの南朝の漢字音をもたらした。これが唐音もしくは唐宋音と呼ばれる漢字音である。このときの「唐」もまた中国のことを指す。唐宋音は、呉音、漢音ほどの大きな位置を占めるには至らなかった。大雑把にまとめると右図のごとくである。

朝鮮漢字音の母胎

　では朝鮮漢字音はどこからもたらされたものだろう。この問題に取り組み、大きな解答を提出したのが、他ならぬ河野六郎であった。一九六四年以来のその成果は「朝鮮漢字音の研究」（一九七九ｂ所収）としてまとめられている。

　朝鮮漢字音は日本漢字音のような、呉音、漢音、唐宋音といった異なった系列の伝承を持っていない。基本的には一つの系列の伝承となっている。それゆえ、日本語の漢字音の多様さに比べると、朝鮮語の漢字音ははるかに簡素である。漢字の読みは一字一音のものが多い。こうした朝鮮漢字音の母胎について、河野六郎（一九七九ｂ：五〇六―五〇九、一九七九ａ：七一―七三）の主張は、次のように要約できよう。

①朝鮮漢字音は、新旧のいろいろな層が入り交じっていて、日本の漢音のような、一定の時期の一定の地域の中国音を写したものではない。表面上顕著に見える特徴は、必ずしも一時代の刻印とは言い難い。

②ただし雑然と入り交じっているのではなく、唐代長安音こそが朝鮮漢字音の性格を強烈に規定したものである。唐代長安音が基礎を作って、その上に近世音的層が処々に覆っている。

つまり伝来の朝鮮漢字音は統一新羅時代の唐代長安音が基礎となり、その上にそれ以降の音層が所々重なったものだというわけである。

朝鮮漢字音と日本漢字音は似ているのか

第1章でも触れたように、日本漢字音と朝鮮漢字音は一定の音の対応を示す。似ていると言えば、それなりのしかたで似ているわけである。では現在の朝鮮漢字音は、同じ時期に入ってきた日本語の漢音と似ているのかというと、そう簡単にはいかない。もとの中国音は同じでも、受け入れる方の朝鮮語と日本語の、音韻体系が異なっているからである。河野六郎の説明を聞いてみよう。要約する。

現代の北京語では音節末にはnとŋしか立たないけれども、古い中国語ではmで終わる音節もあった。さらに音節末にp、t、kまで存在した。これを受け入れる側の朝鮮語は、音節末にこれらの子音を全て有していた。従って原音の一字一音節という性格は基本的にそのまま保持されることになる。これに対して日本語は音節末にp、t、kといった子音が立ち得ない。音節が母音で終わる開音節言語としての特徴が濃厚である。結果として一字が二音節になってしまう。

例えば「百」pak は日本漢字音では hya-ku と二音節になってしまっている。朝鮮漢字音では「백」[pɛk ペク] と一音節である。

日本漢字音とは違って、朝鮮漢字音は m、n、ŋ もよく保持しており、「三」は「삼」[sam サム]、「千」は「천」[tʃʰʌːn チョン]、「東」は「동」[toŋ トん] と区別する。等々。

漢字音を〈反切〉ではなく〈正音〉で示す

さて、朝鮮半島で一五世紀に行われていた伝来の朝鮮漢字音、これを今日〈伝来漢字音〉あるいは〈伝来字音〉と呼んでいる。世宗は、この伝来漢字音を本来のあるべき漢字音に正そうとした。漢字音が乱れているということは、何よりも朝鮮語の語彙に大きな位置を占める膨大な漢字語の読みが乱れているということであり、それを将来に亘《わた》って放置するということである。教養の核たる漢字の読みが乱れるようではいけない。

大変便利なことに、〈正音〉は〈反切〉（一六九頁）などという漢字音の間接的な示し方ではなく、直接〈正音〉で示すことができる。というより、〈正音〉を創るときに、こうしたことまで念頭に置いて創ったであろうことは、間違いない。『訓民正音』諺解本には、朝鮮語の音だけではなく、朝鮮語用の字母では表せないような中国語の音も示せるように、中国語を表記するための字母まで別に用意してあった。歯頭音と呼ばれる音を表す字母ᅎ、ᅔ、ᅏ、ᄼ、ᄽ、正歯音を表す字母ᅐ、ᅕ、ᅑ、ᄾ、ᄿがこれである。〈正音〉の創製に、中国語まで視野に入れ、漢字音を正すという動機ないしは目的が並行して存在したことの証左である。

教養としての漢字音――詩文の日朝交歓

漢字音の乱れは同時に、士大夫の教養たる漢詩を作るのにも、影響を及ぼしかねない。ことによっては、平仄《ひょうそく》を合わせるだの韻を踏むだのという、漢詩の決まりさえも守れなくなってしまう。漢詩も作れないのでは、宗家中国からは貶《さげす》まれるのは当然であるし、このところやって来る日本などからの使臣などにも、文明国朝鮮としての格好がつかなくなるではないか。

高麗時代にも朝鮮と日本の間を多くの使臣たちが往来していた。一三九二年、朝鮮王朝が開かれてからも、太祖以来、往来は活性化し、世宗の時代には交流がいよいよ活発になっている。日本からは多く僧が使臣の任にあたっている。言うまでもなく、僧は日本では最先端の知識階級に属する。朝鮮からは文人官僚がこの任にあたる。日本からの使臣の応接にあたる宣慰使には、集賢殿などから上位の官位の者が選ばれている。

日本へ派遣された回礼使・宋希璟《ソン・ヒギョン》は日本での見聞を、詩文集『老松堂日本行録』として著し、世宗に献上している。日本はこの時、室町幕府の時代である。互いの使臣は当然のことながら情報収集などという無粋な役も負っているわけであるが、そうした無粋をよそに、詩によって感興を記録する、これ文人の文人たるゆえんである。

そのおよそ五〇年後、正音エクリチュール革命派の重要人物の一人である申叔舟《シン・スクチュ》も、第九代の王・成宗の代に日本へ赴き、一四七一年には『海東諸國紀』を著している。さらに江戸時代に入ってからも、朝鮮通信使として知られる人々が、多くの記録を残している。

朝鮮と日本の知識人たちの互いの出会いの中では、酬唱《しゅうしょう》、即ち詩文を互いに交わすことが行われた。こうした交歓のありようは、李鍾黙《イ・ジョンムク》（二〇〇二）の温かい筆致が教えてくれる。例えば、日本の僧・圭籌《けいちゅう》は、『大蔵經』を入手するために幾度も朝鮮を訪れ、太宗の代に入手し、齢を重ねてなお、世宗の代にも訪れている。世宗はこの気概を美しく思ったという。圭籌が山水図を持参し、それに讃を求めては、朝鮮の文人たちがこれに応じる。王朝の風土の中で朝鮮と日本の詩、書、画が織りなす知識人たちの交歓の場である。日本からの使臣に対し、世宗は詩文をよくする者を宣慰使に選抜するよう、指示を怠らない。知識人たちの詩、書、画はこの後も幾度となく互いの知と志を称え合うのである。

予が正さねば誰が正す

さて漢字音に対する世宗の関心は並々ならぬものがあった。世宗は上疏文を提出した崔萬理《チェ・マルリ》に対して、こう問い詰めている。「汝は韻書の何たるかを知っているか。」〈韻書〉とは漢字音を整理した字書のことである。古くから中国ではいくつもの韻書が伝わっている。世宗は何と韻書も作ろうとしているのである。さらに問う。「汝は四声、七音といったものを知っているのか。字母はいくつある？」そうしたことを知った上で〈正音〉の批判をしているのかと。

東洋最先端の音韻学を体現する世宗の自負である。世宗この時、四六歳。そしてこう宣言する。

「若《も》し予、其の韻書を正すに非ざれば、則ち伊《こ》れ誰か之を正さん。」

私が正さねば、韻書は誰が正すというのだ、世宗は天下にそう宣言するのである。その昔、秦始皇は文字を統一し、日本の桓武帝は呉音を排し漢音をと宣した。帝王たちは文字を統べ、音を統べんとする。

『東國正韻』――朝鮮王朝の韻書

こうして韻書『東國正韻』全六巻が編まれる。『訓民正音』頒布の翌年に完成し、二年後の一四四八年に頒布された。このような書物を次々に編纂刊行する時間的な密度を考えても、朝鮮王朝が言語と文字をいかに重要なものと考えていたかがわかろう。『東國正韻』の序は『礼《らい》記《き》』を踏まえてこう言う。

「声を審《つまび》らかにし、以て音を知り、音を審らかにし、以て楽を知り、楽を審らかにし、以て政を知る」

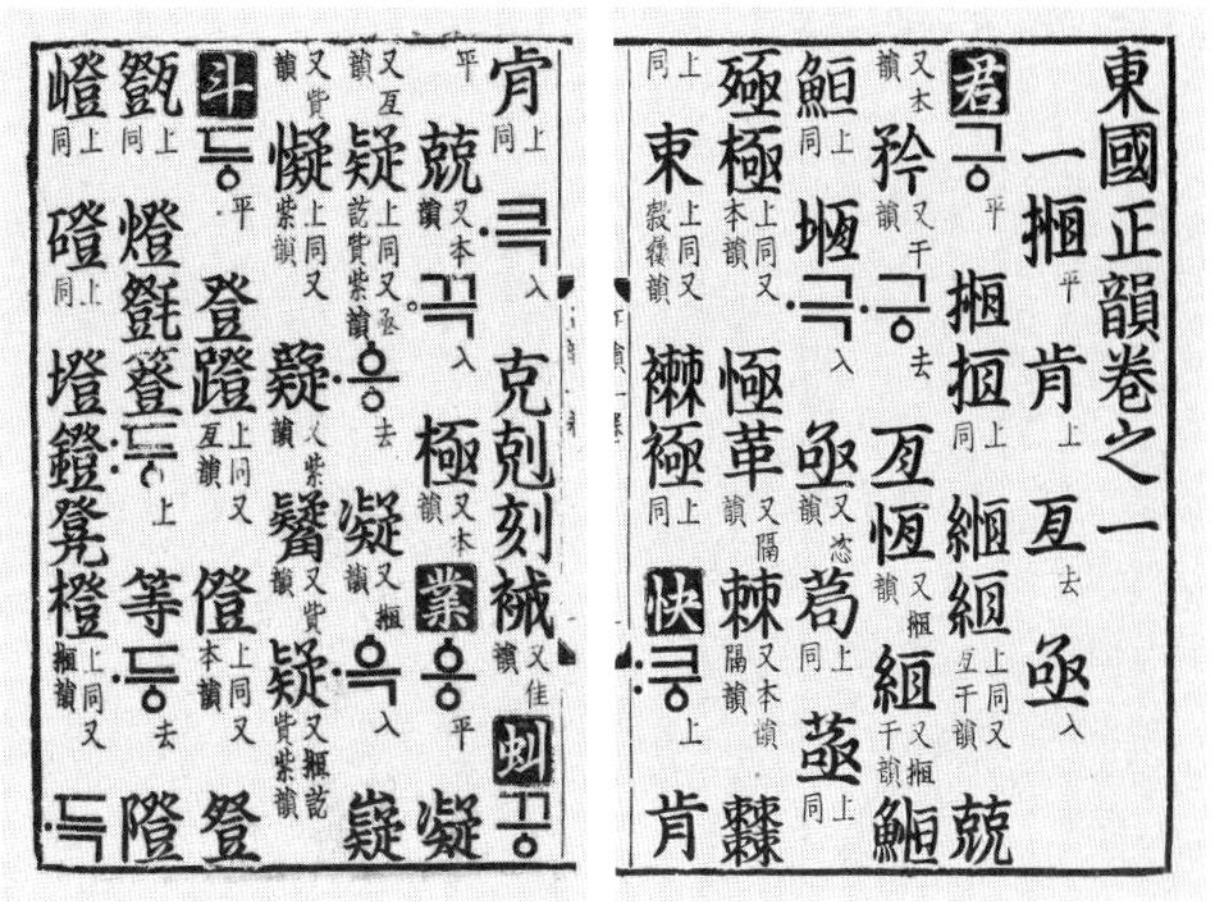

『東国正韻』（1448年）。建国大学校図書館蔵

書名もまた、東国即ち朝鮮の正しき韻、そう、韻を正すのである。この書名は中国、明の洪武帝の代の韻書『洪武正韻』（一三七五）に倣ったとされている。

『東國正韻』の編纂者は、申叔舟《シン・スクチュ》、崔恒《チェ・ハン》、成《ソン・》三問《サムムン》、朴彭年《パク・ペンニョン》、李塏《イ・ゲ》、姜希顔《カン・ヒアン》、李賢老《イ・ヒョルロ》、曹変安《チョ・ビョナン》、金会《キム・フェ》であった。『訓民正音』の編纂にあたった正音エクリチュール革命派の中核人物たちが、この編纂にも関わっている。冒頭の序は申叔舟の手になる。前述のごとく、後に朝鮮通信使として日本へ赴き『海東諸國紀』を著した申叔舟である。

序文では字音は変化するものであることや、伝来漢字音があるべき漢字音とどのように異なっているかに至るまで言及し、「声韻之変、極まれり」とし、世宗の命によりこれを編んだことを述べている。編纂にあたってはその詳細の分類に至るまで「宸断《しんだん》を稟《う》く」、即ち世宗の裁可を仰いだとわざわざ書いている。この分類はこれで良いかといったことまで、いちいち王・世宗を煩わせたと書いているわけで、崔萬理に対する世宗の詰問と併せて見ても、世宗その人の音韻学の造詣は並々ならぬものがあったことが窺える。

『東國正韻』の印刷は木の版木に彫る木版印刷ではなく、序文は金属活字、図に見える本文は木活字を、一本一本組みあげる活版印刷である。朝鮮印刷術の精髄である。

図の「君」のように陰刻、つまり白抜きの文字で示してあるのが、『東國正韻』で言う「字母」で、『訓民正音』に見えるものである。「君」は「ㄱ」、「快」は「ㅋ」、「虯《きゅう》」は「ㄲ」、「業」は「ㆁ」といった具合に、〈正音〉の初声にあたる二三字母で分類して示している。「君母」「快母」「虯母」「業母」のように呼ぶ。この四つは中国音韻学の「牙音」のカテゴリーに属するもので、順に「ㄱ」は「全清」、「ㅋ」は「次清」、「ㄲ」は「全濁」、「ㆁ」は「不清不濁」というカテゴリーに位置づけられる。なお、中国語の中古音は三六字母の体系であったので、これを『訓民正音』の二三字母体系に組み替えていることがわかる。

字母の次には「그ㆆ」などのように〈正音〉で漢字音を示している。正音以前には直音法や反切法（一六九頁）でしか示すことができなかった漢字音が、直接、正音で表せるようになったわけである。これなら誰にでもわかるではないか。おまけに「극」のごとく傍点（一七六頁）で声調も示されている。英語の辞書に Psyche［sáiki］とアクセントつきで発音記号が示されている

ようなものである。〈正音〉の真骨頂である。この正音による表記がない字書を考えてみれば、有難味がわかるというものである。かなで読みが示されていない漢和辞典など、やはり困る。

　正音の字音表記に続いて、該当する漢字が配列されている。大きな漢字の下には小さな字で細註が付される。例えば、「平」は「平声」で、傍点でも示している声調を、漢字でも重ねて示しているわけである。「上同」は「上に同じ」、即ち文字は異なるが同じ韻であることを示す。『東國正韻』で示されたこの新しい漢字音は、その後の刊行物の漢字音の註記などで用いられたが、伝来漢字音との隔たりも大きく、次第に用いられなくなっていった。例えば伝来漢字音では皆が自然に「君母」「ᄀ」[k]で発音しているものを、人為的に「快母」「ㅋ」[kʰ]で発音せよなどというわけであるから、これは無理もなかろう。

二　〈正音〉よ、三千世界を照らせ——儒仏道のみち

〈正音〉と仏のみち

　世宗は、儒学を尊び、仏教を抑える崇儒抑仏の思想の持ち主であった。漢字漢文原理主義者の崔萬理などは崇儒抑仏思想においても、その急先鋒であった。ところが世宗は齢を重ねるご

とに、仏教に対しても敬う姿勢を見せている。

『訓民正音』が頒布された年、一四四六年には世宗の后である昭憲王后が逝去した。その冥福を祈るために、世宗は『釋譜詳節《しゃくふしょうせつ》』全二四巻を編ませ、一四四七年に刊行した。第二王子である首陽大君（수양대군《スヤンデグン》）が、漢文で釈迦の一代記を書き、それを朝鮮語に飜訳したとされる。原文の漢文は残っていない。首陽大君は後に第七代の世祖となる人物である。なお「〇〇大君」は嫡出《ちゃくしゅつ》の王子への称号、「〇〇君」は庶出《しょしゅつ》の王子への称号である。

完成した『釋譜詳節』を読み、世宗は釈迦の功徳を称えた歌を作った。これが『月印千江之《げついんせんこうの》曲《きょく》』（一四四七）である。〈正音〉で書かれた韻文である。

漢字とハングルの混用

『龍飛御天歌』（一四四七）では基本的に漢字語は漢字で表記し、固有語はハングルで書く。漢字語にハングルで漢字音を付すことはしていない。これに対して、『月印千江之曲』では、漢字語をハングルで書き、ハングル一文字につき一文字の漢字をやや小さめに付している。また、『釋譜詳節』や『月印釋譜《げついんしゃくふ》』（一四五九）はさらに異なっており、漢字語は漢字で表記する点は同じだが、漢字がまず書かれ、後ろにハングルが小さめに書かれている。

漢字と正音の混用の姿を見るために、現代の朝鮮語も書いてみよう。現代語のように、文節にあたる単位ごとに分かち書きをしてみる。日本語は全て片仮名で書いたものと漢語だけを片仮名で書いたものを比べよう。

音素란 單語의 意味를 區別하는 言語音의 最小單位이다

음소란 단어의 의미를 구별하는 언어음의 최소단위이다

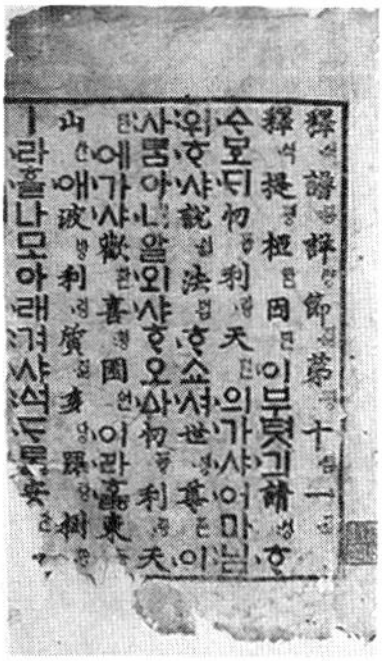

『釋譜詳節』巻十一（1561年）。湖巌美術館蔵

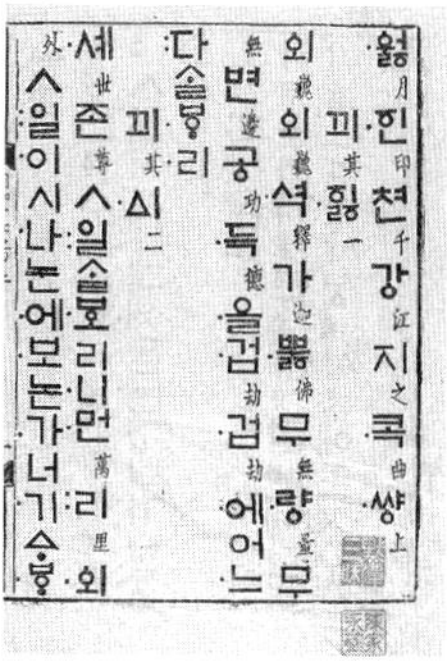

『月印千江之曲』（1447年）。漢字語はハングルでまず大きく書き、漢字を小さく付している

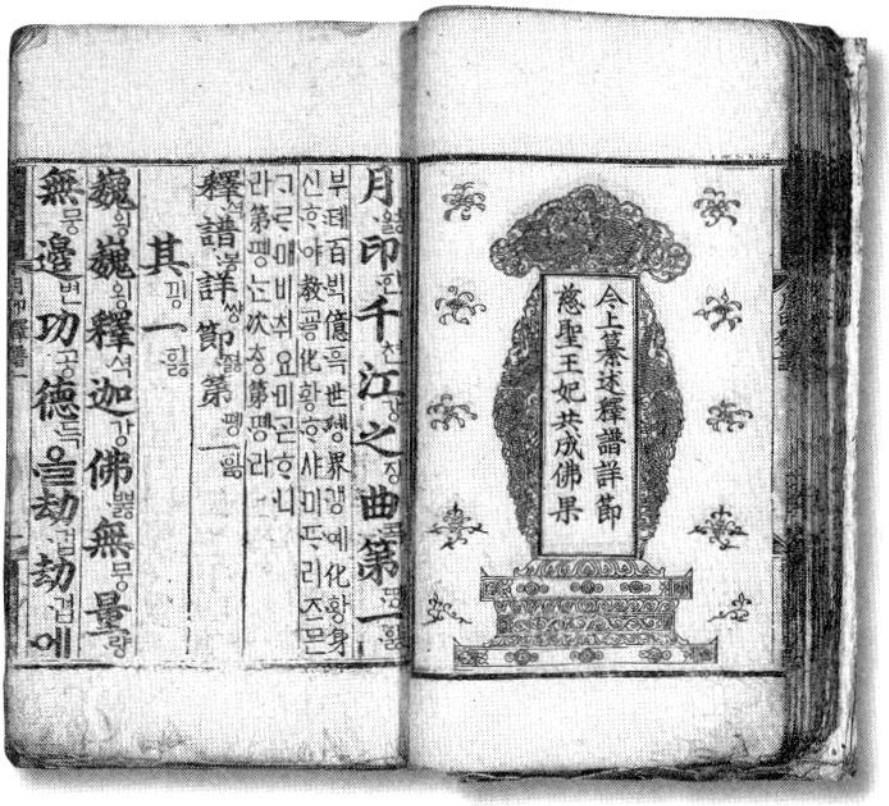

『月印釋譜』巻一（1459年）。漢字語は漢字をまず大きく示し、ハングルを小さく付している。西江大学校図書館蔵。湖巖美術館編（1996）より

音素とは 単語の 意味を 区別する 言語音の 最小単位である
オンソトハ タンゴノ イミヲ クベツスル ゲンゴオンノ サイショウタンイデアル
オンソとは タンゴの イミを クベツする ゲンゴオンの サイショウタンイである

漢語を片仮名で書いたものなどと比べると、正音と漢字の組み合わせは文字数の増減がないことがわかる。正音はこのように漢字と視覚的に調和するだけでなく、視覚的な単位の区切りと単位の音節の長さを示す点でも、均衡のとれたシステムとなっている。

革命家たちのその後——端宗哀史

ここで、先に挙げた鄭麟趾《チョン・インジ》ら、正音エクリチュール革命の若き革命家たちのその後にも触れておこう。

革命家たちのうち、朴彭年（박팽년《パク・ペンニョン》）、成三問（성삼문《ソン・サムムン》）、李塏（이개《イ・ゲ》）は同じく一四五六年に卒している。もちろんこれは偶然ではない。

一四五〇年、世宗が崩御し、さらにその長男・五代文宗《ぶんそう》が病弱で若くして亡くなると、文宗の長男・端宗《たんそう》（一四四一―五七、在位一四五二―五五）が一二歳で即位する。世宗の次男で文宗の弟である世祖《せいそ》（一四一七―六八、在位一四五五―六八）は、クーデターによって甥にあたる端宗を退位させ、第七代の王となった。端宗は王族の身分を奪われ、自殺に追い込まれる。享年一六。他ならぬ朴彭年、成三問、李塏らは、このとき端宗に忠義を尽くし、凄絶なる死に至ったのであった。

端宗をめぐる物語は人々に語り継がれ、後に李光洙《イ・グァンス》の歴史小説『端宗哀史』(단종애사《タンジョンエサ》)(一九二九)なども生んだ。朴彭年、成三問、李塏らは「死六臣」(사육신《サユクシン》)と呼ばれ、忠臣の鑑《かがみ》となった。

朝鮮王朝の系図

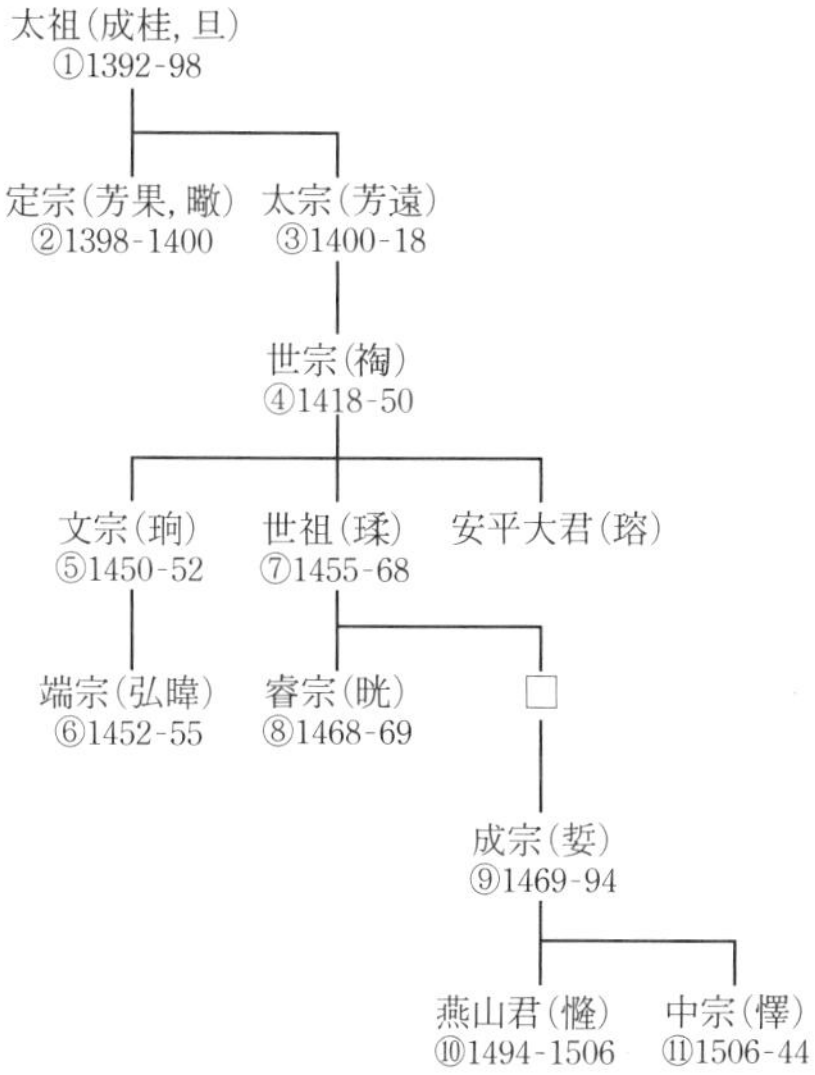

武田幸男編(2000: 079)をもとに作成

これに対して、同じく正音エクリチュール革命を担った鄭麟趾、申叔舟《シン・スクチュ》は、世祖を補佐し、官僚の頂点を極めたのであった。こうした行く末、もちろん世宗は知らない。

仏典の朝鮮語訳〈諺解〉

第七代・世祖は、朝鮮王朝の基本的な法体系となる『經国大典《けいこくたいてん》』という法典の編纂を進めた。

こうしたエクリチュールはもちろん漢字漢文である。一方で、仏教を保護する興仏政策を採った。信眉（신미《シンミ》）などの高僧も厚遇している。世祖は仏典を刊行するために、一四六一年には刊経都監《かんきょうとかん》という機関を置いた。刊経都監では『蒙山和尚法語略録《もうざんわじょうほうごりゃくろく》』（一四五九）、『楞嚴經諺《りょうごんきょうげん》解《かい》』（一四六二）、『法華經諺解《ほけきょうげんかい》』（一四六三）など仏典の朝鮮語への飜訳が大々的に推し進められた。その刊行物は膨大な量に上る。『楞嚴經諺解』などには世祖自ら正音で口訣を付すなどということも行っている。

第八代・睿宗《えいそう》が即位後間もなく没すると、世祖の孫・成宗《せいそう》（在位一四六九―九四）の治世となる。両班支配を確立した、名君とされる王である。成宗の代にも多くの出版物と共に仏典の刊行が進められている。

一五世紀に王室の主導のもとに進められた仏典の飜訳刊行は、一六世紀以降は寺院において行われるようになっていった。

正音エクリチュールで語られる性理学

儒学は朝鮮王朝の国是であった。四書五経と言われる儒学の経書《けいしょ》類を学ぶのにも、〈正音〉は大いに役立った。世宗は四書の諺解を企図している。一五世紀の仏典の正音文献は多く残っているのに対し、残存する経書は時代が下る。『飜譯小學』（一五一八）などがあり、一六世紀末に設けられた校正庁からは『小學諺解』（一五八七）、『大學・中庸・論語・孟子諺解』（一五九〇)、『孝經諺解』(一五九〇)などが刊行されている。

世祖の代より仕えた柳崇祖(유숭조《ユ・スンジョ》:一四五二—一五一二)は、経書の諺解に大きな功があったとされる学者である。『周易』などの『七書諺解』を著す。号により李退渓(이퇴계《イ・テゲ》)と呼ばれる李滉(이황《イ・ファン》:一五〇一—七〇)は、日本でもその著書が刊行され、林羅山や山崎闇斎らにも影響を与えたと言われる大儒である。朝鮮朱子学の高峰であり、その学統は嶺南《れいなん》学派と呼ばれた。

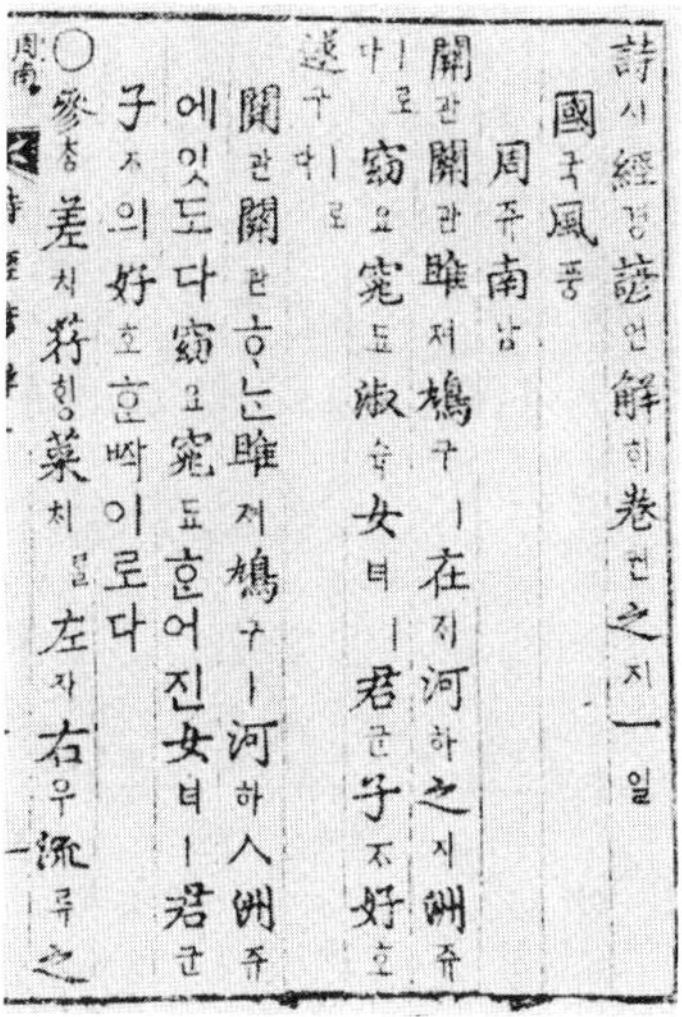
詩시經경諺언解히卷권之지一일
國국風풍
周주南남
關관關관雎저鳩구ㅣ在직河하之지洲쥬ㅣ로다窈요窕됴淑슉女녀ㅣ君군子ᄌᆞ好호逑구ㅣ로다
關관關관ᄒᆞᄂᆞᆫ雎저鳩구ㅣ河하ㅅ洲쥬에잇도다窈요窕됴ᄒᆞᆫ어진女녀ㅣ君군子ᄌᆞ의好호ᄒᆞᆫ짝이로다
○參ᄎᆞᆷ差ᄎᆞ荇ᄒᆡᆼ菜ᄎᆡ를左자右우流류之

『詩經諺解』(1585年)。小倉進平著・河野六郎増訂補注(1964)より

漢籍に諸儒の註を付し、自らの見解を付したものを〈釈義〉と言うが、これは李退渓が大成したとされる。こうした釈義にも正音エクリチュールによる朝鮮語の註がなされている。『大學』『中庸』などの七書についての李退渓の釈義を、門弟たちが集成した『經書釋義』(一六〇九)が知られている。

また退渓と並び称される朱子学者、官僚に、栗谷《りっこく》・李珥《りじ》(율곡《ユルゴク》 이이《イ・イ》:一五三六—八四)がいる。李栗谷の学統は畿湖《きこ》学派と称される。李栗谷の

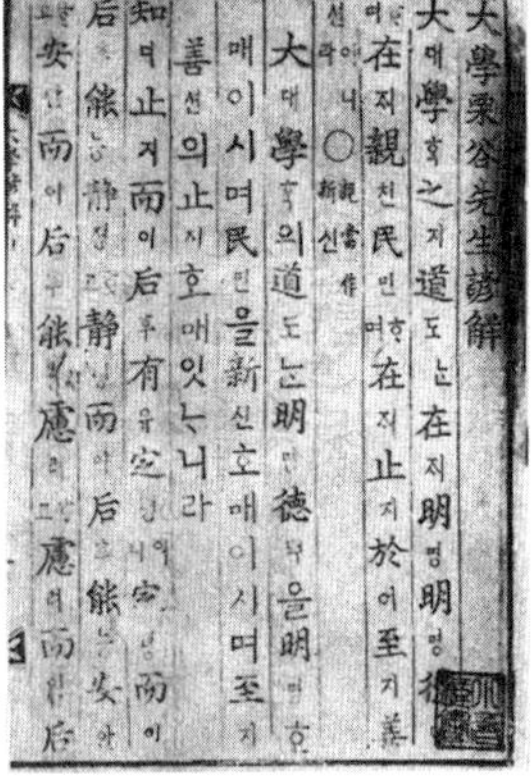
大學栗谷先生諺解
大學之道는在明明德
在親民在止於至善
○ 新親當作
大學의道는明德을明하
매이시며民을新호매이시며至
善의止호매잇느니라
知止而后有定이
后能靜而后能安
安而后能慮而后

『大學栗谷諺解』（1749年）。小倉進平著・河野六郎増訂補注（1964）より

母・申《しん》師《し》任堂《にんどう》（신사임당《シン・サイムダン》：一五〇四―五一）は詩文書画に優れた教養人で、朝鮮随一の女流画家の誉れも高い。韓国では伝統的に母の理想像のごとくに語られてきた人物である。申師任堂より正音や漢字漢文の薫陶を受けたであろう李栗谷は、一三歳で科挙の下級試験を、その後数種の試験を都合九回受け、九回とも壮元即ち首席合格、「九度壮元公」などと呼ばれたという言い伝えが残るほどであった。李栗谷は朱子学のみならず、仏教や『荘子』なども広く研究している。若き日には李退渓にも会い、尊敬の念を持ち続けたという。李退渓が釈義に傾注したのに対し、李栗谷は経書の諺解に尽力している。

「東方の小朱子」や「東方の聖人」などと呼ばれる退渓や栗谷であってみれば、あたかも漢字漢文原理主義者であったかのごとく考えがちである。しかしながらそうした誤解をよそに、李退渓や李栗谷という大儒者の思想は、実は正音エクリチュールでも語られていたのである。どうしても朝鮮語で書かねばならないからこそ、正音エクリチュールを用いているわけであり、一五世紀に漢字漢文原理主義の崔萬理たちが漢字漢文でなければ語れないと考えた性理学もまた、次の世紀には退渓や栗谷は朝鮮語でも語っているのであった。

〈正音〉よ、民と在りて、孝、忠、貞を説かん——『諺解三綱行實圖』

儒教思想は朝鮮王朝の支配的な思想であった。これを民衆まで貫徹するために、民衆教化の書物が正音エクリチュールによって編まれている。

民衆教化の代表的な書物が『諺解三綱行實圖《げんかいさんこうこうじつず》』である。「三綱」とは儒教の基本的徳目「孝」「忠」「貞」を言う。これらの模範的実践者たる「孝子」「忠臣」「烈女」の行いを、中国や朝鮮

『諺解三綱行實圖』(1481年)。誠庵古書博物館蔵。湖巖美術館編(1996)より

の史書から採録編纂し、それぞれに図つまりイラストレーションを付したのが『三綱行實圖』である。韓国や日本の各地に散る、この八〇本以上の刊本を渉猟《しょうりょう》し、文献学的、言語学的な研究を行った名著・志部昭平（一九九〇）『諺解三綱行實圖研究』は、一五世紀の朝鮮語の姿を見事に描き出してくれている。

　同書によれば、世宗の代、一四三四年に漢文で書かれた『三綱行實圖』があり、それをもとにいくつかの朝鮮語訳、即ち諺解が行われている。同研究が中心に据えるのは成宗の代、一四九〇年刊行になる『刪定《さんてい》諺解三綱行實圖』である。王朝の歴史を通じて、これほど多く版を重ね、かつ広く読まれた書も稀であるとしている。その文体は漢文の直訳体ではなく、正音エクリチュールによる文字通りの朝鮮語の散文の文体となっている。かつ日常生活の場面が描かれる話も多く、日常の言語生活を彷彿とさせる点も少なくない。

　仏教や儒学の他にも、時代が下り一九世紀にもなると、『太上感應篇圖説諺解』や『敬信録諺解』などといった、道教的、勧善書的な書物の諺解も現れている。

　こうして正音エクリチュールは人々の思想の隅々にまでその根を下ろすのである。

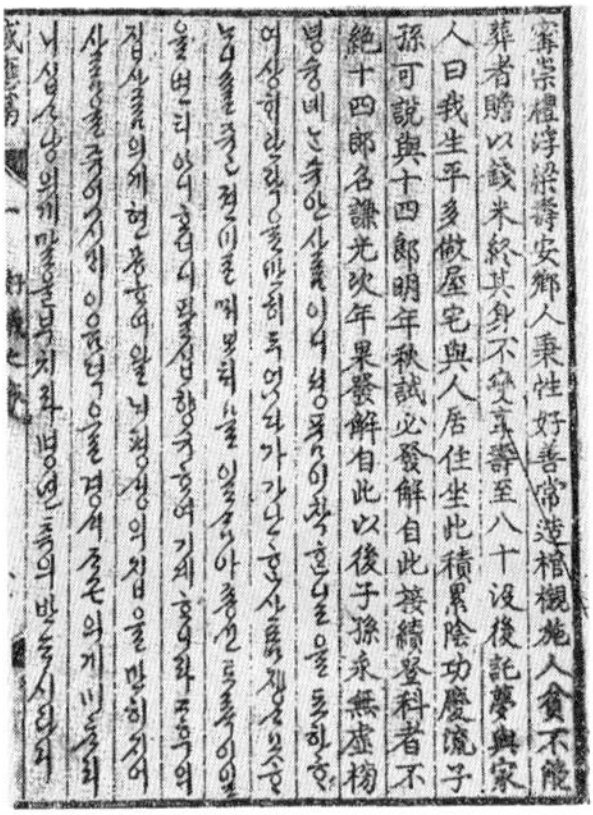
寧宗禮淳梁壽安鄉人秉性好善常造橋梁施人貧不能
葬者贈以錢米終其身不變享壽至八十歿後託夢與家
人曰我生平多做屋宅與人居住坐此積累陰功慶流子
孫可說與十四郎明年秋試必發解自此接續登科者不
絕十四郎名謙光次年果發解自此以後子孫永無虛榜

『太上感應篇圖説諺解』(1852年)。小倉進平著・河野六郎増訂補注(1964)より

三　〈正音〉よ、天地宇宙を学べ――『千字文《せんじもん》』

正音エクリチュールは民衆の思想的な教化に大きな役割を果たす一方で、他ならぬ漢字漢文を学ぶのにも大いに役立った。漢字音を正そうという世宗の思いは、伝来漢字音の伝統に勝てなかったが、漢字の音を知るという点では、〈正音〉は〈反切〉などとは比較にならぬほど優位に立つ。

〈正音〉よ、漢字を教えよ――『千字文』

漢字漢文を学ぶ入門期には、多く『千字文《せんじもん》』という書物が用いられていた。これは「天地玄黄、宇宙洪荒」から始まり、「謂語助者、焉哉乎也」で終わる、二五〇の四字句、全一〇〇〇文字からなる韻文の書である。英語などには、アルファベット二六文字をなるべく一度ずつ用いて文を作る、〈パングラム〉pangram ということば遊びがあるし、日本にも〈いろは歌〉がある。『千字文』もこの類で、全一〇〇〇文字が重ならないように作られている。中国南朝の時代、梁《りょう》の周興嗣《しゅうこうし》が皇帝・武帝の命を受け、一夜にしてこれを作り、ために髪が白髪となったと言われる、凄絶なるパングラムである。武帝の代であれば成立は六世紀ということになる。

書堂。金弘道（1745-？）の絵画『檀園風俗図帖』より。韓国国立中央博物館蔵

『光州千字文』（1575年）

『千字文』については、小川環樹《おがわたまき》・木田章義《きだあきよし》注解（一九九七）で、智永《ちえい》の書になる影印《えいいん》と共に、優れた解説が得られる。同書は「天地玄黄」を「テンチのあめつちは、クヱンクワウとくろく・きなり」のごとく、音読と訓読を重ねて読む、いわゆる〈文選《もんぜん》読み〉を示していて面白い。『千字文』は中国のみならず、朝鮮や日本でも、漢字と書を学ぶのに広く用いられた。近世にはヨーロッパの国々で、英語、ドイツ語、フランス語、イタリア語、ラテン語などにも飜訳されたと、同書では述べている。

朝鮮でも『千字文』が広く行われた。『千字文』に正音が用いられたものとしては、今日『光州千字文』（一五七五）や『石峰千字文』（一五八三）などが古いものとして残っている。石峰とは名筆として知られる韓濩（한호《ハン・ホ》：一五四三―一六〇五）の号である。

『光州千字文』の「天地玄黄」のくだりを見よう。

「하ᄂᆞᆯ 텬」現代語で言えば、「하늘《ハヌル》 천《チョン》」つまり「そら テン」のごとく、訓読みと音読みを重ねて口ずさみながら覚える。文選読みとは違って、一文字ずつの単位になっている。書堂（서《ソ》당《ダン》）と呼ばれる寺子屋のような塾で、子供たちが共に朗唱する姿が目に浮かぼうというものである。子供たちは正音によって漢字と天地宇宙を学んだのである。

四　〈正音〉よ、我らが調べを——『杜詩諺解《としげんかい》』と時調

生きとし生けるものの〈こゑ〉を聞け、〈こゑ〉を書け

〈正音〉は、例えば中国の漢詩を、〈くにのことば〉で形象化するといったことも行ってゆく。杜甫の詩を正音エクリチュールに飜訳した『分類杜工部《とこうぶ》詩諺解《しげんかい》』（一四八一）はその嚆矢である。略して『杜詩諺解《としげんかい》』と呼ばれる。原刊本二五巻のうち、四つの巻は伝わっていない。一七世紀には重刊本が刊行されている。漢詩には口訣がなく、漢字音の表記も付されていない。漢詩の頂点とも言うべき杜甫の詩を朝鮮語に訳す。要するに漢字漢文が行っていることは、全て正音でも可能なのだということを、これでもかとばかりに実践の上で示すのである。

そこでは例えばオノマトペを固有語で形にする。擬声語であろうが、擬態語であろうが、風

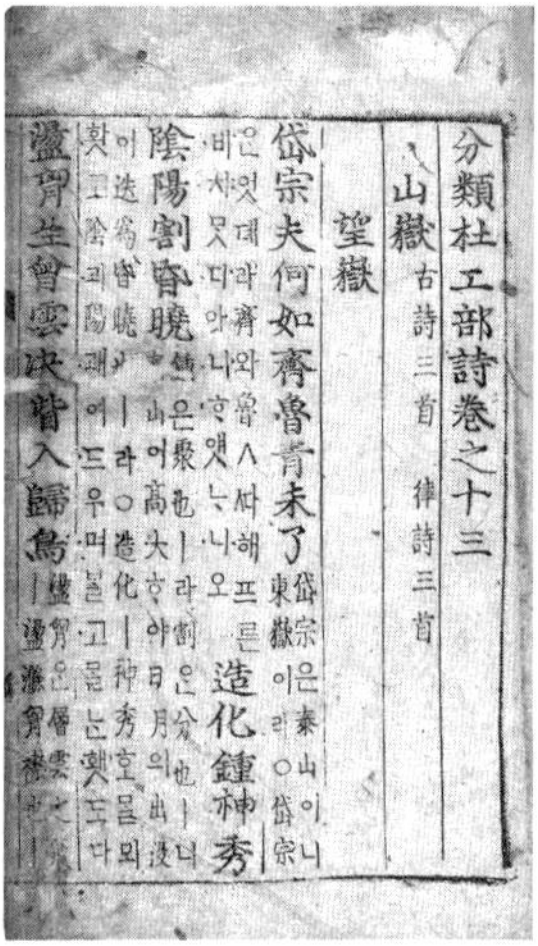

『分類杜工部詩諺解』（1481年）
京畿道博物館蔵

の音《ね》であろうが、人のありようであろうが、それが生きとし生けるものの〈こゑ〉である限り、〈正音〉は聞き、〈正音〉は書く。漢字や漢字語を用いず、限りなく〈正音〉のみで、固有語だけを用いて描き出すことも試みるのである。左の朝鮮語訳には、漢字が一字も用いられていないことがわかるだろう。

もちろん、漢字語も用いず、固有語だけで組み上げようとしているのである。

見ずや秋雲動き、悲風稍稍《せうせう》と飛ぶ。
ᄀᆞᅀᆞᆳ구루믜뮈유믈보디몯ᄒᆞ리로소니슬픈ᄇᆞᄅᆞ미적적ᄂᆞᄂᆞ다

（『分類杜工部詩諺解』巻之十六 51b）

冉冉《ぜんぜん》たる征途の間、誰《た》れか是れ長年の者。
어른어른녀ᄂᆞᆫ긼ᄉᆞᅀᅵ예뉘이나ᄒᆞᆯ기리살사ᄅᆞᆷ고

（『分類杜工部詩諺解』巻之六 1b）

固有の調べ――時調を書く

漢詩を諺解するエクリチュールに対して、高麗時代より伝わる高麗歌謡など朝鮮固有の調べもまた、正音エクリチュールによって描かれることとなった。正音以前には口伝と漢文訳で伝わってきたものが、まさに正音が創られたことによって、〈くにのことば＝朝鮮語〉そのものを表記するという形で全面的に開花することとなったのである。

そうした中で、時調《じちょう》（시조《シジョ》）と呼ばれる定型詩は、大いに盛行した。朝鮮の短詩型文芸の代表的なスタイルである。一八世紀、一九世紀には『青丘永言《せいきゅうえいげん》』（청구영언《チョングヨンオン》）や『歌曲源流』（가곡원류《カゴクウォルリュ》）などの書物が編まれている。

正音エクリチュール革命の中心人物の一人・成三問《ソン・サムムン》は、世祖のクーデターのおりに端宗への忠を貫き、死六臣の一人と数えられることになったのであった。成三問の残した「忠義歌」は、今日、次のような形で人口に膾炙《かいしゃ》する時調の一つである。

이몸이 죽어가서 무엇이 될고 하니
蓬萊山 第一峰 落落長松이 되야이셔
白雪이 滿乾坤할 제 獨也青青 하리라

この身死にゆき　何にかならむ

蓬莱山《ほうらいさん》第一の峰　枝垂《しだ》るる高き松樹《しょうじゅ》となり
白き雪乾坤《けんこん》に満つるとき　ただ独り青からむ

〈妓生〉（기생《キセン》）と称される妓女たちの中からも、例えば黄真伊（황 진이《ファン・ジニ》）のような名妓の時調が、広く知られている。

山은 옛 山이로되 물은 옛 물 아니로다
晝夜에 흐르니 녯 물이 이실소냐
人傑도 물과 같도다 가고 아니 오노매라

山は有りしながらの山だとて　水は有りしながらの水ならず
昼と夜と流れ行き　などて昔の水あらむ
人傑《ひと》もまた水のごと　行きて帰らず

時調はこのように恋と情けを歌うばかりではない。厳格さをもって鳴る、他ならぬ李退渓《イ・テゲ》や李栗谷《イ・ユルゴク》といった大儒も時調を残している。李退渓の「陶山十二曲」の終曲である。

愚夫도 알며 하거니 긔 아니 쉬운가
聖人도 못다 하시니 긔 아니 어려운가
쉽거나 어렵거나 中에 늙는 줄을 몰래라

愚夫も知りて行ふ　そは易《やす》きこと
聖人もつひぞなし得ぬ　そは難《かた》きこと
易きと難きのただなかに　老い行くことのみ忘れらる

時調を読むと、固有語の調べは正音であればこそ描けるものであることがよくわかる。それと同時に、漢字語もまた正音エクリチュールの中に見事に溶け込んでいるのである。

五　〈正音〉よ、語れ、奏でよ——〈正音〉文芸とパンソリ

一五世紀後半に現れた金時習（김시습《キム・シスプ》）の『金鰲新話《きんごうしんわ》』（금오신화《クモシヌァ》）などを始め、漢字漢文エクリチュールによる小説、文芸の類は朝鮮王朝時代にも多い。こうした漢文小説に対して、正

音エクリチュールによる小説を文学史などでは〈国文小説〉と呼ぶ。一七世紀になると、正音エクリチュールによる許筠（허균《ホギュン》）の『洪吉童伝《こうきつどうでん》』（홍길동 전《ホン・ギルトンジョン》：一六一八）や金万重（김만중《キムマンジュン》）の『九雲夢』（구운몽《クウンモン》：一六九二）などの国文小説が現れる。

『洪吉童傳』は超人的な主人公・洪吉童が活貧党を率いて、王朝権力を震撼せしめる、反体制的な英雄譚《えいゆうたん》である。漢字漢文がエクリチュールの全てであったとき、小説の類も漢字漢文であった。そうした時代に正音によって小説を書くなど、それ自体が謂わば小説というものに対する反逆でもあった。こうして、もう正音が書けないものは何もない、そういう時代となってゆくのである。ちなみに、正音で語られる物語の中で、主人公である洪吉童が闘った王朝の頂点にあったのは――世宗であった。

一方でパンソリ（판소리《パンソリ》）が生まれる。パンソリは口承文芸であるが、これが正音エクリチュールで書かれることになる。古典の代名詞ともなっている『春香傳』（춘향 전《チュニャンジョン》）もパンソリから生まれた文芸である。地の文があり、会話文がある。漢字語や故事成語の類も多々現れる。面白いのは、漢文の懸吐文が現れ、「その意は」という形で朝鮮語への訳が現れたりすることである。パンソリが聞くものであったからこそ、こうした漢文の飜訳を物語の内部に組み込み、漢文的な領域と朝鮮語的な領域を往来する面白さも生かされるわけである。

六　朝鮮固有語の血脈と漢字漢文の血脈の二重螺旋《らせん》構造

正音エクリチュールが世に生まれつつあったとき、漢字漢文を朝鮮語に飜訳する〈諺解《げんかい》〉というエクリチュールが大きな位置を占めていたことは、その後の朝鮮語の〈書かれたことば〉の文体を形作る上で、決定的な影響を及ぼしていると言えよう。ちなみに、小倉進平（一九六四：一七〇）が言うように、日本語、満州語、モンゴル語にも正音を用いて朝鮮語に訳すことなどを行ったのに、「諺解」ということばは中国語に対してのみ用いている。

先の成三問《ソン・サムムン》の時調、「白雪이 滿乾坤할 제 獨也靑靑하리라」（白き雪乾坤に満つるとき　ただ独り青からむ）などというエクリチュールを今一度見よう。そこには、「落落長松」などのような漢字語が見えるだけでなく、文字通り漢文そのものである「滿ツ二乾坤ニ一」（天地に満ちる）を「滿乾坤《まんけんこん》スルトキ」にあたる形で用いるなど、漢文的な要素が朝鮮語の中にそのまま生きていることがわかる。中国語からの朝鮮語への飜訳である〈諺解〉という装置は、こうした漢文的要素を朝鮮語の〈書きことば〉のうちに取り込む、重要な導体となったのであった。

正音エクリチュールの革命派の一人であった成三問にあってさえ、思想の細胞のみならず、情緒の細胞にまでも、漢字漢文が息づいているのである。

パンソリのような口承文芸でも漢字漢文の要素は濃厚であり、漢字漢文的教養がなければ十全たる理解はできぬほどである。パンソリの表現は、例えば今日の韓国の大学生などが読んで、すらすら理解できるといったようなものではない。

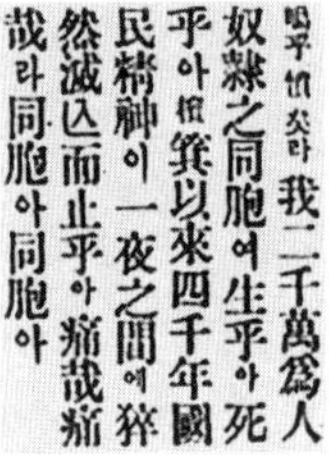
嗚乎憤矣라 我二千萬爲人奴隷之同胞여 生乎아 死乎아 檀箕以來四千年國民精神이 一夜之間에 猝然滅亾而止乎아 痛哉痛哉라 同胞아 同胞아

張志淵「是《こ》の日、声を放って大いに哭《こく》す」（1905年）末尾より

近代に入ってもこうした漢文的要素は重要な位置を占めている。漢文的な要素を色濃く残している文体を国漢文（국한문《クカンムン》）と呼んでいる。一九〇五年の乙巳《いっし》条約、いわゆる日韓保護条約に際して、大韓帝国期の言論人、張志淵（장 지연《チャン・ジヨン》：一八六四—一九二一）は『皇城新聞』の論説で反対の声を高々と上げた。その「시일야방성대곡《シイルヤバンソンデゴク》」（是日也放聲大哭）、つまり「是《こ》の日、声を放って大いに哭《こく》す」などは、題名からしてほとんど漢文である。

> 我が二千万、他人の奴隷となった同胞よ。生きるか死ぬか。ああ、箕子《きし》朝鮮以来四千年、国民精神は一夜にして卒然と滅亡して果てたのか。痛ましきかな、痛ましきかな。同胞《はらから》よ、同胞よ。

現代の朝鮮語にも、故事成語などに膨大な漢文的語彙が存在するのはもちろん、それらを別にしても、中国古典漢文的ないしは朝鮮漢文的な色彩を色濃く見せてくれる語彙は少なくない。

或是（혹시）　もしや
于先（우선）　先ず
果然（과연）　果たして
假令（가령）　例えば
設令（설령）　よしんば
於此彼（어차피）　どうせ
都大體（도대체）　一体全体
何必（하필）　何でことさら
如干（여간）　ちょっとやそっと
不得已（부득이）　やむをえず

こうした語彙は〈書きことば〉的な文体で多く用いられる。近世から近代への開化期と言われる時代には、論説文などに、中国語かと見まごうようなものまで、漢文的な単語が数多く出現している。

そんな中にあって、「或是」（혹《ホク》시《シ》）などは、今日の〈話しことば〉でも極めて多用される単語である。「もしや」「ひょっとして」などの意のほか、話しかけたり、話を切り出す際の「あ

のー」ほどの意味でも多々用いられるので、韓国ドラマなどでもよく耳にしよう。母語話者はこれが漢字語であるという意識さえ、もはや相当に薄れてしまっている。「もし、そこな人」などと時代がかって声を掛けるのならまだしも、現代のトレンディ・ドラマで、「ホクシ」（あの、すいません）と声をかける、それが何と、「或《ある》イハ是《こ》レ」である！

「何必」（하필《ハピル》）「何でことさら」などはまるで正音の口訣つきのごとく「何必이면」（하필이《ハピリ》면《ミョン》）、直訳すると「何ゾ必ズシモデアレバ」となる形でよく用いられている。「よりによって」、何でこんな形なの。

ここにはわずかな副詞類を例に挙げたが、名詞はもちろん、膨大な漢字語の中には、古典漢文的な、あるいは朝鮮漢文的な色彩の濃い単語が豊富に存在しているわけである。

朝鮮語は中国語圏と交わることによって、中国古典語から借用語として膨大な漢字語を内に取り込んできた。そして朝鮮語がまさに正音によって全面的に書かれ始めようとした揺籃のとき、〈漢文の朝鮮語訳＝諺解〉というエクリチュールが、朝鮮語の〈書かれたことば〉の発生論的な母胎の一つとなったのであった。こうしたことを背景に、朝鮮語の〈書かれたことば〉という存在様式の中核をなす〈書きことば〉の表現様式は、朝鮮語の固有語の血脈と、漢字漢文の血脈が、あたかもＤＮＡの二重螺旋構造のごとくに絡み合いながら形成されてゆくこととなった。

七 〈正音〉反革命を超えて

燕山君の正音反革命

それでは、正音は民衆はともかく、両班《ヤンバン》支配階級の間ではどんどん用いられるようになったのか？ 実は正音にも受難のときがあった。それが第一〇代の王・燕山君《えんざんくん》（연산군《ヨンサングン》：一四七六—一五〇六、在位一四九四—一五〇六）の治世である。燕山君は九代・成宗の長男で、『國朝宝鑑』など書物の編纂にも力を尽くすなどしたものの、後には享楽に耽るなど奇行で知られ、しばしば暴君と呼ばれる王である。

燕山君の母、成宗の中宮である尹《ユン》氏は、後宮の争いの中で成宗により自殺に追い込まれた。このことを王位に就いた後に知った燕山君は、母の死に関わった成宗の後宮や臣下たちに大々的な報復をする。これを甲子士禍《こうししか》という。燕山君の母后である尹氏が、正音による匿名の文書を利用したとされ、このために燕山君が正音の禁圧を行ったと世に言われている。

姜信沆《カン・シンハン》（一九九三：二五一—三〇五）は、この正音による文書が正音禁圧の原因という点などを始め、燕山君の正音禁圧について、世に流布している考え方への疑問を提起している。正音の禁圧も一時的なものであり、正音による匿名書を書いた者を、探索するための手段であったとする。

ただし、理由はどうあったにせよ、正音書や正音による口訣書の焚書《ふんしょ》を命ずるなどが、正音にとって弾圧となったことは、事実であった。一時的な禁圧であったにせよ、言うまでもないことだが、書物は、焼けば、失われる。こうして正音エクリチュール革命の歴史の中では、その実体的な被害はともかく、謂わば正音反革命の象徴的なできごととなったのであった。

一五〇六年、成希顔（성희안《ソンヒアン》）ら臣たちは、燕山君の異母弟になる中宗（중종《チュンジョン》：一四八八—一五四四、在位一五〇六—四四）を推戴し、クーデターによって燕山君を廃した。燕山君は王位を廃されたため、「太祖」「世宗」といった廟号《びょうごう》はない。享年三〇であった。

正音エクリチュールの位置

〈正音〉は、朝鮮では「諺文《オンムン》」と卑下され、「암클《アムクル》」（女文字）と言われて、近代になるまで実際にはあまり用いられなかったという見解が、後を絶たない。ここで確認せねばならない。〈正音〉が用いられなかったというのは、政治や権力、歴史の表舞台に出なかった、表のエクリチュールではなかった、という点においてである。ここで見てきた例からも察せられるとおり、少なくとも文字を用いる階層の言語生活には、なくてはならぬもの、控えめに見ても、相当の位置を占めるものであった。

稀に言われるような識字率云々と、正音が用いられたかどうかは、全く別の問題である。正音が本格的に用いられるのは、近代になってから、というのは、ほとんど誤解に近い。もちろん世宗が夢見たように、民衆の一人一人にまでは正音は貫徹しなかった。それには近代を待たねばならない。正音をあらゆる人々が知る、その任は文字が負うべきものというより、教育が負うべきものである。しかしながら、およそ文字というものを扱う人々の間での、用いられるありようを見るならば、まぎれもなくエクリチュールとして本格的に用いられていたのである。

最も重要なことは、朝鮮半島におけるエクリチュールにあって、正音がいかなる位置を占めていたか、ということに他ならない。肝心なことは、そもそも文字というものを用いる人々が、漢字漢文と共に正音を用いていたということにある。

今一度思い起こそう。凡そ人が〈書く〉という営みには漢字漢文を用いるしかなかった。そこに正音エクリチュールという全く新たなエクリチュールが出現し、これまで文字を扱う人々さえ、誰一人書けなかったものまで、〈書く〉こととなったのである。

だいたい漢字漢文を学ぶためにも、正音が用いられたのであったし、李退渓や李栗谷といった大学者さえ正音でも儒学を説き、時調を詠んだのであった。『三綱行實圖』によって民衆を教化したのは、正音によるのであった。世宗が企てた『東國正韻』を見よう。漢字音を正すという世宗の夢こそ実現し得なかった。しかしながら、例えば音素＝音節構造文字によって漢字音を描き出すという韻書であった点では、間違いなく東洋最先端の韻書であり、〈知〉であった。韻書とは音を示さねばならないものであったにもかかわらず、『東國正韻』以前、韻書が文字によって〈音〉を直接に表すことは、中国にあってさえ、ついぞなかったのである。漢字を学ぶ『千字文』などに用いられた正音の役割は、計り知れない。

手紙などにも正音は用いられた。手紙を正音で認《したた》めたものを〈諺簡《げんかん》〉と呼んでいる。今日多くの諺簡が残っている。そのこと自体が、〈書かれたことば〉による言語生活に、正音が着実な役割を果たしていたことを、教えてくれる。

言語そのものを考えるためにも、また他の言語を知るためにも、正音は用いられた。朝鮮語史や朝鮮エクリチュール史にあっては、中国語学者、言語学者・崔世珍（최세진《チェ・セジン》：一四七三—一五四二）の名を落とすわけにはゆかない。その著『訓蒙字會』（훈몽자회《フンモンジャフェ》：一五二七）は漢字の学習書である。今日のハングル字母の名称や順序を定めたと言われている。

また、さらに時代が下れば、実学者・申景濬（신경준《シン・ギョンジュン》：一七一二—八一）の『訓民正音韻解』（훈민정음운해《フンミンジョンウムウネ》）といったユニークな正音研究書も現れている。

日本語と訓民正音

日本の千葉県館山市の寺刹、大巌院《だいがんいん》に、四面石塔《しめんせきとう》と呼ばれる、高さ二一九センチ、幅五〇センチほどの塔がある。一六二四年建立と伝えられる。その四つの面には、漢字の篆書《てんしょ》、楷書《かいしょ》、梵《ぼん》字《じ》、そして〈正音〉で「南無阿彌陀佛《なむあみだぶつ》」というテクストが刻まれている。四種の異なった文字で、仏の教えを四海に照さんとばかりである。

この四面石塔で注目すべきは、〈正音〉の漢字音表記が一四四八年に公にされた韻書《いんしょ》『東國《とうごく》正韻《せいいん》』（二五〇頁）に用いられた、東国正韻式漢字音表記を用いている点である。例えば、「彌」/mi/ のように終声がない漢字音は「미」が今日まで用いられる表記だが、東国正韻式では

日本最古と思われるハングルの彫られた四面石塔。「南無阿彌陀佛」が『東國正韻』式の漢字音によって正音で刻されている。千葉県館山市大巌院。1624年建立。著者撮影

四面石塔には、韻書『東國正韻』の東国正韻式漢字音表記が用いられている。著者撮影

「밍」のように終声がないことをゼロ字母「ㅇ」をわざわざ付して表す。なお、『訓民正音』の字形では、一四六、一四八頁の表にもあるように、軟口蓋鼻音の終声/ŋ/（エヌジー）の字母は単なる円ではなく、上に突起の付いた「ㆁ」を用いて、ゼロ字母「ㅇ」と区別する。

この東国正韻式漢字音表記は一四四七年の『釋譜詳節《しゃくふしょうせつ》』などごく一部に用いられただけで、朝鮮の文献では一五世紀末にはもう用いられなくなっているものであった。それが海を越えた日本の、この房総、安房の国の地に、『東國正韻』の一七六年もの後に忽然と姿を現し、屹立しているのである。そもそもなぜ、どのような経緯で〈正音〉が刻されているかは、定かではない。それにしても面白いではないか。

ちなみにこの四面石塔は、石に彫られたハングルとしては古い方に属する一つである。

なお高低アクセントを示す傍点は、この四面石塔でもさすがに付されていない。一五世紀朝鮮語の高低アクセント体系は朝鮮語中部方言では一六世紀末には既に崩壊している。

日本語との関わりにおいては、江戸時代中期、木下順庵《きのしたじゅんあん》門下の儒学者・雨森芳洲《あめのもりほうしゅう》（一六六八―一七五五）の名を挙げねばならない。日本近世における朝鮮語研究、朝鮮語教育の祖と言える人物である。対馬藩にあって日本と朝鮮の外交に大きな役割を果たした。釜山でも朝鮮語を学んでいる。雨森芳洲が著した朝鮮語学習書『交隣須知《こうりんすち》』は、改版されながら、明治の初めまで用いられている。

正音エクリチュールは、漢字漢文とつかず離れず、朝鮮半島におけるエクリチュールの最も深いところを流れ続けてきた、まぎれもなき大動脈であった。

第6章

〈正音〉——ゲシュタルト（かたち）の変革

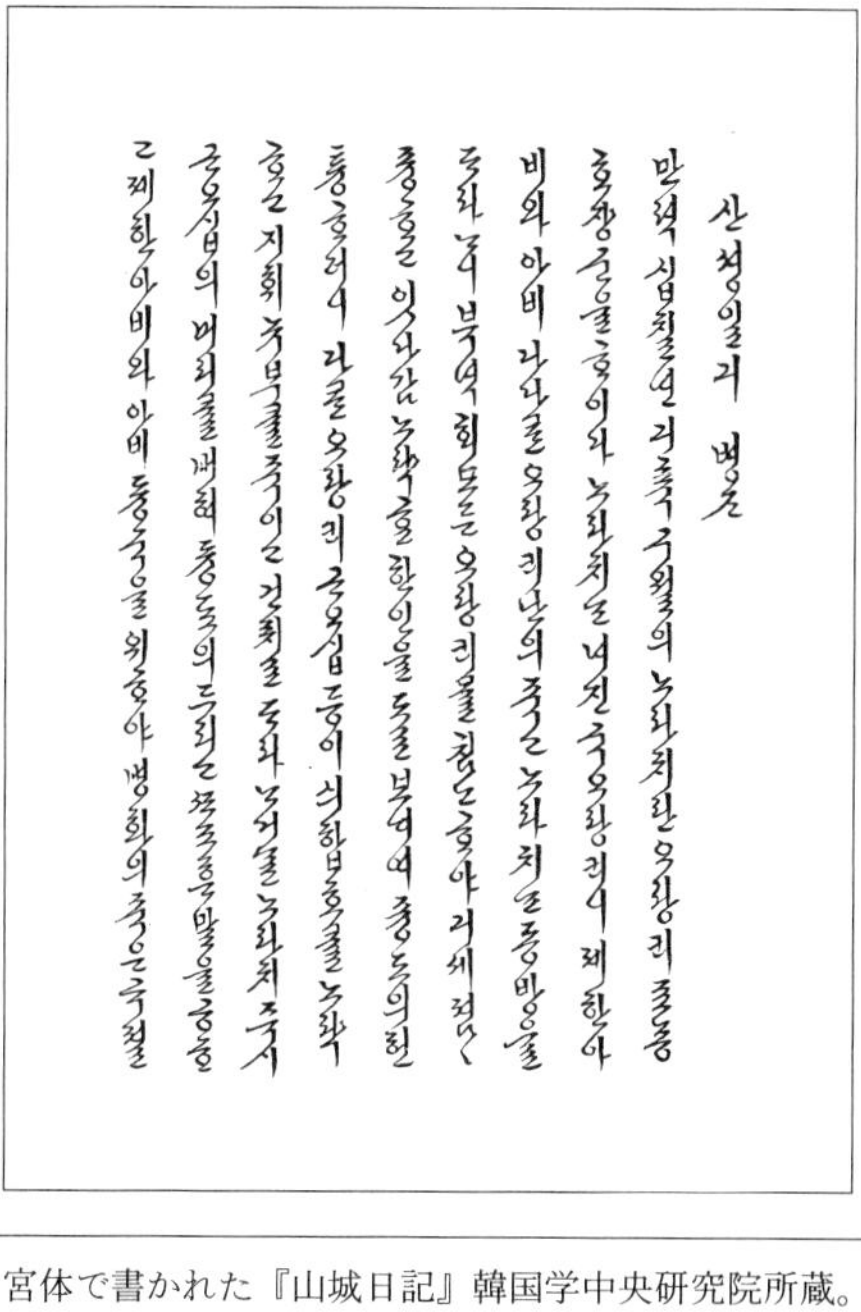

宮体で書かれた『山城日記』韓国学中央研究院所蔵。
最初の行は「산 셩일긔 병ᄌᆞ」（山城日記 丙子）とある

一 〈かたち〉とは何か

肌触《テクスチュア》りを有するテクスト、質量《マス》を有する文字

文字は創られた。だが文字は創られさえすれば、文字になるのではない。生まれた文字は、用いられ、文章に、テクストにならなければならないのであった。言うまでもなく、文字には〈かたち〉がなければならない。そして〈かたち〉は繰り返されることによって、〈様式〉style となる。

前章まで正音を言語学的な、あるいは言語史的、言語社会学的な観点から見たのであった。ここで今一つ、正音のゲシュタルト Gestalt、つまり〈かたち〉そのものを見なければならない。文字はその言語的な働き、記号学的な働きのみで成立しているのではない。第2章の四、「〈角筆〉の発見」(一〇八頁)や、五〈質量を有するテクスト〉(一一四頁)でも見たごとく、テクストが質量 mass を有する、生きた生身のテクストであるように、文字には〈かたち〉があり、テクスチュア texture があり、色艶があり、ことによっては、文字の裏にもまた文字が存しうるのであった。そして文字には細部 detail がある。

〈かたち〉を有し、質量を有するテクストとしての文字を見るためには、文字そのものを〈書く〉ためのあらゆるシステムや技法も問われねばならない。身体があり、筆があり、墨があり、紙があり、書法があり、印刷術があり、書物がある。そしてそこには美学や精神性といったものまでが問われることになる。

正音の姿を虚心坦懐に眺めるなら、正音は、東アジア数千年の文字の歴史において、知られざる一つの驚異であることがわかる。それは文字というものの伝統的なゲシュタルトに対する、変革の刻印でもあった。

〈ゲシュタルト〉＝〈かたち〉とは何か

本書ではこれまで〈ゲシュタルト〉をとりあえず〈かたち〉と言ってきた。ここで文字にとって、ゲシュタルト、〈かたち〉とはいかなるものであるかを、簡単に見ておこう。〈ゲシュタルト〉とは、ドイツ語で、〈形態〉の意である。ゲシュタルト心理学で広く知られるところとなった。日本語では〈ゲシタルト〉とも言う。

本書では、〈ゲシュタルト〉を〈形〉一般と区別して次のような意味で用いている。

ゲシュタルト 独：Gestalt ＝ 〈かたち〉

(a) 個々の要素に還元することでは得られないような、総体として統合された形

(b) 人間の知的な関わりに依拠する

フォルム 独：Form ＝ 〈形〉

(a) ありとあらゆる形一般

(b) 人間の知的な関わりに依拠しない

右の記述においては、(a)は対象の方について、(b)は主体の方について、それぞれ注目している。

本書では、こうした〈ゲシュタルト〉を仮名で〈かたち〉と書き、単なる「形」や、「形」一般は、漢字で〈形〉と書いている。

例えば、仮名の「お」は一つのまとまった〈かたち〉である。同時に単に一つの「お」という形でもある。そこから点「、」という形を取り除くと、残った形は、文字「お」が有する〈かたち〉であることをやめてしまいかねない。

お　　お

あるいは、仮名の「ね」を次のような形に書いても、「ね」であることをやめないかもしれない。であるとするなら、その形は、「ね」の〈かたち〉なのである。

対象となる文字の方を見たので、今度は対象に向き合う主体の方から考えてみよう。その文字をその文字として認知することは、どこまでも個々の人々がその場＝言語場において知覚するという、人間の知的な関わりに拠る。つまり文字を文字たらしめる〈かたち〉＝〈ゲシュタルト〉は、人の知的な認知という営みの中で初めて立ち現れるものである。人が存在しようが、しまいが、人の知的な認知という営みとは関わりなく、常にそこに存在する〈形〉＝〈フォルム〉一般とは、この点で決定的に異なっているのである。音もない宇宙空間のゆったりとした動きの中で天体が造り出す〈形〉や、生き物や風によって森の中に構成される〈形〉や、都市の中で様々に生まれる、偶然的なあるいは必然的な〈形〉といった、〈形〉一般とは決定的に異なっている。

それゆえ、文字の〈かたち〉＝〈ゲシュタルト〉は、人によって〈かたち〉たりうるかどうかさえ、異なってくる。ある人は「」という〈形〉を「書」という文字の〈かたち〉であると認知し、またある人はそのような〈かたち〉として認知しない。ちなみに「」は「書」の草書体としてごく普通に用いられている字体で、ここでは王羲之の『十七帖』より引いてい

る。かくのごとく、〈形〉は厳然としてそこに在り、〈かたち〉は人ごとにそのあるなしさえ、異なってくるのである。

こうしたありようは、第1章三の四二―四四頁で述べた、ことばが意味となったり、ならなかったりするありようと、原理的には軌を一にする。造形された音《オト》の形である言語音が、常にことばの〈かたち〉として認知されるとは限らないのと同様に、造形された光《ヒカリ》の形である文字が、常にことばの〈かたち〉として認知されるとは限らないわけである。なお、言語や文字における〈かたち〉をめぐる問題は、ことばの意味との関わりにおいても決定的に重要なのだけれども、ここで詳説する紙幅がない。野間秀樹（二〇一八ｅ）『言語存在論』、三九―五五頁、一二一―一六四頁を参照されたい。

私たちが文字について形を考えるとき、このように形一般と、〈ゲシュタルト〉としての〈かたち〉を区別して論じうることがわかろう。文字にとっては、それがいかなる形であるかを見るに留まらず、文字にとっての〈ゲシュタルト〉とはいかなるものか、文字にとって〈かたち〉とは何かということが、極めて重要なことなのである。

二　正音の形と〈かたち〉

字は古篆《こてん》に倣《なら》う

『訓民正音』解例本、鄭麟趾《チョン・インジ》の後序では先にも見たように、「象形而字倣古篆」、つまり「形を象《かたど》りて字は古篆《こてん》に倣ふ。」と言っている。〈正音〉はその発音の形を象って、字は古篆に倣《なら》ったというわけである。これを受けて、崔萬理は「則《たと》ひ字形、古《いにしへ》の篆文《てんぶん》に倣ふと雖《いへど》も、音を用ゐて字を合はすは尽く古に反す。」と言ったのであった。

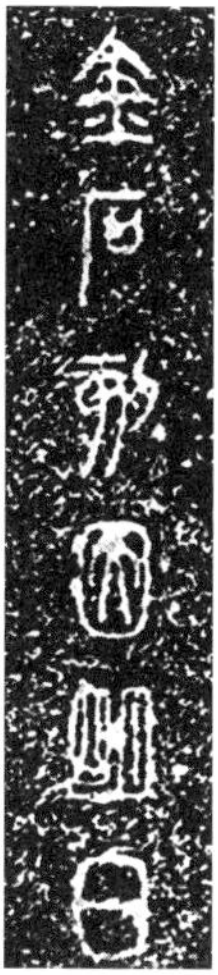

高麗時代、李嵓《イ・アム》の篆書「文殊寺蔵経碑篆額」。任昌淳編（1975）より（上）。秦代の小篆。李斯《りし》の書と言われる泰山刻石《たいざんこくせき》より（前219年）「金石刻 因明白」（右）

ここに言う篆文とは、中国戦国時代の篆書《てんしょ》である大篆《だいてん》と、それを簡略化した秦代の小《しょう》篆《てん》の総称であろうが、事実上は小篆を指すと思われる。秦の始皇帝は字形を小篆に統一したのであった。現在でも印などに好んで用いられている。

篆書はもちろん朝鮮半島でも行われている。前頁の高麗時代、李嵒《り・がん》（이암《イ・アム》：一二九七―一三六四）の名品を見ておこう。

『訓民正音』解例本の〈正音〉の字画は、確かに楷書、行書、草書などに比べると、篆書に似ているとは言えよう。ただし「字は古篆に倣ふ」の言うところは、文字のゲシュタルトを篆書からとったというよりは、一画一画の字画を篆書に倣ったという方が事実に近そうである。あるいは広く漢字の古体を総括して「古篆」と代表させて言ったのかもしれない。

文字の〈ゲシュタルト〉を見るにあたって、まず一画一画の字画、即ち線から見てみよう。既に述べたことでもわかるように、〈線〉とは〈筆による線〉に他ならない。

筆による〈線〉とはいかなるものか

筆による線がいかなるものであるかは、今日、美術家・李禹煥《りー・うーふぁん》（이우환《イ・ウファン》：一九三六―）の「線より」という絵画群が、余すところなく教えてくれる。李禹煥は日本の現代美術における〈もの派〉と呼ばれるグループを牽引し、一時代を作った国際的な作家であり、理論家でもある。そこでは〈線〉というものが、テクスチュアと質量を備え、速度を備え、時を体現し、人の息と共に在り、ともすると精神さえもがそこからこぼれ落ちるような実現体であることが、見えてくる。

筆による〈線〉とはこうしたものである。一五世紀の東洋における〈線〉もまた、こうしたものであった。現代の李禹煥の線が、精神性を誇示することを、むしろ極限まで抑えるのに対し、とりわけ宋代以降の東洋の、筆による〈線〉は、その形と共に、精神性の高みを希求して已まぬものであった。福永光司（一九七二）が描くところの、中国における〈詩書画の一致〉、〈詩書画禅の一体化〉の思想は、朝鮮をも貫徹する。

やはり福永光司（一九七一：四〇〇―四〇一）が描くように、時代が下れば、清初の画家・石《せき》濤《とう》（一六四二？―一七〇七）は「法は何《いず》くにおいて立つや。一画に立つ」と、一本の線、即ち易《えき》の一画があらゆる形の根本であり、形を持つすべての存在の根源であることを言った。「一画の法」ということばが、このことを象徴的に表している。

筆による線が精神性や知、弛《たゆ》まぬ修練といったものと不可分のものであること、これが中国のみならず朝鮮半島の文字史をも貫く原理であった。

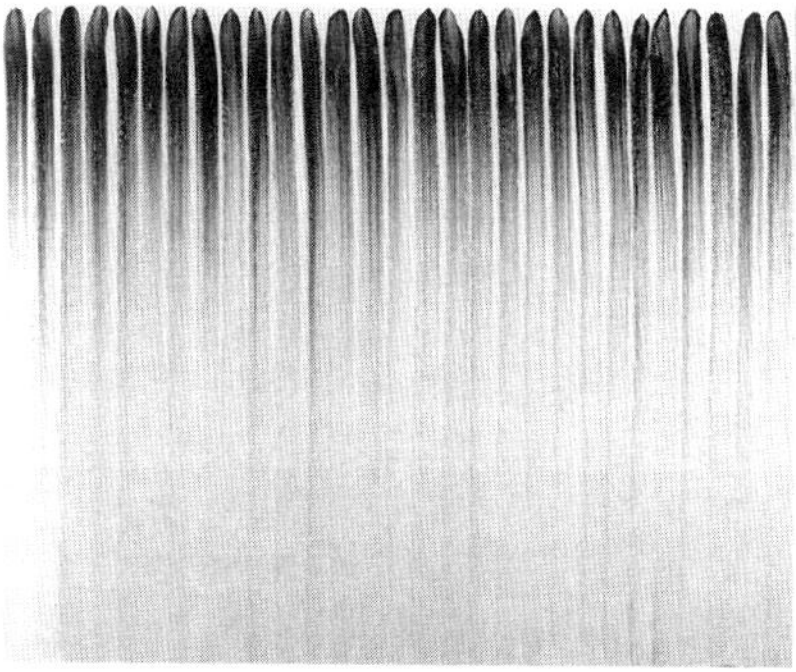
李禹煥「線より」（1976）日本国際美術振興会・毎日新聞社編（1977）第13回現代日本美術展図録より

朝鮮半島における行草の例も見ておこう。坦然（탄연《タニョン》：一〇七〇―一一五九）は高麗時代の僧侶。黄耆老《こう・き・ろう》（황기로《ファン・ギ・ロ》：？―？）は朝鮮時代中期の名筆である。

正音革命派・姜希顔《カン・ヒアン》（1419-64年）の『高士観水圖』。韓国国立中央博物館所蔵。湖巖美術館編（1996）より

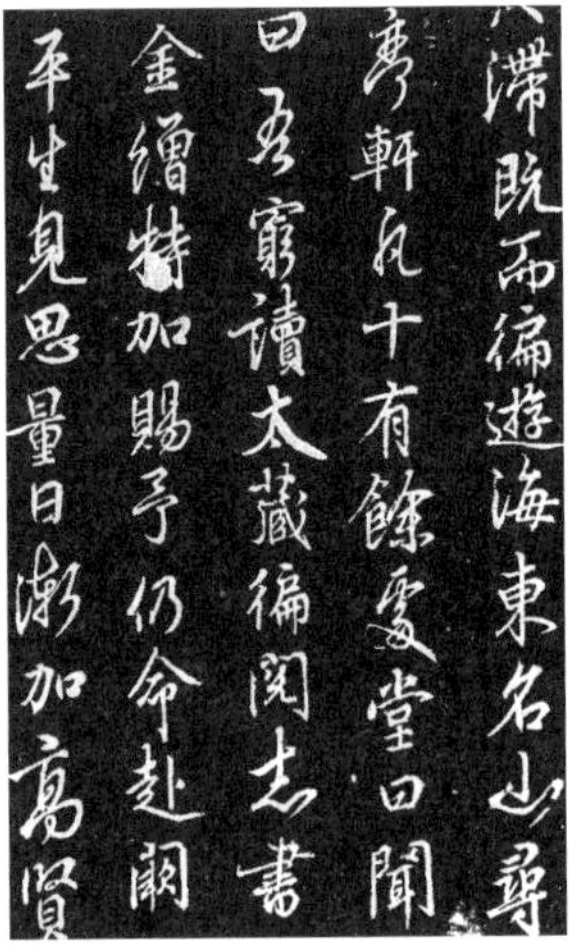

高麗時代、坦然の行書「文殊院記」。任 昌 淳《イム・チャンスン》編（1975）より

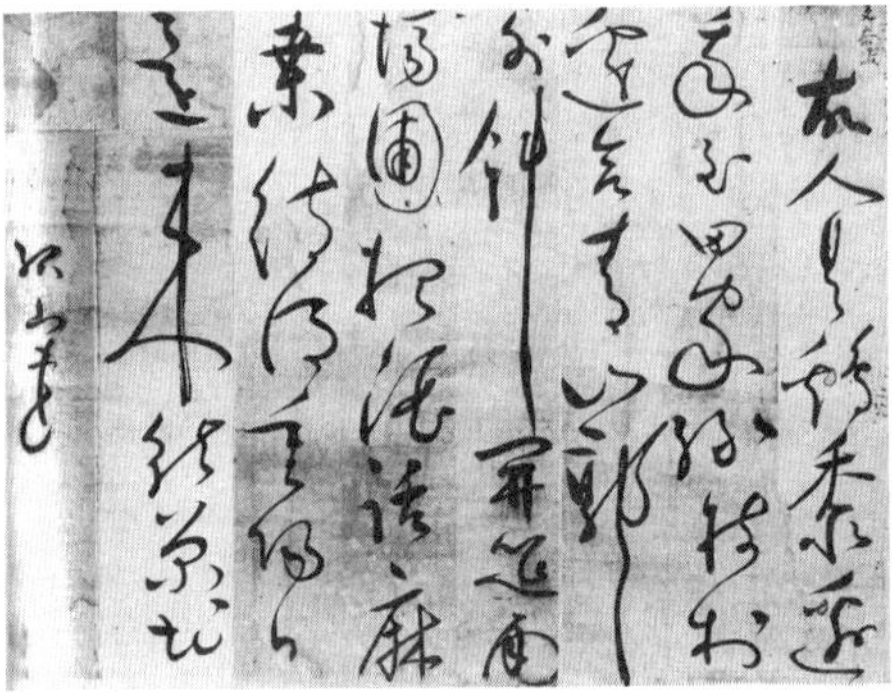

朝鮮時代、黄耆老の草書「孟浩然詩」。任 昌 淳《イム・チャンスン》編（1975）より

書の歴史を語る、日本で刊行された書物の多くにあっては、全集なども含め、朝鮮語圏のこうした書の歴史はすっぽりと抜け落ちている。

筆で書くことを拒絶する字画の形

それでは正音の形と〈かたち〉はいかなるものであったろう。今一度『訓民正音』解例本の形と〈かたち〉を見よう。まず一画一画の字画を観察する。

『訓民正音』解例本の字画

『解例本』の正音の字画の形はまるで易《えき》の爻《こう》を思わせる字画となっている。陽爻《ようこう》「⚊」と陰《いん》爻《こう》「⚋」を組み合わせて、「乾」や「坤」など六四の卦《か》を造る。

乾

坤

ローマ帝国トラヤヌス帝碑文の部分（113年）。ローマ数字の上に、数字を示すナンバー・マークを付している。単語の間はスペースによる分かち書きをせず、小さな三角形の inter point が打たれている。木村雅彦（2002; 2008: 27-28）より

ギリシア、プリエネのアテナ神殿碑文の部分（紀元前334年）。“ΑΛΕΞΑΝΔΡΟΣ”（ALEXANDROS）にセリフが見える。ローマ字のセリフの起源がギリシア文字にあったことがわかる。大英博物館蔵。ナイト（2001:16）より

他方、印刷術に眼を転じると、明朝体の漢字の「一」のとめにある三角形を印刷術では〈鱗《うろこ》〉という。解例本の字画には鱗はない。漢字の鱗は筆のとめに淵源を持つ。

西欧の印刷術ではローマ字の「I」の最初と最後のひげ飾り、ふくらみを〈セリフ〉serif という。ローマ字極限の字体とも言うべきトラヤヌス帝の碑文（一一三年）などは、形の上でこのセリフが重要な比重を占める。このセリフのない書体がサ

安堅（안견《アン・ギョン》）『夢遊桃源圖』（1447年）。安平大君の跋文によれば、安堅はこれを三日で仕上げたという。湖巖美術館編（1996）より

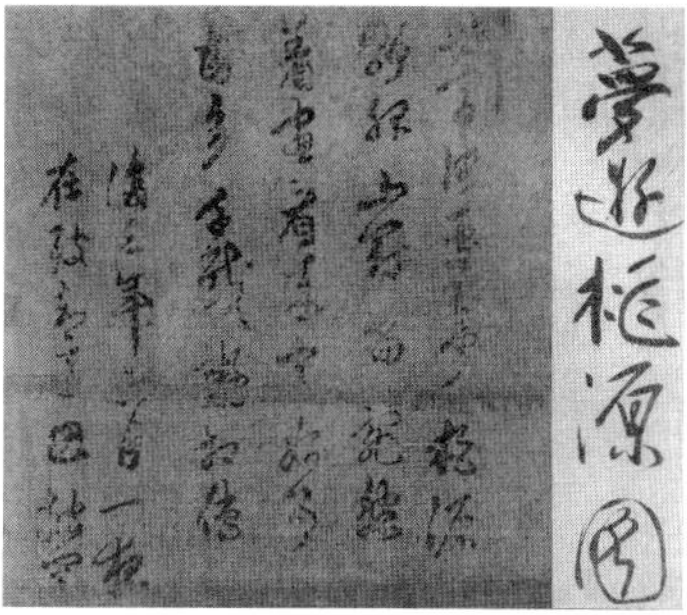

安平大君 李瑢（안평대군《アンピョンデグン》 이용《イヨン》：1418-1453年）の書。『夢遊桃源圖』の題簽《だいせん》から。この左側に上の山水画、安平大君の跋文などを継ぐ巻子本《かんすぼん》となっている。鄭麟趾、申叔舟、朴彭年、李塏、成三問ら21名の詩書が織りなす、詩書画渾然一体となった絶品。正音エクリチュール革命の中心人物たちが名を連ねている。湖巖美術館編（1996）より

ン・セリフ sans serif と呼ばれる書体である。「セリフなし」の意である。日本でゴシック体というのは、こうした鱗のない、直線からなるサン・セリフ系統の書体をいう。韓国にも日本語からこの名称は入っており、「고딕체《コディクチェ》」（ゴディック体）という。

篆書に似ているとはいえ、正音の字画は、鱗のない、ほとんど完全なサン・セリフ体、ゴシック体である。起筆も終筆も「起筆」と呼ぶのも憚られるほどの方形であって、筆で書ける

ような形ではない。篆書は無論筆で書く書体であるのに対し、正音の字画は完全に筆遣いを拒絶した形となっているのである。はねや払いも否定され、二文字以上を続けて書く〈連綿《れんめん》〉もそこでは否定される。

つまり『解例本』の正音の字画の形は、一五世紀朝鮮における〈書く〉という営みのほとんど全てを占める、〈筆を用いて紙に書く〉というありかたを拒絶しているのである。この点は見逃せない。

ちなみに『訓民正音』解例本の漢字の書体は、世宗の子、安平大君のものであるという。

正音はなぜ筆を拒絶したのか

それでは、正音は何故に〈筆を用いて紙に書く〉というありかたを拒絶したのであろう。二つの理由を考えることができる。

一つは、筆を持つ士大夫以外の〈民のエクリチュール〉たることを想定したであろうこと。『訓民正音』解例本に見える「愚かなる民は言いたいことがあっても、その情《こころ》を述べることもできずに終わる者が多い。予はこれを見るに忍びなく、二八字を制《つく》った。これもただただ、人々が習うに易《やす》く、日々用いるに役立つよう、願ってのことである。」という世宗の思想からはそうしたことが読める。「愚かなる民」は漢字漢文を知らない。つまり文字を知らないということは、筆も筆法も知らないのである。易《えき》の爻《こう》を思わせるその字画であれば、「愚かなる民」

であっても、〈真似び〉、〈学ぶ〉ことができたであろう。朴炳千《パク・ピョンチョン》（一九八三）は、創製期の正音は「書いた」文字ではなく、「描いた」文字であると言っている。

　文字を文字として成り立たしめるための、筆、紙、硯、墨といった文房四宝《ぶんぼうしほう》に象徴される〈書く〉修練や技法と、「愚かなる民」とははるかなる距離がある。正音は、筆を知らぬ民が、小枝で地に刻むことも、似合わぬ文字ではなかった。

自らのロジカルな〈かたち〉を誇る〈ゲシュタルト〉の変革

　正音が筆の字画を拒み、筆で書かれる〈かたち〉を拒否した今一つの理由は、印刷術における文字の意匠＝文字の美学革新の企てであったろうことに見なければならない。『訓民正音』解例本は木版本であるが、相次いで出された『東國正韻』が活字印刷であったのをはじめ、活字印刷も創製時から射程に入れていたことは、明らかである。その後も漢字の活字と並んで正音の活字が造られていった。正音はタイポグラフィとしての文字の意匠をも目指すのである。

　ちなみに、朝鮮の金属活字印刷について、藤本幸夫《ふじもとゆきお》（二〇〇六）は「精巧を極め、中國や日本は遙かに及ばない」とし、金属活字は民間ではなく、主として官で鋳造され、その種類が五〇種近くに及ぶことを述べている。朝鮮にあって活字は文字を支える重要な身体なのであった。『訓民正音』解例本の正音の形と〈かたち〉は、既に漢字の篆書や他の書体と比べたことでわかるように、朝鮮における、さらには東洋における文字の〈かたち〉の歴史からは、絶対に導き出し得ない形であり〈かたち〉である。であるとするならば、その形と〈かたち〉は、明らかに目的意識的なものである。その目指すところは、ただ一つしかない――東洋数千年の文字の歴史に自らの〈かたち〉を刻印すること。正音の〈かたち〉が漢字の中にあって自らの存在を高らかに誇る〈かたち＝ゲシュタルト〉たること。

正音はその登場自体が、〈ゲシュタルト〉の変革を目指すものであった。

ロジカルな〈知〉の申し子としての〈かたち〉

筆による線が精神性や知、弛《たゆ》まぬ修練といったものと不可分のものであり、さらにその〈かたち〉もまた精神性や弛まぬ修練といったものと不可分のものであった。これが朝鮮半島の文字史を貫く原理なのであった。

そうした中にあって、あたかも漢字は生きた細胞のごときものであった。漢字のその〈かたち〉もまた生きた精神性を問うものであり、人の眼や手による修練を問うものであった。言うならば、漢字は人の生き死にを問うごとき〈かたち〉であった。

これに対して正音は細胞を音節たる分子に、そして音素たる原子へと解体した。正音とはその仕組み自体が、そうしたロジカルな知の申し子であった。そしてそうしたロジカルな知にふさわしい、全く新しい〈かたち〉こそが求められたのである。原子たる字母を組み合わせて造り上げる分子構造、それもテクストの中で動く動的な分子構造として立ち現れる正音の〈知〉は、漢字のごとき精神性から訣別し、正音の〈かたち〉そのものに新しき〈知〉を高らかに刻印したのであった。

『解例本』の正音の〈かたち〉が目指したのは、眼や手の修練の上に成り立つ〈かたち〉ではなく、論理的、言語的な〈知〉であった。精神性から訣別し、身体性をも拒否し、〈かたち〉そのものが語ってあまりある〈美〉であった。正音の登場とは、全く新たなる美を創り上げる〈ゲシュタルト〉の変革であった。『解例本』の正音の〈かたち〉は、かくして、東洋を貫く、王羲之《おうぎし》（三〇七？―三六五？）を頂点とする書のありかた、書の美学に対する根底的な反逆となる。山水画の世界に、コンピュータ・グラフィックスが出現するようなものである。

『訓民正音』解例本の正音の〈かたち〉김두식《キム・ドゥシク》（2008: 108）より

三　身体性を得た正音の美〈宮体〉

再び筆へ——『訓民正音』諺解本の正音の〈かたち〉

このように『訓民正音』解例本の正音の書体は、筆遣いを拒否したものであったがゆえに、もちろん筆では描けても、書けない。士大夫がこれを書くためには、どうしても筆法に従った〈かたち〉に造り替えられなければならない。『訓民正音』諺解本には既にそうした〈かたち〉が現れている。起筆は筆の跡を留めており、母音字母の「・」が「丶」という形に変化するのは、ここに始まる。

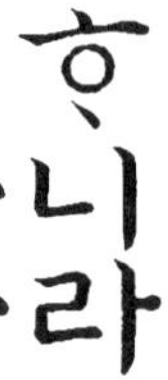
『訓民正音』諺解本の正音

宮体の連綿による「ᄉᆞ랑」（現代語の사랑）。「思い」ほどの意

日常において〈書く〉という営みが筆を基礎とするものである以上、正音の〈かたち〉もまた、こうして身体性を取り戻してゆくのであった。正音は筆によって書かれ続ける。漢字の行草の影響も認められる。とりわけ、二文字以上を続けて書く〈連綿〉の盛行は、正音を動的な空間へと解き放つこ

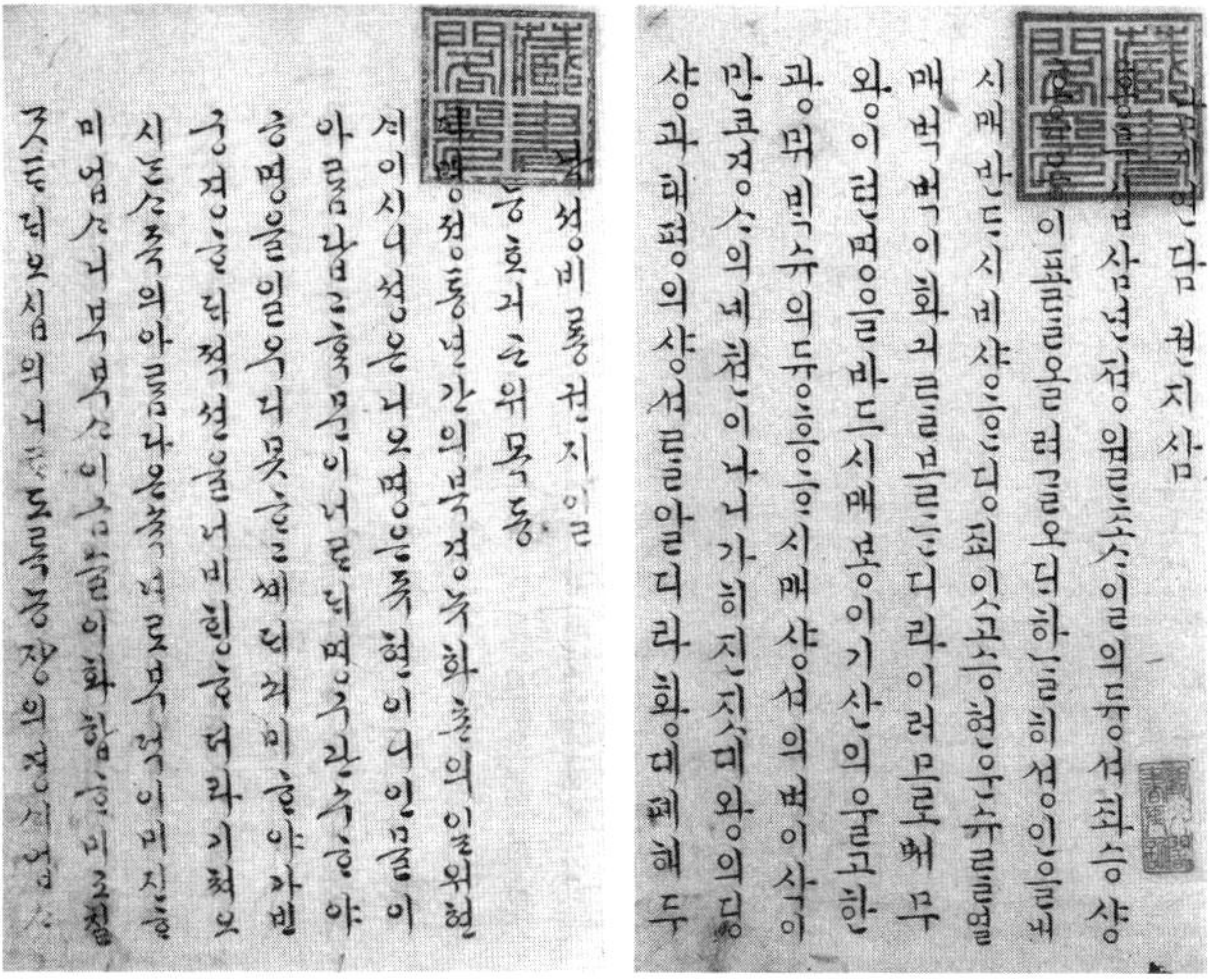

宮体で書かれた『南渓演談』（右）と『洛城飛龍』（左）。예술의 전당 엮음（1994）より

ととなった。運筆も格段に自由になった。新たに身体性を纏《まと》った正音は、様々な書の〈かたち〉として試みられてゆく。

王朝の美の極北——〈宮体〉

〈かたち〉は繰り返されることによって〈様式〉style となった。身体性を獲得した正音の美が、やがて様式として屹立する。著しく洗練されたエクリチュールの一大様式、王朝の美の精髄とも言うべき〈宮体《きゅうたい》〉（궁체《クンチェ》）という様式がそれである。〈宮体〉の名は、王朝を支える女性たちの手になるものであることから、こう呼ばれるに至ったものである。

朴炳千《パク・ピョンチョン》（一九八三）によれば、宮体

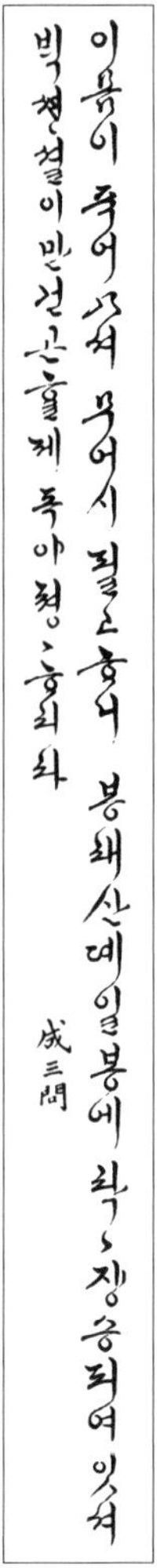

独立運動家、教育者であった南宮檍(남궁 억《ナムグン・オク》:1863-1939年)のハングル書。成三問の「忠義歌」(247-248頁)である。예술의 전당[藝術의 殿堂]엮음(1994)より

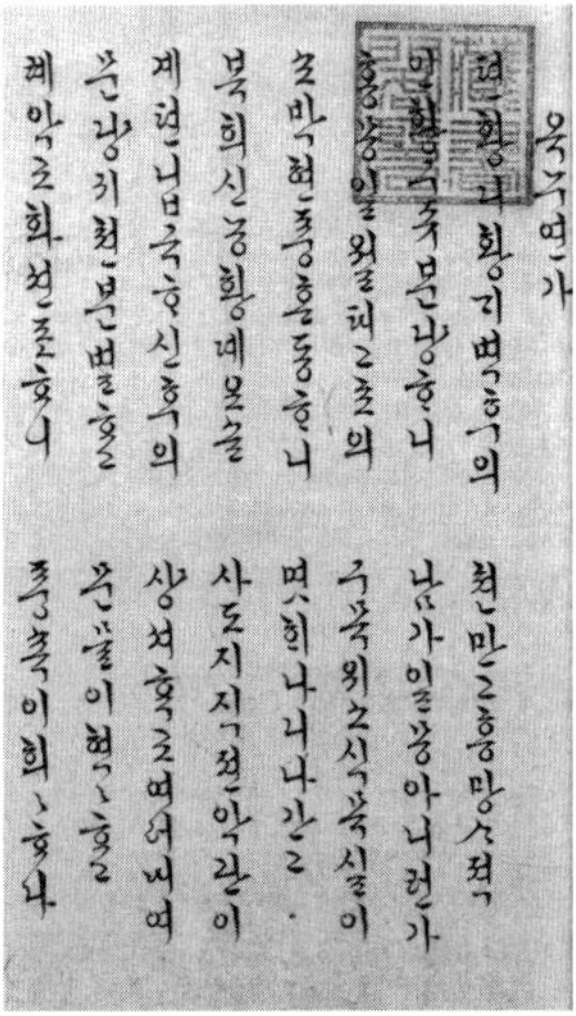

宮体で書かれた『玉楼宴歌』。예술의 전당 엮음(1994)より

は一七世紀後半に現れ、第一九代・粛宗(숙종《スクチョン》:在位一六七四—一七二〇)の代には確立し、粛宗その人は男筆の、妃・仁顕王后(인현 왕후《イニョンワンフ》)は女筆の代表と言われたという。その後、一八世紀、第二一代・英祖(영조《ヨンジョ》:在位一七二四—一七七六)、第二二代・正祖(정조《チョンジョ》:在位一七七六—一八〇〇)の時代には、正音書芸術史上の謂わばルネサンス期を迎えたと言ってよい。宮体も楷書風のものから、連綿のものまで、〈かたち〉は様々である。宮体の〈かたち〉はどこまで

も典雅である。連綿に現れた動的な運筆の美は、端正でありながら、鮮烈でもある。

様式として完成した〈宮体〉は、皆これを倣うところとなった。一九世紀に入っても技巧は衰えず、王朝のエクリチュールを支え続ける。その様式は〈宮体マニエリスム〉Gung-che Maniérisme と呼んでよいだろう。現代でも李喆卿（이철경《イ・チョルギョン》）や金忠顕（김충현《キム・チュンヒョン》）などの宮体をよくする書家が知られている。

書の美学への反逆として登場した正音は、〈宮体〉によって書の美学の結晶となったのであった。正音の書の具体的なありようを見て、朝鮮の絵画を見、詩文を見れば、正音という文字が、単に記号論的な文字としてのみあるのではなく、詩書画に通底する美意識といったものと不可分の存在であることも、見えてくる。

誕生間もなくして失われた、正音のロジカルな、その反逆の〈ゲシュタルト〉は、二〇世紀に再び、今度は日常の美の〈ゲシュタルト〉として、人々の前に姿を現すこととなる。

第7章

〈正音〉から〈ハングル〉へ

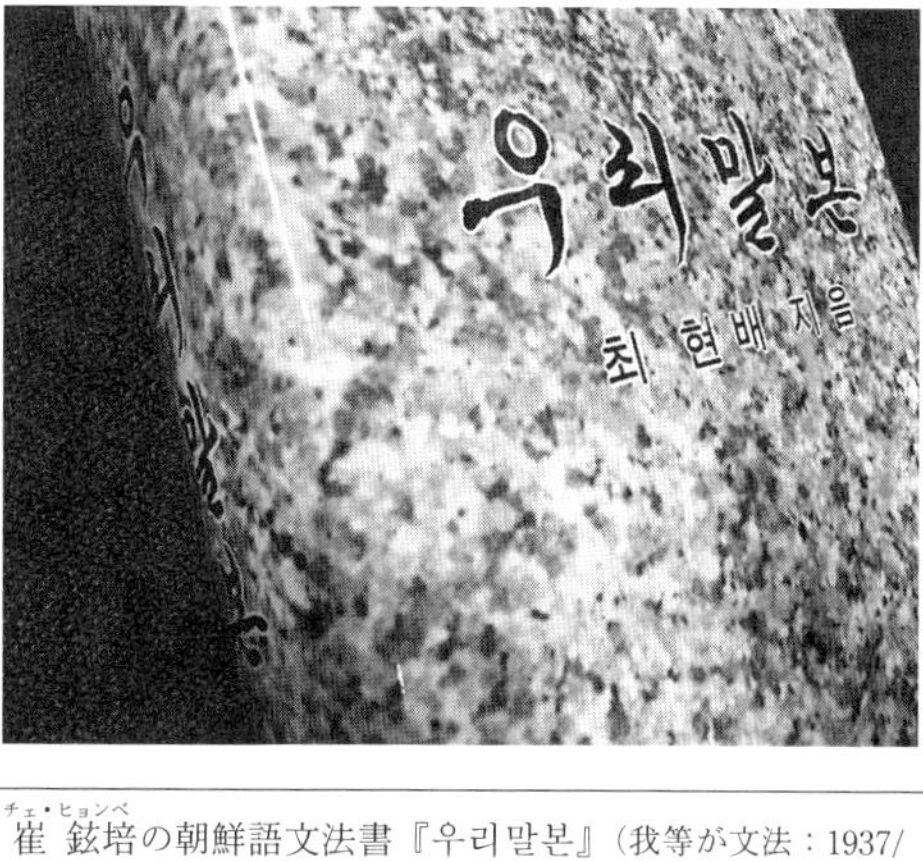

崔 鉉培《チェ・ヒョンベ》の朝鮮語文法書『우리말본』（我等が文法：1937/1961）。題字は宮体。著者撮影

一　闘う〈正音〉、たたかう〈ハングル〉

ハングル発展の時代区分

朝鮮語学者・李允宰《イ・ユンジェ》（一八八八―一九四三）は、一九三三年一〇月二八日の『東亜日報』紙上で、ハングルの変遷の四つの時代区分を提起している。

①正音時代（創定期）　世宗二八年から成宗朝までの五〇年間
②諺文時代（沈滞期）　燕山朝から高宗三〇年までの四〇〇年間
③国文時代（復興期）　甲午更張《こうごこうちょう》から庚戌《こうじゅつ》までの一七年間
④ハングル時代（整理期）　周時経《チュ・シギョン》のハングル運動から現在（一九三三）までの二十余年間

崔 鉉培《チェ・ヒョンベ》（一八九四―一九七〇）は、「改正 正音学」と漢字語で副題を付した著書（一九四〇／一九八二：三四〇）『고친《コチン》 한글갈《ハングルガル》』で、この時代区分に賛意を表している。現代であれば、これに、一九四五年以降を、⑤ハングル時代（制圧期）とでもつけ加えることができよう。現在

の朝鮮半島のエクリチュールは、基本的にハングルが圧倒的に制圧した様相を帯びている。

③の「国文時代（復興期）：甲午更張から庚戌までの一七年間」とは、謂わば近代への入り口の時代である。近代への改革の立役者であった、兪吉濬（유길준《ユ・ギルチュン》：一八五六―一九一四）は、学部大臣の職にあり、一八九四年、あらゆる法律、命令を、国文、即ち〈正音〉によるものとし、これに漢訳を付す、もしくは国漢文を混用することを宣言した。翌一八九五年には『西遊見聞』を国漢文混用体で刊行した。一八九六年には徐載弼（서재필《ソ・ジェピル》：一八六四―一九五一）らの、全文がハングルで書かれた『獨立新聞』も刊行される。こうして正音エクリチュールは想像を絶する速度で、朝鮮全土を席巻することになるのである。

〈正音〉から〈ハングル〉へ

第1章の一（三〇頁）でも述べたように、〈ハングル〉（한글）の名称は、先駆的な朝鮮語学者であった周時経が近代に入ってから名づけたものである。それ以前は〈訓民正音〉、〈正音〉、あるいは〈諺文〉などと呼ばれていたものであった。周時経の思想には、明らかに固有語主義といった考え方が見て取れる。そもそも〈ハングル〉などと呼び変えること自体が、伝統に対する公然たる反旗でもあった。

解放前、即ち一九四五年以前は、例えば朴勝彬（박승빈《パク・スンビン》：一八八四―一九四三）といった学者たちが、学会の機関誌名を『正音』としたのをはじめ、〈正音〉の呼称は広く用いられた。

今日、韓国でも共和国でも、〈正音〉をそう呼ぶ人は、ほとんどいない。〈正音〉は新たな呼称、新たな衣装を纏って、二〇世紀、二一世紀を生きることとなったのである。

闘う〈正音〉、たたかう〈ハングル〉

正音エクリチュールは一九世紀末から二〇世紀前半の近代朝鮮にあって豊かに開花した。辞書があり、文法書があり、新聞があり、雑誌があり、教科書がある。思想があり、小説があり、詩があった。おそらくその開花は、世宗の夢をもはるかに超えるものであったろう。

一九三三年には金允経（김《キム・》윤《ユン》경《ギョン》）、李秉岐（이《イ・》병《ビョン》기《ギ》）ら、ポスト周時経学派と言うべき人々によって、「ハングル綴字法統一案」が公にされた。今日、南北の正書法にそう大きな違いが見られないのは、他ならぬこの統一案が存在したことが大きい。一九三八年には一〇余万語を収録した文世栄（문《ムン・》세《セ》영《ヨン》）の『朝鮮語辞典』が刊行された。

五〇〇年を経て再生した正音エクリチュール革命を、押しとどめようとするものは、もはや朝鮮語自体の中にはなかった。近代を迎え、正音が闘い、ハングルが闘わねばならなかったのは、一九一〇年、朝鮮を植民地とした帝国の言語、〈日本語〉に他ならなかったからである。

正音エクリチュールは、朝鮮語という言語と文字の総体を守り育てるという闘い、日本語帝国主義との闘いを生きることとなった。三一独立運動の指導者であった詩人・韓龍雲（한《ハン・》용《ヨン》운《ウン》）は、「愛しき人は去りました。ああ、愛しき人は去りました」と失われたものを歌い、詩

人・李相和（이상화《イ・サンファ》）は「今は他者の地——奪われた野にも春は来るのか」と呻吟《しんぎん》した。

一九四二年、朝鮮語学会員一六名が起訴、投獄されるという朝鮮語学会事件では、ここに見る時代区分を提起した学者・李允宰《イ・ユンジェ》も、獄死することになるのであった。朝鮮語の辞書の編纂に力を尽くした学者であった。崔鉉培らも一九四五年の解放を迎えるまで、獄中で闘う。近代朝鮮における正音エクリチュールの開花とは、こうした壮絶なる闘いと共に克ち取られてきたものであった。

獄死した朝鮮語学者・李允宰《イ・ユンジェ》（左）と韓澄《ハン・ジン》

エクリチュールとは、単なる文字を意味しない。それは〈知〉と感性のありとあらゆる細部を支えるものでもある。のみならず、正音エクリチュール革命の道程を見るならば、言語と文字、それを生きること自体が、実は人の生をも脅やかしうるものであることが、ありありと見えてくる。正音エクリチュールはそれを生きようとする人々にとって、記号論的な世界のできごとなどではなく、時に思想となり、人が生きて呼吸する、しばしば人の生き死にを懸けるできごとであった。

証言するエクリチュール

解放後もなお、朝鮮半島は一九五〇年から五三年にかけて朝

鮮戦争が全土を覆うことになった。人が逝き、エクリチュールが証言する。ここに見る「いのち」は、韓国の詩人・申瞳集（신동집《シン・ドンジプ》：一九二四―二〇〇三）、一九五四年の詩集『抒情の流刑』に見える詩である。申瞳集（一九八三）に再録されている。

今日、当然のごとくに読んでいるこうしたハングル・エクリチュールは、世宗たちの意志と実践がなかったら、あるいはローマ字などで書かれていたかもしれない。

목숨

申瞳集

목숨은 때묻었나
절반은 흙이 된 빛깔
황폐한 얼굴엔 表情이 없다

나는 무한히 살고 싶더라
너랑 살아 보고 싶더라
살아서 죽음보다 그리운 것이 되고 싶더라

億萬光年의 玄暗을 거쳐

나의 목숨 안에 와 닿는
한 개의 별빛

우리는 아직도 砲煙의 追憶 속에서
없어진 이름들을 부르고 있다
따뜻이 體溫에 젖어든 이름들

살은 者는 죽은 者를 證言하라
죽은 者는 살은 者를 告發하라
목숨의 條件은 孤獨하다

바라보면 멀리도 왔다마는
나의 뒤 저 편으로
어쩌면 신명나게 바람은 불고 있다
어느 하 많은 時空이 지나
모양 없이 지워질 숨자리에

나의 白鳥는 살아서 돌아오라

いのち

申《シン》・瞳集《ドンジプ》

いのちは汚れたか
半ば土色と化して
荒れすさんだ顔には表情がない

私は無限に生きたかった
おまえと生きてみたかった
生きて　死よりも愛しきものになりたかった

億万光年の玄暗《くらやみ》を経て
我がいのちの中に触れきたる
ひとつの星のひかり

私たちは未だ砲煙の追憶のなかで
失われた名を呼んでいる
温かく体温に染みいった名前と名前

生きた者は死んだ者を証言せよ
死んだ者は生きた者を告発せよ
いのちの条件は孤独である

眺め見れば遠くへと来たものだが
私の後ろ　あのかなたへ
ふと嬉しそうに風は吹いている

ある限りなき時空を過ぎ
あとかたもなく消えゆく息づく在りかに
我が白鳥《しらとり》は生きて帰れ

南北共通の単一辞書へ——共通のエクリチュールを希って

朝鮮半島は南北に分断された。分断も長きに亘《わた》り、そのエクリチュールも互いに少しずつ異なって成長することとなった。今日、南北いずれにも四〇数万語を有するような、大部の優れた辞書が現れている。そうした中で、南北双方の学者たちによって、南北共通の「単一辞書」を作るという、地道にして壮大な作業が進められている。

仕事を推進する学者の一人、ソウル大学校教授であった権《クオン》在一《ジェイル》は言う。南北の「単一辞書」、表記もことばも少しずつ異なる二つの言語圏から、一つの辞書を作り上げる、それが一体どういう役に立つのかと、人々は思うかもしれない。ことばが異なるのだから、辞書としてなど使えないではないかと。しかし自分は思うのだ。一九三三年に「ハングル綴字法統一案」が作られていたおかげで、南北の正書法は、今日、その基本においては同一のものとなっている。もし一九三三年の時点であの統一案がなかったら、南北の正書法は、おそらくはるかに異なったものとなっていただろう。そして互いの距離ももっと大きなものとなっていたに

国立墓地に眠る周時経の墓。
著者撮影

違いない。今私たちが作っている辞書も、あの統一案のようなものではないだろうか。いつの日か南北が統一されたときに、新たな辞書を作るための、一つの基礎としてきっと役立ってくれるだろうと。――二〇〇八年、ハングル学会創立一〇〇周年記念の大会で盟友たちと再会したおり、周時経《チュ・シギョン》が眠る墓へと向かうバスの中で、静かにこう語ってくれたのであった。

二　再びゲシュタルトを問う――近代から現代へ

〈解き書き〉の憧憬

近代に入って、ハングルの〈かたち〉にも様々な変革の試みがなされた。

ハングルは「밤이」pam＋iではなく、「ㅂㅏㅁㅣ」pami のごとくも書ける。ハングルを音節ごとにまとめて書かず、字母を単線的に並べて書く、こうした〈解き書き〉（풀어쓰기《プロッスギ》）については、第3章の五（一八八頁）でも触れた。この〈解き書き〉をし、なおかつ横書きにしようという提唱は、近代におけるハングルの〈かたち〉の変革の試みの一例である。〈解き書き〉の提唱は周時経《チュ・シギョン》に始まり、崔鉉培《チェ・ヒョンベ》ら学者たちは、さらに字形そのものについても、変更を加える提案を行っている。

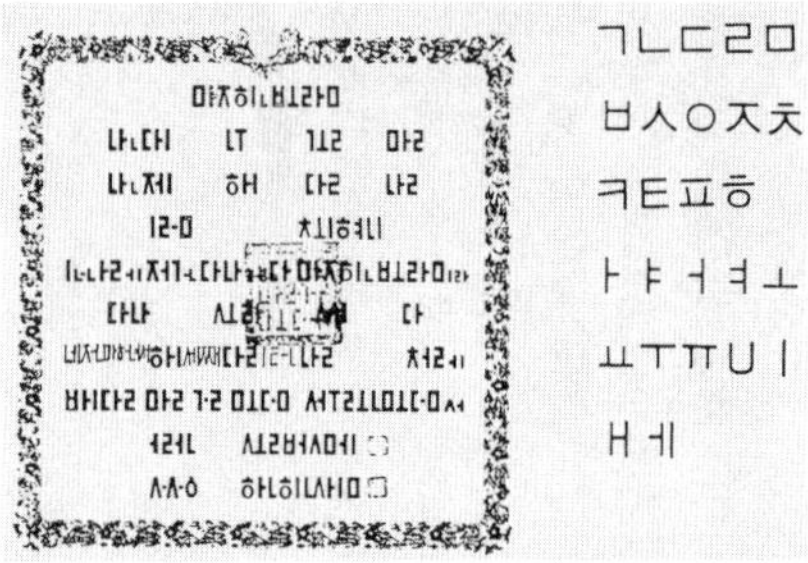

周時経方式の〈解き書き〉による卒業証書。朝鮮語学科研究室編（1991）より

言うまでもなく、〈解き書き〉の提唱の基底には、先進文明たる西欧のラテン文字への憧憬といったものが、見て取れる。

一方では印刷術や文書作成のテクノロジーへの対応という問題が、近代化にとって不可欠の課題であった。このことも〈解き書き〉提唱の現実的な背景となった。

精緻を極めた王朝の印刷術の時代は終わり、近代に入って、既に西欧型の印刷術が世界を席巻している。ハングルは〈解き書き〉であれば、活字の種類は三〇字も要らない。これに対し、音節ごとにまとめて書く、〈組み書き〉（모아《モアッ》쓰기《スギ》）では、初声字母、中声字母、終声字母を組み合わせて一本に鋳造された活字が、実用上は二五〇〇字から三〇〇〇字近く必要となる。たまたま活字がなければ、一本でも新たに鋳造せねばならなくなるのである。

タイプライタの闘い――〈書く〉ことは〈打つ〉こととなった

近代、文書作成においては世に欧文タイプライタが登場している。ハングルでも〈解き書き〉のタイプライタであれば、構造は簡単である。ところが、〈組み書き〉となると、初声、中声の段と、終声の段とに、字母を打つ位置を打ち分ける構造に造らねばならない。

こうして軍隊などでは〈解き書き〉が電信のために用いられた。民間では初声字母、中声字母、終声字母を打ち分ける構造のタイプライタが実用化される。第二次大戦後の韓国ではタイプライタが相当な速度で普及した。タイプライタは〈打字機〉(타자기《タジャギ》)と呼ばれた。日本におけるかなタイプライタや和文タイプライタがほとんど普及していなかったことと比べ、ハングル・タイプライタの普及の速度は対照的である。眼科医師であった公炳禹(공병우《コン・ビョンウ》:一九〇七—九五)が一九四九年に開発したタイプライタが、最初の実用的なハングル・タイプライタとして知られている。公炳禹は一九六九年にはハングル欧文兼用タイプライタも開発している。

タイプライタを実用化するにあたっては、キーの配列が問題になる。欧文では現在はいわゆるQWERTY配列の系統が圧倒しているが、その前史にはいくつかの試みが知られている。韓国でも、タイプライタそのものの開発と並んで、いくつかのキー配列が提起され、公開の打鍵競争なども行われた。

コンピュータの登場——新たな時代の〈用音合字〉と〈かたち〉

〈解き書き〉やハングル・タイプライタ、キー配列をめぐる問題は、一九八〇年代から一九九〇年代に入って、劇的に止揚される。ハングル・ワードプロセッサ専用機の短い時代を経て、韓国ではパーソナル・コンピュータの爆発的な普及を見たからである。

コンピュータにあっては、〈解き書き〉か〈組み書き〉かといった問題や、キー配列の問題は、ソフトウェア上の処理でいかようにも解決がつく。ハングルは、字母を打鍵すれば、字母を自然に音節単位に組み上げて出力してくれることとなった。〈解き書き〉で打てば、自動的に〈組み書き〉に作ってくれる。コンピュータは言ってみれば、ハングルのためにあるようなものとなった。

手書きの入力も音声入力も猛烈に進んでいる。〈解き書き〉と〈組み書き〉、互いの変換とてプログラムを走らせるだけである。ハングル＝ローマ字の相互変換も難しくはない。それどころか、日本語の仮名漢字変換のように、ハングル＝漢字変換も当たり前のように行われることとなった。タイプライタのように打鍵時にアームが絡むなどという事態は、想像さえできないような時代となったのである。

コンピュータ上でハングルを扱う問題への取り組みに、在日朝鮮人・韓国人企業家が牽引する、日本の高電社などのIT企業が先駆的な役割を果たしたことは、記録されてよい。NEC製の、9801シリーズと呼ばれ、日本を席巻していたコンピュータ上で、日本語とハングルを混用できるようなソフトウェアを開発したのであった。未だコンピュータのOS（オペレーティング・システム）などというものも人々が知らず、今やその名さえ忘れられている初期OSのCP／MとMS－DOSがしのぎを削っていた時代のことである。その後、MS－DOS

を勝利せしめ、さらにWindowsを開発したマイクロソフトが、世界を制覇したのであった。
日本のＮＥＣ製のコンピュータに内蔵されていたｉ３８６と呼ばれるＣＰＵ（中央演算装置）は、米国のインテル社のものであった。そのチップを抜いて裏返すと、驚くことにmade in Korea の文字が刻されている。韓国で作ったもので、米国と日本が儲ける、ああ、これが世界産業の支配構造であることかと、嘆息したのもつかの間、ＩＴ産業は韓国が世界に誇る花形産業となり、韓国は日本以上のインターネット先進国となった。

　ハングル・ワードプロセッサ・ソフトウェアである「アレア・ハングル」は、例えば韓国の国語学ではディファクト・スタンダードとなり、学術論文や出版物はほとんどがこれに沿って作られるようになった。ハングルのみならず、何と口訣まで扱えるのである。日本で言えば、普通

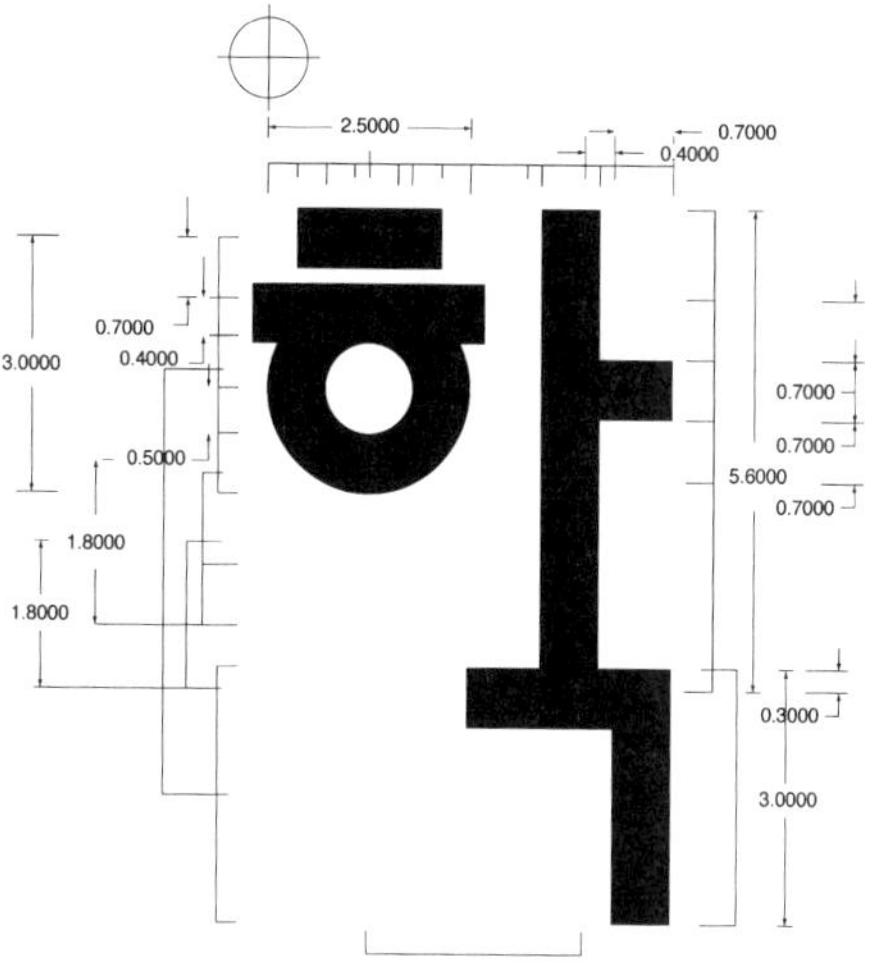

現代のデザイナー安尚秀（안 상수《アン・サン ス》：1952-）によるハングル・タイポグラフィ（1985）Ⓒ ahn graphics

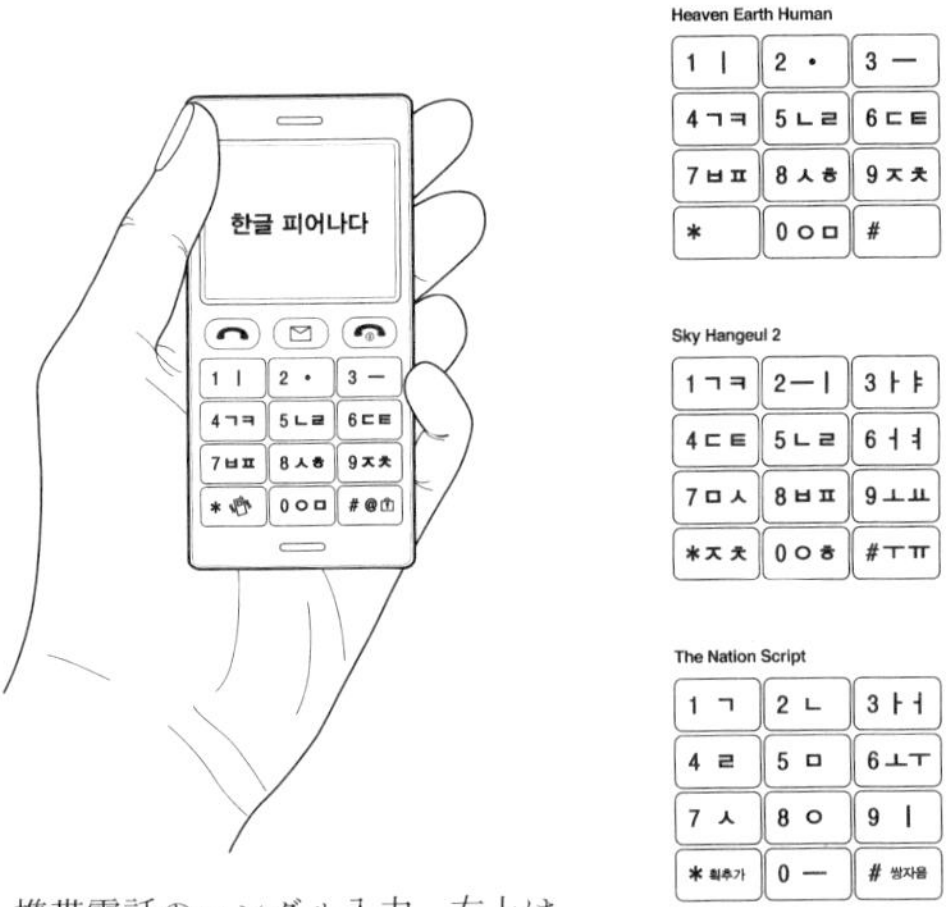

携帯電話のハングル入力。右上は、
「天地人」の字母の組み合わせによる。『訓民正音』の方式が生かされている。ハングル学会主管（2008:59）より

のワープロソフトが変体仮名を扱うようなものである。

多言語を同一のコードで扱う、Unicodeと呼ばれる規格の普及は、ハングルとコンピュータやインターネットの親和性をさらに加速化した。地中海から東方へ至る、あらゆる文字と共に、ハングルはその姿を地球上に現している。

三 飛翔する二一世紀ハングル

世界を飛び交う韓国語＝朝鮮語とハングル

二〇〇〇年代以降、ネトウヨ＝ネット右翼ということばに象徴されるように、日本語圏では民族排外主義が猛威を振るっている。

その一方で、二〇〇三年より放送された韓国ドラマ『冬のソナタ』に代表される韓流ブームの隆盛もまた、二〇〇〇年代以降の大きな特徴である。「冬ソナ」などということばが、日常語になった。

そうした中で、二〇一〇年代以降のハングルと韓国語をめぐる様相の変化は非常に大きなものがある。インターネット上で、何よりもハングルの存在が海外にまで大きく認知され始めた。背景には韓国の経済的な比重の拡大があり、そして直接的な要因は韓国語圏の文化に対する国際的な共感にあると言ってよい。

二〇一三年に登場したＢＴＳ（防弾少年団 방탄《パンタン》소《ソ》년단《ニョンダン》）に象徴される、Ｋ－ＰＯＰを始めとする韓国の大衆音楽の海外への進展は驚異的である。英語で歌われることが当然であった、

「ビルボード」などというヒットチャートに、韓国のアーティストたちが登場する。韓国語＝朝鮮語の歌詞が動画と共にネット上を駆け巡る。YouTube などの動画にあって、動画の内でも外でも、歌詞はローマ字も書かれ、ハングルで書かれもしている。

アジア圏から始まった韓国ドラマの隆盛や、韓国映画に対する国際的な評価も、決定的な役割を果たしている。それらに描かれる韓国の、街の景観にも学校の教室にも、登場人物たちの名が書かれている場面にも、ハングルはあちらこちらに現れている。読めはしなくとも、ハングルという文字の存在が知られるようになっていく。それは例えば日本語圏で、読めずとも、アラビア文字というものがある、なんとなくこんな形だ、という認識でアラビア文字の存在を認知しているようなもの、いやそれ以上の存在感である。

日本では第○次韓流ブームという呼称がもう三度も繰り返され、四度目も現れている。大学の韓国語＝朝鮮語の授業では、「母親が冬ソナを見るときに、子供の頃からいつも一緒に見ていました。小さいとき、私は兄を韓国語で「オッパ」と呼んで、兄は私を韓国語式に「○○ヤ」と呼んでいました」などという日本語母語話者の家庭の証言を、ごく普通に聞くようになった。幼き兄妹を微笑ましく見ている、母親の姿まで浮かんで来ようというものではないか。

中学や高校で韓国語を独学していたという学生も少なくない。

二〇世紀、少年少女たちは、青年たちは、ビートルズを英国のグループとして聞いていたわけではなかった。自分たちの生のうちに生きるグループとして聞いた。ことばの意味が解ろうが、解るまいが、そんなことは重要ではなかった。ことばそれ自体がもうかっこいいわけだから。英語という言語は結果としてごく自然にそこについて来た。同じように二一世紀の今日、少年少女たちは、例えばBTSを韓国のグループとしてではなく、自分たちの生のうちに、日常の中で自分と一緒にいるグループとして聞き、共に踊る。韓国語もハングルも結果としてごく自然にそこに在る。そして少年少女たちは思うのだ――韓国語でことばを交わしたい。

日本語圏にあっては、驚くべきことに、同時代の韓国文学が次々に翻訳され、読書人たちの注目を浴び、また大衆的なベストセラーとなる。エッセイなどへの共感も大きい。

現代の韓国文学翻訳のシリーズ「新しい韓国の文学」の第1巻、女性作家・韓江《ハン・ガン》の短編集『菜食主義者』が出版社・クオンから刊行されたのは、二〇一一年であった。作家も作品も刊行年も象徴的である。それから二〇一〇年代以降は、韓国文学、とりわけ女性によって書かれた作品群が、日本語圏においてはごく自然に共有される時代を迎えている。同シリーズも既に二三冊、いくつもの出版社がそれぞれの仕方で韓国文学の共有を支えている。

日本語圏では朝鮮語＝韓国語を学ぶことが、ごく普通のことになった

日本語圏においては「ハングル」能力検定試験が一九九三年以来、在日のハングル能力検定協会によって実施されている。五五回、述べ四六万人が出願したという。

韓国からもいくつかの能力試験が行われ、一九九七年からは韓国語能力試験（TOPIK）

が実施され、現在は世界七〇カ国以上で行われている。

二〇一九年の文科省の調査では、調査対象の日本の大学六七七校のうち、三四二校で延べ一万一二六五人が朝鮮語＝韓国語を履修している。K－POP（や韓国ドラマ）などからことばを学び始める独習者などまで含めれば、毎年数万の人々が学び始めている勘定になると思われる。

日本放送協会（NHK）は一九八四年に「ハングル講座」の名称でテレビとラジオの双方において朝鮮語＝韓国語講座を開始した。梅田博之《うめだひろゆき》、大江孝男《おおえたかお》という第一線の学者が講師を務める、真摯な講座であった。

二〇〇五年、金珍娥《キム・ジナ》講師、野間秀樹監修になるテレビ講座では、毎月のテキストが初めて二色刷、一〇〇頁を超える学習テキストとなった。その四月号は二二万部を超え、一つの記録を作ったと言われた。言うまでもないことだが、テレビ講座の視聴者の全てがテキストを入手するわけではない。むしろ手にする人の方が、少ないだろう。当時、数字を調査したり公開したりはしていないけれども、NHKではテキスト販売部数の四、五倍の人々が番組を視聴していると見積もっていた。大雑把に言えば、戦後言われた〈百万人の英語〉ならぬ〈百万人の朝鮮語＝韓国語〉の時代となったというわけである。

二〇一〇年代に出版自体は下降線を辿るわけだけれども、朝鮮語＝韓国語の学習書については、注目しておこう。一つの重要な指標を挙げよう。音源つきの本格的な学習雑誌『韓国語学習ジャーナル hana』が二〇一四年から出版社・HANAから刊行されている。同社によれば、創刊号は実売一万六〇〇〇部、近年は毎号六〇〇〇部ほどで推移しているという。現在まで四〇号を数える。注目すべきは同誌が学習人口の多い入門用ではなく、明らかに中級、もしくはその前後の学習者を対象としている点である。日本語圏で中級用の本格的な一五〇〇円近い価格の学習雑誌を、毎号六〇〇〇人が確実に購入する。これは一般の新書などでもある程度のベストセラー群でない限り、なかなか難しい数値だろう。

学習書について尋ねたところでは、A社は八〇点ほど、B社は五〇点ほどが、それぞれ一社で現在刊行中だという。これだけでも驚きである。B社ではTOPIK試験の対策本が九刷、三万部という。序でも触れたように、Amazonで「韓国語入門」を検索すれば、一〇〇〇件以上、「ハングル入門」でも二〇〇件以上がヒットし、「韓国語」だけなら、もちろん品切れや絶版も多々入っているけれども、何と三万件以上がヒットする。二〇〇〇年代に刊行されていた著者自身の単語集も、累計一〇万部近くを記録し、二〇一〇年刊行の他ならぬ『ハングルの誕生』の新書版は三万部を超えている。

他方、二〇〇五年以前には書物が担っていた相当な部分を、二〇〇六年以降には動画が担うようになった。YouTube の登場がその起爆剤である。言語学習でもこれに漏れず、現在、朝鮮語＝韓国語を学ぶ動画は、膨大な数が現れている。Google で「韓国語入門 youtube」を検索し、「動画」だけ見ても、四一万六〇〇〇が挙がっている。YouTube 内部で「韓国語入門」

を検索してみると、一〇〇万を超える視聴回数を誇る動画も、少なくない。数万などという動画は到底見切れないほどある。

もっとも、学習教材という観点から見た動画の質は、絶句するほどにとんでもないものも多いのだけれども、視聴する人々の学ぼうという熱は、それらの視聴回数のほうに表れていると言えよう。

二〇世紀には多くの朝鮮語＝韓国語学習者が「なんで朝鮮語なんかやってるの」といぶかしがられた。二一世紀の今は、ネトウヨのような人ならいざ知らず、そんな質問をする人のほうが、珍しいだろう。

年ごとの変化などはあっても、少なくとも日本語圏における朝鮮語＝韓国語についての関心は、もう誰も抗《あらが》えない、巨大な流れなのであって、その流れは間違いなく拡大している。人々の学ぼうという熱は、民族排外主義がどんなにあがこうとも、もう押しとどめることはできない。

IT革命はまさにハングルのためのフィールドとなった

ＩＴ革命は、ラテン文字で書かれた英語が、事実上牽引するものであった。キーボードを見れば、この点は歴然としている。こうしたＩＴ革命に対する親和性という点でもハングルは、次のような理由で、有利な文字体系であった。

第一にハングル・タイプライタで培われた文字の入力が、ローマ字入力の原理に沿っていて、容易であった。第二に、漢字を交えない、ハングル専用が主流となり、日本語のような仮名漢字変換というプロセスを必ずしも踏む必要がなかった。第三に、ハングルは縦書きと横書きの両方が可能であるが、後述するように、左横書きが主流となり、左横書きが主導するIT革命と併走しやすかった。第四に、文節ごとの分かち書きが、基本的に確立していた。第五に、ハングルの出力は表音的でありながら半ば表語的な性格も帯びたシステムであるけれども、入力は表音的なシステムであったので、音声と文字の相互変換が、文字としては比較的容易なほうに属し、〈話されたことば〉と〈書かれたことば〉の相互変換の可能性も大きく開かれていた。

コーパス言語学の進展と新たなる辞書群の登場

二〇世紀後半には、言語資料を大量に収集し、言語データとして用いることが、英語圏で始まった。収集した言語資料体をコーパス（corpus）と呼び、コーパスに依拠する言語学をコーパス言語学と言う。資料体は“〇〇 Corpus”のように呼び、いくつかのコーパスをまとめて呼ぶときは、複数形で例えば“English corpora”などのように言う。草創期、米国ブラウン大学のブラウン・コーパス（Brown Corpus）は一〇〇万語を擁する英語コーパスであった。一九六四年に完成している。ちなみに韓国の文芸評論家、白楽晴（백낙청《ペク・ナクチョン》）は同大学で学んでいる。

コーパス言語学は言語事実主義的な発想になるものであったから、米国における主知主義的、理論主義的な生成文法の隆盛との齟齬などもあったからか、その後、米国よりむしろ経験主義的な伝統を擁する英国など、ヨーロッパで進んだ。英国のランカスター大学、オックスフォード大学などが進めたThe British National Corpus、BNCは一九九四年に完成した。一億語のBritish Einglish からなるという。

　朝鮮民主主義人民共和国では、一九九二年には既に全二巻、三三万語の、社会科学院言語学研究所編『朝鮮語大辞典』（조선말《チョソンマル》대《テ》사전《サジョン》）が刊行されている。共和国最大の辞書である。同辞書は約一〇五万語からなる言語コーパスへの単語の出現頻度を示している点で、コーパス言語学との関わりからも注目される。コーパスを利用した、最初の朝鮮語辞書と言えよう。また基本的な語彙の音の高低も表示しているのは、現代朝鮮語の試みとしては嚆矢である。

　韓国でも一九八〇年代末葉からコーパスの構築が開始された。金錫得《キム・ソクトゥク》、南基心《ナム・ギシム》、金河守《キム・ハス》、徐尚揆《ソ・サンギュ》といった優れた学者たちを擁する延世（연세《ヨンセ》）大学では、一九六〇年代以降の小説などから四二〇〇万文節を擁する延世韓国語コーパスが構築された。これを筆頭に一九九〇年代以降、韓国ではコーパス言語学が劇的に進んだ。

　延世コーパスを用いて、延世大学言語情報開発研究院編『延世韓国語辞典』（斗山東亜《トゥサンドンア》刊行）が編纂され、一九九八年に刊行されている。見出し語約五万語は、出現頻度で選定されており、〈辞書にあるけれど、実際には使われない〉などということがなくなった。〈ここにある単語と用法は安心して使える辞書〉が初めて生まれたことになる。用法や語義記述にも言語事実主義的な様々な記述の工夫が見られる。既存の辞書から作ったものではなく、コーパスに立脚し、言語事実の検討から創り上げた、韓国初の朝鮮語辞書である。海外における朝鮮語教育などにも多大な貢献をする辞書となった。

一九九五年には高麗大学民族文化研究所でも一〇〇〇万文節のコーパスが構築されている。韓国の国立国語院では一九九二年からコーパスを構築、一九九九年には、七三〇〇頁、五〇万語を擁する『標準国語大辞典』（斗山東亜刊行）が誕生している。古語、地域語＝方言、韓国とは異なる共和国の語彙も収録した、文字通り最大の辞書である。現在はＷｅｂで公開され、少しずつ改訂増補されている。

基本的な語彙であるほど、多様な意味に用いられるのは、朝鮮語も同様である。徐尚揆《ソ・サンギュ》（二〇一四）『韓国語基本語彙意味頻度辞典』は基本語彙について、それぞれどのような意味で用いられているかを、一〇〇万文節からの出現頻度という形で可視化し記述した、画期的な辞書となった。なお、意味は人間が判断せねばならないので、意味に関わるところは、プログラムを書いて出来上がり、とはいかない。同辞書も一九九八年から始め、完成までに一〇年以上かかったと、前書きで吐露している。徐尚揆ら延世大学の研究者たちを中心とするコーパス言語学の様々な観点からの成果は、既に三〇冊近くの単行本としても公刊されている。

なお、韓国では、corpus のところには外来語ではない「ことばの集まり」の意の固有語を用いて、「コーパス言語学」を一般に「말뭉치《マルムンチ》 언어학《オノハク》」と呼んでいる。

言語学的な観点から見ると、ハングル専用であること、文節ごとの分かち書きが定着していたことは、コーパスの構築には圧倒的に有利な条件となった。このことは日本語の表記法と比べてみれば、歴然としている。日本語は、漢字表記の問題が立ちはだかる。「行く」「いく」「ゆく」……。さらにまた、分かち書きをしないので、どこからどこまでを一つの単語として分節するかを、機械が判断できねばならない。この過程を形態素分析と呼ぶ。形態素分析それ自体はとても面白い問題で、問題を解決しながらの収穫もいろいろ多いわけだけれども、この形態素分析の段階を経ねばならぬことが、日本語のコーパス言語学では常に難問として立ちはだかるわけである。

国立国語院と開かれた巨大な辞書群

韓国において研究行政の点からも特筆すべきことが今一つある。それは国立国語院という機関の貢献についてである。

一九九〇年、日本の文部科学省に相当する文化部に所属の機関として、国立国語研究院が置かれた。院長は朝鮮語史の権威、ソウル大学校教授の安秉禧（안 병희《アン・ビョンヒ》）であった。二〇〇四年から名称は国立国語院となっている。国語の発展と国民の言語生活向上のための事業の推進と研究活動の管掌を謳う機関である。一九八四年の国語研究所を母体としたものであった。

前述の国語研究院コーパスの構築と『標準国語大辞典』の編纂は最初の大きな成果である。国語院の「가나다《カナダ》電話」「オンライン가나다《カナダ》」では正書法や標準語規定、語法など、韓国語

についての一般からの質問に答えている。また一九九八年からの「21世紀世宗《セジョン》計画」の名で、巨大な言語コーパスの構築などを核とする韓国語情報化事業の推進を図っている。

さらに様々な規範集の公開などネット上の様々な事業、とりわけ次のような四種の膨大な辞書群の構築と公開は、比較的に短い期間に成し遂げられた、言語に関する国家的な事業として、驚嘆に値する。

(a) 規範的な辞書としての『標準国語大辞典』
(b) 誰でも編纂に参画をできるよう一般に開かれた、辞書『우리말샘《ウリマルセム》』
(c) 日英露西中仏語、アラビア語、インドネシア語、モンゴル語、ベトナム語、タイ語という11言語で語義を確認できる韓国語基礎語彙の辞書『韓国語基礎辞典』
(d) 動画を活用した『韓国手話辞典』

(a)については前述した。古語、人名や地名など固有名詞も含む。

(b)は古語、地域語=方言、新語、流行語、俗語、固有名詞などまでを擁する。一般の人々が提起し、国語院の監修を経て、公開するという、ユニークな仕組みとなっている。〈開かれた辞書〉と言ってよい。これには(a)にもないような流行語、俗語も豊富に含まれていて、驚かされる。『우리말샘《ウリマルセム》』の名称も公募を経て決定されたもので、「我らがことばの泉」の意。なお

「샘《セム》」が今日広く使われるようになった「先生」の意の俗語でもあるので、「私たちのことばの先生《センセー》」といった意にとることもできるあたりは、なかなかに憎い。

(c)は非母語話者を対象とした学習辞書である。簡潔な用例と、11言語による対訳語を知ることができる。

(d)の手話辞典はハングルから検索できるのはもちろん、「一般生活手話」「専門用語手話」などと、それらの下位分類から、分野別に検索できるよう、構成されている。

どれも固有語、漢字語、外来語、混種語という語種別に検索したり、単語の音節数=文字数を限定して検索したり、挿絵や動画などビジュアルな項目を検索したり、通常のPCやスマートフォンなどでは入力しにくい古語のハングルも入力できるようになっているなど、至れり尽くせりの、様々な検索が可能になっている。もちろん漢字語には漢字が表記されている。要するに国語院のサイトだけで、韓国語=朝鮮語のことはとりあえず何でも調べることができるわけである。

(a)は二〇〇二年公開、二〇〇八年改訂、(b)(c)(d)は二〇一六年の公開である。

https://www.korean.go.kr/

韓国国際交流財団、韓国文学翻訳院、韓国文化院、そして国立ハングル博物館——国家的な支援

韓国では外務省に相当する外交部傘下に、韓国国際交流財団（Korea Foundation）が一九九一年に設立され、海外との文化的な交流事業、また海外の韓国文化研究の支援や、韓国文化関連書籍について、各国の出版社への支援などを行ってきており、日本語圏でも研究や出版は多大な恩恵を被っている。出版支援は海外での主体的な企画出版に対して行われている。

二〇〇五年には、日本の文部科学省にあたる文化体育観光部所管の韓国文学翻訳院（Literature Translation Institute of Korea）が設立された。こちらは国際交流財団とは異なり、韓国文学の他言語への翻訳出版支援が中心で、漫画、映画なども含めた翻訳家の養成、文学者たちの交流支援なども行っている。前身の法人の時代の二〇〇一年から二〇一九年までに三八の言語の一七一四点の翻訳出版を支援している。

また海外三二ヵ国（二〇一八年）では韓国文化院（Korean Cultural Center）の活動が韓国文化普及の重要な根拠地となっている。文化体育観光部系列の機関である。日本でも東京の韓国文化院は施設も充実しており、展示会や映画上映会、スピーチコンテストといった各種のイベントなど、文化交流のハブ、そして発信地となっている。

公的な機関として、世宗《セジョン》学堂財団（King Sejong Institute Foundation）が五四ヵ国（二〇一五年）に展開する、世宗学堂がある。事業は韓国語教育、韓国文化教育を核としている。

このようにざっと見ただけでも解るように、韓国の公的機関がハングルや韓国語の海外での研究、普及には重要な役割を果たしている。それ以前の出版支援の積み重ねがなかったら、二〇二〇年頃の韓国文学ブームなど、到底ありえないものであったろう。学術的、文化的な交流に対する貢献も絶大なものがあると言ってよい。

二〇一四年一〇月、ソウルの龍山区、国立中央博物館の隣に国立ハングル博物館が開館したことも、一つの時代の象徴的な出来事である。謂わば日本で「国立仮名博物館」「国立文字博物館」などという文字の博物館を国が創るようなものである。地下一階、地上三階の建築物を有する。これも文化体育観光部の所属になる。言語的、芸術的、歴史的な観点はもちろん、現代のタイポグラフィやデザインなどの観点からも、ハングルに関わる様々な企画展や収集、研究、学術交流、広報などを行っており、同館から刊行される図録には、貴重なものが多い。

日本の公益財団法人である日韓文化交流基金（The Japan-Korea Cultural Foundation）の貢献や、在日コリアンによる活動として、二〇一二年から公益財団法人となっている、韓昌祐《ハン・チャンウ》・哲《てつ》文化財団（Han Chang-Woo・Tetsu Cultural Foundation）の文化的な研究や活動の支援、また、大学生、高校生への奨学・育英事業に携わる、公益財団法人・朝鮮奨学会（The Korean Scholarship Foundation）の活動も特記しておこう。

自らの言語を生きる闘い――日本の朝鮮学校

言語を守り育て、言語を生きるという観点からは、日本における朝鮮学校の意義はいくら強調してもし過ぎることはない。私たちが学ぶべきことがらがそこにはある。

一九四五年八月、解放後の文字通り廃墟の中から、〈国語講習所〉という形で、謂わば手弁当で民族語教育が開始されたのであった。各地に幼稚班、初級学校、中級学校、高級学校を開校し、一方で朝鮮師範学校を開設、それを母体の一つとして一九五六年には二年制の朝鮮大学校が設立された。朝鮮大学校は一九五八年には四年制となっている。現在、東京都小平市にある。なお、朝鮮師範学校から朝鮮大学校に至る過程では、母語話者の教員たちと共に、後に一九八〇年代、九〇年代の日本語学を牽引することになる言語学者・奥田靖雄(一九一九—二〇〇二)が教鞭を執っていたことは、あまり知られていない。

こうした過程において一九九四年には、女子生徒の制服であるチマ・チョゴリが日本の各地で切り裂かれる事件が起こり、同制服での通学が控えられるようになった。考えてもみよう、日本では驚くべきことに、中高校生が民族服さえ着用できないのである。

二〇〇九年には小学生たちの前で差別的なことばを吐きながら、大人たちが情宣活動を行うという、民族排外主義による京都の朝鮮初級学校への攻撃も起こる。

他方、二〇一〇年代の日本の高校授業料無償化からは行政権力によって朝鮮高校が対象から外され、何と司法権力もこれに追随するなどという、日本司法史にまで恥ずべき事態が起こった。言論のほとんどはこれらを批判もできていない。かくのごとく生徒たちは今なお、公然たる差別抑圧のただなかに置かれている。いや、これは受身文ではなく、能動文でこう表現すべきであろう——日本では国家権力を先頭に私たちが皆でよってたかって朝鮮学校の子供たちを差別し、踏みつけている。ハングルという文字の今日は、このような差別抑圧に抗する、貴い闘いが築き上げている。

本書第1章三の四〇頁でも強調したように、言語は、そして言語の学びは、人に固有のものとして無条件に尊ばれねばならない。言語、そして言語の学習＝教育は、この点で人が人として生きる根幹に関わっている。本書のここでの記述にあるいは首肯できない方がおられたら、他の言語圏において日本語を学ぶ子供たちが、「スパイの子供やないか」などと大人たちに拡声器でどなられ、あるいは少女たちが街の祭りに着て出た浴衣《ゆかた》を切り裂かれるなどといったことを、想像してみればよい。そして例えばだが、もし日本の総理大臣や政治がとんでもない極悪非道であったとしても、世界のどこであれ、そして民族の如何を問わず、日本語を学ぼうとする子供たちの学びは、絶対に抑圧されてはならない。このように立場を代えてみれば、子供でも解る。政治を理由に教育を抑圧するような、〈教育＝学び〉と政治との区別もついていない行政や司法は、そしてもちろん立法も、私たちがただちに取り替えねばなるまい。繰り返す。言語と言語の学びは、決して奪われてはならない。

ハングルをめぐるIT、ICTの時代の超書誌学＝超文字論

書物の時代に書誌学（bibliography）が生まれた。日本に現存する朝鮮本についての藤本幸夫（二〇〇六、二〇一八）などという偉業は、文字通り前人未踏、書誌学の象徴である。

こうした書誌学は文字の身体をめぐる学問であり、〈文字によって書かれたことば〉の言語

場のありようを知る学問でもある。換言すれば書誌学とは、〈書かれたことば〉がいかに在るかという、言語存在論的な問いから言語場を探る営みの、決定的な核となる学問である。

それでは電子書籍の時代にはもう書誌学は滅びるのか？　ＩＴ（Information Technology＝情報技術）、ＩＣＴ（Information and Communication Technology＝情報通信技術）の時代にはもういわばノスタルジックな〈考古学としての書誌学〉になってしまうのか？　違う。紙の書物を扱う書誌学と同時に、ＩＴ、ＩＣＴの時代の全く新たな書誌学が要請されるのである。ＩＴの時代の文字の身体や〈書かれたことば〉の言語場を探る書誌学が。つまり紙の書物を対象とする書誌学に、ＩＴを対象とする書誌学が加わるだけではなく、それらを統合して位置づけうるような書誌学が、求められるのである。単に紙という対象が電子という対象に変わるのではない。そもそも紙にも電子にもなぜ文字というものが存在しうるのかといった、根本的な問いから問い直す書誌学が求められるわけである。そうした学問を〈ＩＴ書誌学〉や〈ＩＣＴ書誌学〉とでも呼ぶべきか。いやいやそんな手垢のついたようなことばでは、本質が見えない。そもそもそれでは伝統的な書誌学の大切な結晶が抜け落ちてしまう。伝統的な書誌学が培ってきた英知に、新しい対象を加えるだけではなく、それらを総括し、止揚しうる、より深い視座を獲得せねばならない。〈超書誌学〉（hyper-bibliography）くらいのほうが、かえって名が体を表すかもしれない。これは文字がその身を横たえる身体の側からの名づけであって、文字の機能の側から言えば、〈超文字論〉（hyper-grammatology）ということになる。ただ、文字論の方はもともとと文字の本質や機能を問題にする分野なので、あえて超を付す必要はないのだが。新たな視座を強調するときにだけ、用いればいい。

こうした〈超書誌学〉〈超文字論〉が新たに加えて扱うべき対象は、現段階では普通、IT、ICTの、とりわけ工学的な下位分野として扱われている。主な対象がコンピュータとネットワークに関わることがらだからである。

私たちがこれまで見ているのは、ハングルという文字体系をめぐることどもであった。要するに、人の世に文字が生まれるとはどのようなことか、〈書かれたことば〉が息づくとはどのようなことか、という問いを問うてきたのであった。そうした問いとして、現代のハングルや文字のありようを問うこと。これがこれからの〈超書誌学〉〈超文字論〉の問いである。既存の学問の足場に立って言うなら、IT工学などで扱われていた、文字や〈書かれたことば〉をめぐることどもを、言語学的な、さらに言えば言語存在論的な視座から総合的に照らし直すという営みとなる。

フォントやタイポグラフィ、文字コード、出版、電子書籍、〈話されたことば〉と〈書かれたことば〉の相互浸透と相互転換、人と文字とのインターフェイス、入力＝翻訳＝貯蔵＝複製＝転送＝反復＝拡散などという過程がほとんどあっという間に遂行される現代の〈書かれたことば〉……、扱うべき領野は広いけれども、〈書かれたことば〉とそれを担う文字という観点からは、既存の書誌学をも内包しつつ、一つの思考対象として大きく統合することができる。

例えば人の〈書く〉という営みは、甲骨や石に刻す営みであった。やがて色づける営みとなり、筆が生まれる。木や竹や布や紙に文字はその身を横たえた。

> 〈書かれたことば〉は綴じられ、編まれ、時を得る。竹の札に記された竹簡《ちくかん》、薄絹《うすぎぬ》に認められた帛書《はくしょ》、そして紙が綺麗に巻かれた巻子本《かんすぼん》、あたかも糊で連なる胡蝶のような粘《でっ》葉本《ちょうぼん》、律儀に縫われ、綴じられた線装本《せんそうぼん》。巻物を紐解き、書物を繰《く》るとは、〈書かれたことば〉が時を得る営みである。……（中略）……
>
> 他方、〈書かれたことば〉を永きに亘《わた》って支えてきた書物のありようも、電子書籍と称される何者かの登場によって、激しく揺らいでいる。刻され、塗られ、刷られてきた〈書かれたことば〉は、やがてピアノのごとくに打たれ《タイプされ》るものとなり、化粧のように触れられ《タップされ》るものとなり、電子的な皮膜《スクリーン》にあっては、〈書かれたことば〉自らが光り始める。
>
> 野間秀樹（二〇二一b：五）

要するに〈書く〉という営みに注目しただけでも、かくのごとく一つの緩やかなる巨《おお》きな変容として位置づけることが、可能となる。私たちは目の前の対象が、紙かディスプレイかなどといった、現象的な違いだけに意識が引き摺られていては、いけない。〈書かれたことば〉という言語の存在様式を照らすなら、そこには必ず本質的な機制が潜んでいる。そうした本質的な機制のうちにあって、紙は紙としての、ディスプレイはディスプレイとしての、それぞれ固有の現象的な違いが立ち現れるわけである。

二一世紀のハングルをめぐって

ハングルの超書誌学を見るには、次の諸点に注目しよう。まずテクストの意匠が決定的な変化を遂げた。

(a) 左横書きが圧倒的な主流となる
(b) ハングル専用表記が圧倒的な主流となる

朝鮮語の〈書かれたことば〉のテクスチュアが、漢字とハングルが混ざった縦書きからハングル専用の横書きへ移行し、相対的に平坦な姿となった。

その一方で、出版やDTP（デスクトップ・パブリシング）、書物、書店、PCとネットワーク、フォントと文字コード、YouTubeなどの動画など、言語場をめぐる様々な条件が劇的な変容を遂げたのであった。

左横書き、ハングル専用表記が圧倒的な主流となる

既に見たように、〈訓民正音〉はその誕生の時から、基本的に縦書きが主流であった。建築物などで横書きする場合には右からの右横書きが基本であった。これは近代に入ってからも基本的な流れであったけれども、言語学者の周時経《チュ・シギョン》やその弟子・崔鉉培《チェ・ヒョンベ》は左横書きを積極的に導入、推進しようとした。日本統治下での朝鮮語出版物は基本的には縦書きであった。

解放後、朝鮮民主主義人民共和国においては、既に一九五〇年代から完全に左横書き、ハングル専用の表記となっており、漢字は辞書の漢字語の表示や古典など以外には、全く用いない。『労働新聞』なども徹底している。

大韓民国でも教科書の一部は左横書きであったが、文庫や新書などは一九八〇年代まで縦書きが残っていた。一九四七年には光州で刊行されていた地方紙『湖南新聞』(호남신문)が韓国最初の左横書きの新聞となった。

一九八八年創刊の『ハンギョレ新聞』(한겨레신문)は韓国の全国紙としては初めて、左横書き、さらにハングル専用表記を採用した。内容も進歩的な論調であったから、非常に斬新な印象を与える紙面となった。九六年には名称も漢字語の「新聞」を落とし、固有語だけからなる『ハンギョレ』(한겨레)となる。「大いなる同胞《はらから》」の意、現代語では同音異義で「一つの同胞」とも読める。

一九九五年には『中央日報』が、一九九八年に『東亞日報』が、翌年には最後まで縦書きであった『朝鮮日報』までもが横書きとなった。

左横書きへと移行した要因は何であったろう。第一に欧米の文字や算用数字との親和性、第二にハングル・タイプライタの普及といった条件が横書きへ眼を向けさせる要因となった。しかしハングルの左横書きを決定的に推進したのは、何と言ってもコンピュータとインターネットの普及である。PCとネットの世界は左横書きの世界だったからである。一九九〇年代に保守的な新聞までが全て左横書きになった時間的な経緯を見ても、そのことは歴然としている。

漢字混用表記か、ハングル専用表記か

第1章四節で見たように、朝鮮語の語彙は、日本語の語彙と同様、和語に相当する固有語、漢語に相当する漢字語、西欧語などからの外来語という三層からなっている。現在の朝鮮語ではこのうち漢字語だけが漢字でも表記される。日本語では和語＝固有語についても訓読みを用いた漢字使用は行っているけれども、朝鮮語ではそうした漢字使用は行っていない。なお、古代には借字表記法によって朝鮮語の固有語を漢字で表記することも、行われたのであった。

要するに朝鮮語の表記には次の二通りがあることになる。

(a) 全てハングルだけで書く
(b) 漢字語を漢字で書く

(b)は漢字語の全てを漢字で書くこともできるし、任意に選んで漢字で書くこともできる。既に見たように、漢字一文字は常にハングル一文字なので、漢字を交えても交えなくても、全体の文字数も位置も変わらない。

(a)(b)の具体的な例は、日本語とも併せて、第5章二の「漢字とハングルの混用」二五四頁で垣間見た。

朝鮮語を書くのに、(a)のようにハングルだけで書く表記法を、韓国では〈ハングル専用〉と言う。漢字を交えて書く(b)のような表記は〈国漢文混用〉あるいは〈漢字混用〉と呼ぶ。この場合の「漢文」はこれまで見てきた漢文の意ではなく、「漢字」の意である。「名前は漢文でどう書くの」といった具合に、現在の韓国では「漢文」を「漢字」の意でも日常的に用いている。

この漢字混用とハングル専用の現代の論争も激しいものがあった。漢字をめぐる知の問題、古典との関わりの問題、学習＝教育上の問題、筆記＝入力の問題、タイポグラフィの問題、中国語や日本語など他の漢字文化圏との関わりの問題など、様々な観点から議論百出といった状態であった。どの問題でも観点を変えれば、謂わば(a)(b)どちらにも肩入れできてしまうので、論争は簡単に決着がつきはしない。

ただしこの論争を日本語における漢字使用と同じように考えては、本質を見誤る。ハングル専用を、あたかも日本語を仮名だけで表記するようなものだと考えたとしたら、それはハングルという文字がいかなるものか、全く見えていない証左である。

端的にこう言うことができる。日本語を仮名だけで書いたのでは、人々がそれに慣れていないという、経験値の小ささを勘案したとしても、はなはだ読みにくくなる。分かち書きをしてもやはり苦しい。ところが、ハングルは朝鮮語をハングルだけで書いても、一向に困らないのである。そのことは南北を貫く、現在のハングル専用の実践が証明している。

しばしば言挙げされる、同音異義語云々は、言語使用のうちですぐに淘汰されるので、実は大きな問題ではない。言語にあっては、紛らわしいことばは、すぐに言い換えるように作られている。

私たちがここで注目すべきは、まさに文字論の本質的な機制についてである。〈形音義トライアングル〉が文字の本質的な機制であることを、第2章二の「〈形音義〉はいかに在るか」以降、八四―八八頁で見た。

日本語にあっては仮名一文字である形態素を特定することは極めて難しい。体言だけに限ったとしても、「か」だの「へ」だの「や」などなら「蚊」「屁」「矢」くらいに定まりそうだが、出現頻度の高い名詞を押さえることが、なかなか困難である。「き」は「木」で決まるのではと思っても、「気」が気になったり、「い」なら「胃」しかないのではと思っても、「意」に外れる。用言にあってはもうお手上げ状態である。仮名一文字では決まった動詞や形容詞を特定できない。

ところが、ハングルで朝鮮語を書く場合は大きく異なってくる。「있」（ある・いる）、「없」

ろいろある。

（ない・いない）などといった極めて高頻度の用言が一文字で特定できるし、動詞に限っても、「읽」（読む）、「받」（受ける）、「앉」（座る）、「놓」（置く）、「넣」（入れる）、「씻」（洗う）などい

こうした違いは次の二点からもたらされるものである。（一）日本語の音節構造が簡素なのに対し、朝鮮語の音節構造は日本語に比べ、複雑である。こうした音韻論的な条件。（二）今一つ、他ならぬハングルが、二つ、三つ、四つの要素を組み合わせて一文字に造る仕組みとなっているという文字論的な条件。

（二）の条件は、ハングルは英語で言えば、in とか she とか get とか give とか walk などのように、二つ―四つの字母＝要素からなる単語を、それぞれ一文字に組み上げるようなものだということを意味する。そのように組み上げられた〈かたち〉がテクストのあちこちに埋まっているわけであるから、当然のごとくに、意味を把握しやすい。こうしたありようは仮名では味わうことはできないわけで、仮名書きの日本語とハングル専用の朝鮮語を同列に置くこと自体が、ナンセンスだということになる。〈形音義トライアングル〉の〈形〉を、英語を表すラテン文字は複数の字母の連なりで構成するのに、ハングルでは複数の字母を立体的に組み上げた一文字でも構成しうるわけである。朝鮮語を描くこうしたハングルの表語性が、まさにハングル専用の実践性、実用性を支えているわけである。

ハングル専用は現代だけではなく、古くにもいくらでも存在している。第5章五の二六九頁

漢字混用表記は漢字とハングルが同じような資格で並び立っているように、現象的には見えるけれども、

実は基層にハングルのテクストが存在し、そこに漢字が埋め込まれているという構造からなっている。漢字混用のエクリチュールもまさにハングル・エクリチュールが支えているのである

で触れた、一七世紀の国文小説などもそうであったし、第6章三の三〇一頁以降で見た、宮体の例もそうであった。

なお、文字であるから、漢字を学ばねば、漢字漢文で書かれた朝鮮語圏の古典は読めない。

漢字混用表記もハングル・エクリチュールが支えている

ハングル専用は仮名書き日本語のようなものだという誤解と並んで、今一つの誤解を解いておこう。こちらの誤解は母語話者でも陥りやすい誤解である。

「漢字混用は〈漢字＋ハングル〉という構造から成り立っている」と錯覚する誤解である。現象的にはテクストのテクスチュアは確かにそのようになっている。漢字とハングルが交互に現れるわけであるから。しかし文字論的な構造、言語存在論的な構造からは、漢字混用表記は、どこまでも基層にハングル・エクリチュールがあり、そこに漢字が埋め込まれているに過ぎない。ハングルの基層がなければ、漢字はそこに存在し続けることができず、ばらばらに転げ落ちてしまうのである。つまり漢字混用という現象的な意匠を見せながらも、そこに存在するのは、本質的にはどこまでもハングルというエクリチュールの基層なのである。

このことは他ならぬ『訓民正音解例本』の姿と比べてみると、よく解る。解例本は古典中国語を基礎にした漢文で書かれていた。そこに例として正音が埋め込まれていた。稀に「孔子は魯の人」などという文が埋め込まれていた。これらのテクストから正音を抜き取っても、意味が曖昧になりこそすれ、漢文の基層は崩れない。逆に、漢文を除いてしまうと、もはや正音自体はその存在のありかを失い、崩れ落ちるしかない。

現象的に表面の意匠がどのような文字かということと、そのテクストの基層をどの文字が支えているかということとは、別のことなのである。漢字混用のエクリチュールも、まさにハングルが可能にしているわけである。

出版、ＩＴをめぐる変容

ハングルをめぐる超書誌学のフィールドでは、二一世紀を迎え、さらにまた別の劇的な変容が見られた。

一九九〇年代のＩＢＭ互換ＰＣ、Windows と Mac OS、ＣＤとＤＶＤ、二〇〇〇年代のインターネット、iPod などの音声機器、YouTube の登場、二〇一〇年代の Samsung Galaxy と iPhone に代表されるスマートフォン、iPad に代表されるタブレット、Amazon Kindle を始めとする電子書籍、二〇二〇年代の Zoom に象徴されるＷｅｂ会議など、言語と文字をめぐって言語場の巨大な変容が続いている。超書誌学の関心はいやでも惹きつけられるというものである。

他方で二〇〇〇年代以降の韓国における坡州（파주《パジュ》）出版都市の形成は特記しておこう。ソウルに集中していた出版社とその関連企業が、イムジン河を臨む都市・坡州に大挙して移転し、一大出版都市を形成したのであった。二〇二一年現在なお出版団地が拡大している。これはおそらく世界史上でも稀に見る巨大な実験と言えよう。他ならぬ『ハングルの誕生』の韓国語版も坡州の出版社、돌베개《トルベゲ》から刊行されている。

出版に関しても二〇〇〇年代後半から急速に拡大した組版アプリケーション、Adobe InDesign との親和性も手伝って、ワープロソフト、Hancom のアレア・ハングルの存在感は二〇二〇年代に入った今も衰えていない。国語学などではアレア・ハングルは事実上の標準となっており、投稿規定にまで指定されている。なお韓国語版の InDesign も日本語版同様、縦組みをサポートしている。

二〇一四年、一七年に、Adobe と Google は共同で Pan-CJK 日中韓フォントを開発、無償で公開した。セリフとサン・セリフ、つまり明朝系とゴシック系、それぞれ数種のウェイト（文

Hancom の〈MallangMallang マルランマルラン体〉のフォント設計の概念図
말랑말랑《マルランマルラン》は柔らかい触感を表す擬態語。〈ぽにょぽにょ体〉ほどの意

字の太さ）を擁する、本格的なものである。それ以前は言語ごとに例えば同じ漢字であっても字形がばらばらで、複数言語の併用は可能でも、視覚的な統一性に欠けていた。このフォントの公開は画期的なできごとだと言える。例えば日本語で書かれた韓国語の教材などを組むにしても、原稿執筆はもちろん、組版ソフト上のフォント指定も手間がか

かる作業である。この点も劇的に改善されるわけで、一つのフォント指定で複数言語を扱うことが可能となった。もちろんMS-Wordなどでも使える。このフォントを本文などに用いた書籍は、まだ珍しいと思われるので、関心のある向きは、野間秀樹（二〇二一b）『言語 この希望に満ちたもの』（北海道大学出版会）を参看されたい。同書は日本語の中にハングルや漢字の簡体字、繁体字が混ざって現れる。このフォントを本文に用い、著者自身がInDesignで組版を行ったものである。なお欧文部分には別のフォントを使用している。

韓国のフォント産業は二〇〇〇年代以降、猛烈な進化を見ている。書籍だけでなく、Ｗｅｂや各種の商品などにも用いられるわけで、ハングルのフォントも様々にデザインされ、楽しませてくれている。なお、前述のPan-CJKフォント作成にはSandoll Communicationsといった、韓国のフォント企業が参画している。

一方で、ブック・デザインなどに現れる、ハングル・タイポグラフィの隆盛にも、注目したい。具体的に多くの図版などで紹介できないので、Ｗｅｂなどでご覧いただくしかないのが残念なほどに、デザインの水準はなべて非常に高い。

二〇〇〇年代以降は韓国でもオンライン書店が一般的なものとなっていった。なお、二〇〇〇年にAmazonは日本に進出したけれども、韓国には進出していない。一九九八年金大中《キム・デジュン》政権以降のインターネットの大規模な回線の整備などの助けもあって、韓国では一九九〇年代

末からEコマースが普及し始めていたのであった。一九九七年には三大書店の一つであった鐘路書籍（종로서적《チョンノソジョク》）がネット書店を開始、一九九九年にはオンライン書店YES24（예스이십사《イエスシシプサ》）が登場した。日本の紀伊國屋書店のように、全国への店舗とオンラインの双方で展開する教保文庫（교보문고《キョボムンゴ》）が、二〇二一年には書籍販売の一位、オンライン書店YES24が二位となっている。

書籍、出版と並んで、YouTubeをはじめとする動画サイトが〈話されたことば〉と〈書かれたことば〉双方の、新たな言語場のありようをもたらしていることは、既に触れたとおりである。動画の中でもハングルのフォントが元気を放っている。

こうした言語場の巨大な変容によって、私たちの身を置く環境のうちにも、また掌の中の小さな携帯デバイスにも、ことばが押し寄せる生を、私たちは生きている。押し寄せることば、ことばによって、私たちの生はあたかも〈ことばのパンデミック〉とも言うべき状態にまで至ってしまう。もちろんこんなことは人類史上で私たち人類が初めて体験する事態である。私たちはこうした言語場の巨大な変容のただなかにあって、ハングルという文字の生きるありようにはいよいよ注目してよいだろう。文字を問い、言語を問いながら。

現代のハングル・タイポグラフィの美学は、多様な言語場でその〈かたち〉の美しさを競っている。歴史に登場した〈正音〉の〈かたち〉が、王朝の印刷術と共にあったように、現代に至り、ハングルの〈かたち〉もまたテクノロジーと共にあり、様々な新たなる衣装を纏《まと》うこととなった。

字母を組み上げて文字を造るシステム、一五世紀、王朝にあって崔萬理らが〈用音合字〉と呼んで驚愕したシステムは、新たなる時代となって、さらに豊かな可能性を誇るものとなった。ハングルという文字システムが持つ可能性を、活かしうるかどうかは、言うまでもなく、文字ではなく、人が担うべき課題である。その人とはもちろん、歴史の子である。

終章

普遍への契機としての〈訓民正音〉

申師任堂（신사임당《シン・サ イムダン》：1504-51）の絵画。湖巖美術館編（1996）より

『訓民正音』を読むということ

〈文字が文字自らを語る書物〉としての『訓民正音』

私たちは〈訓民正音〉と呼ばれる文字の誕生と成長を見てきた。〈正音〉の誕生と成長は単なる文字の歴史に留まらないことがわかろう。

『訓民正音』という書物。有史以来、文字とは、あるいは石に刻まれ、あるいは骨や甲羅に刻されて歴史の中に現れるものであった。それに対して〈訓民正音〉は、何と、版木に彫られ、紙に刷り、それを製本し、書物に編んで世界史の中に登場した。その書物には何が書かれていただろう。そこには〈正音〉は誰《た》がために、いかなる目的で造られた、〈正音〉はかくなるシステムである、〈正音〉はこのように書くのである、乞い願わくは、〈正音〉を見る者に、師なくして自ら悟らしめんことを——こう書かれてあった。

『訓民正音』諺解本はさらに〈正音〉でこのように書くのだということを、〈正音〉自身がいかんなく示している。『訓民正音』という書物は、〈正音〉が自ら私はかくなる文字である、私はこう書けるのだということを示している。

〈正音〉は〈文字自らが文字自らを語る書物〉として世界史の中に登場した『訓民正音』という書物はこうした点において、そのありよう自体が、稀有な存在である。その存在のしかたそれ自体が、世界文字史上、比類なき光芒を放つのである。

〈訓民正音〉——エクリチュールの奇跡

文字とは、何ものかについて語られたものである。ロゼッタストーンでもよい、広開土王碑でもよい、パピルスでも、甲骨でも、書物でもよい、それが断片であれ全体であれ、文字とは常に何ものかを語るものである。そういう意味で文字とは、常に過去に物語られた歴史、ヒストーリエ Historie である。それを読み解く者にとって、文字とは、語られた何かを、過去に語られたものとして読むものである。

これに対し、『訓民正音』という書物は、それを繙《ひもと》く読み手にとって、文字の誕生という原初そのものに出会う仕掛けである。その文字を読む者にとって、その文字自身の原初を、〈読む〉という言語場において経験させる装置である。

いかにも『訓民正音』も過去の書物であり、過去の歴史である。しかしながら、その書を〈読む〉とき、そこに立ち現れるのは、単に過去に語られた歴史なのではない。〈音が文字となる〉、〈ことばが文字となる〉原初が、常に、読み手自身に〈いまここで〉できごととして生起《ゲシェーエン》する歴史、ゲシヒテ Geschichte である。

文字の原初は知りがたい。しかし〈訓民正音＝ハングル〉は私たちに文字の原初と文字が生きるさまを教えてくれる。そして言語と文字をめぐる豊かな問いを投げかけてくれる。

〈正音〉を見ることは、このような意味において、世界に数ある文字、既にあった文字の一つを見ることとは、決定的に異なっている。一つの言語の文字であることを超え、類としての人間の文字として私たちの前に在る。

誕生して五〇〇年を経た後になお、世界にかろうじて残されていた『訓民正音』解例本の原本そのものも、慶尚北道の古家では人々が囲み、おそらくそれぞれが文字なるものを知る歓び、音が文字となる驚きと共に、正音を学んでいたのであった。

〈訓民正音〉とは、ユーラシア東方の極に現れた、エクリチュールの奇跡である。

ことばとは何か、文字とは何か、人間にとって文字とは、エクリチュールとは、知とは何か、といった普遍へと導いてくれる、稀有なる奇跡である。

文献案内

この文献案内では、本文に示していないもので、日本語で書かれた書物を中心に挙げる。参考文献一覧には、史料、影印の類は載せていない。

序章　ハングルの素描
第1章　ハングルと言語をめぐって

日本語で書かれた、ハングルと朝鮮語＝韓国語への入門用独習書は数百種がある。正しくかつ楽しく入門することは、決定的に重要である。恐縮であるが、文字と発音など、少ない量でとりあえず易しいところだけ入門してみるには、野間秀樹（二〇二一a）を、入門から初級までの学習には野

李亨禄『冊架図』19世紀。안휘준《アン・フィジュン》［安輝濬］（2004）より

間秀樹（二〇〇七）、野間秀樹・金珍娥《キム・ジナ》（二〇〇七）、野間秀樹・村田寛・金珍娥（二〇〇四）、また権在淑《クォン・チェスク》（一九九五）を推薦する。教室用教科書としては、美しい漫画と共に学ぶ野間秀樹・金珍娥・中島仁《なかじまひとし》・須賀井義教《すがいよしのり》（二〇一〇）や、野間秀樹・村田寛・金珍娥（二〇〇七／二〇〇八）、金珍娥・野間秀樹・村田寛（二〇二一）が良い。これらは読み書きだけでなく、実際に〈話す〉ことを目的意識的に位置づけている。中級用学習書も徐々に増えている。野間秀樹・金珍娥（二〇〇四）、野間秀樹（二〇〇七ａ）を薦める。中上級のためには雑誌『韓国語学習ジャーナルhana』（ＨＡＮＡ）がある。

朝鮮語＝日本語辞書は、油谷幸利《ゆたにゆきとし》・門脇誠一《かどわきせいいち》・松尾勇《まつおいさむ》・高島淑郎《たかしまよしろう》編（一九九三）、菅野裕臣《かんのひろおみ》他編（一九八八／一九九一）が良い。朝鮮語の辞書については中島仁（二〇〇八）が詳しい。

児童用の文字入門として、こどもくらぶ著・野間秀樹監修（二〇〇四）がある。

日本語で書かれた文法辞典としては、白峰子《ペク・ポンジャ》（二〇〇四／二〇一九）がある。基礎的な文法は、菅野裕臣（一九八一ａ）、菅野裕臣他（一九八八／一九九一）、野間秀樹（二〇〇七）などで学べる。文法書としては趙義成《チョ・ウイソン》（二〇一五）があり、対照言語学的な観点が生きている中島仁（二〇二一）が薦められる。文法研究としては野間秀樹（二〇一二）を見よ。

朝鮮語の言語学的な概説としては、河野六郎《こうのろくろう》（一九五五）が古典的な位置を占め、梅田博之《うめだひろゆき》（一九八九ａ）が信頼できる記述である。より入門的なものに野間秀樹（一九九八ａ）がある。一冊にまとまった概説書としては李翊燮《イ・イクソプ》・李相億《イ・サンオク》・蔡琬《チェ・ワン》（二〇〇四）が有用である。

朝鮮語学、朝鮮語教育、日本語と朝鮮語の対照言語学などの講座として、野間秀樹編著（二〇〇七、二〇〇八、二〇一二、二〇一八）『韓国語教育論講座』は常備したい。四巻までで三〇〇〇頁を超え、七〇名以上の日韓の研究者が執筆者として集っている。言語と言語教育のことを知るには、まず第一にこれにあたってみる価値があろう。韓国の言語だけでなく、共和国の言語、中央アジアの朝鮮語や中国延辺地方の朝鮮語も扱い、文学、映画、漫画、飲食、歴史、宗教など言語と関わりのある周辺分野についても扱っている。他の言語圏にもこうした書物はない。一巻は二千数百箇所、四巻は一万箇所以上を参照する索引を付すなど、どの巻もことがら辞典的な利用も可能である。

現代朝鮮語を対象とした朝鮮語学の文献案内としては野間秀樹（二〇〇八c）がある。

一五世紀の朝鮮語など、朝鮮語の古語については、志部昭平《しぶしょうへい》（一九八六ab）、朝鮮語史については、名著・李基文《イ・ギムン》（一九七五）が不可欠の基本的文献である。独自の見解も多いが、金東昭《キム・ドンソ》（二〇〇三）が日本語で読める。文献案内として、伊藤英人（二〇〇八）、趙義成《チョ・ウイソン》（二〇〇八b）を薦めたい。朝鮮語の歴史的研究の研究史には小倉進平《おぐらしんぺい》著、河野六郎増訂補注（一九六四）、藤本幸夫《ふじもとゆきお》（一九九七）がある。朝鮮語史の研究史としては임용기《イム・ヨンギ》・홍윤표《ホン・ユンピョ》［林龍基・洪允杓］편（二〇〇六）が最も新しいものの一つである。

朴泳濬《パク・ヨンジュン》・柴政坤《シ・ジョンゴン》・鄭 珠里《チョン・ジュリ》・崔 炅鳳《チェ・ギョンボン》（二〇〇七）はハングルの前史と誕生、発展を主題としている。韓国で出版された書の日本語訳で、こうした主題の書として貴重である。本書の後に読まれれば、より理解し易いであろう。

母語、母国語、国語、外国語などの概念をめぐっては、亀井孝《かめいたかし》（一九七一）、田中克彦（一九八一、一九八九）、イ・ヨンスク（一九九六）、安田敏朗《やすだとしあき》（一九九七、一九九八）、川村湊《かわむらみなと》（一九九四）、デリダ（二〇〇一）、山本真弓編著、臼井裕之・木村護郎クリストフ（二〇〇四）、真田信治・庄司博史編（二〇〇五）、津田幸男（二〇〇六）、津田幸男編著（二〇〇五）、野間秀樹（二〇〇七b）などを参照。

〈言語はいかに在るか〉〈言語はいかに実現するか〉という問いに立って、言語と文字を考える原理論として野間秀樹（二〇一八e）『言語存在論』を参照。ハングルや文字を考える本書の根幹の思想は同書に拠っている。野間秀樹（二〇〇八ab）はその序説、野間秀樹（二〇〇九b）は言語存在論的な観点から現代朝鮮語研究における実践を述べたもの、野間秀樹（二〇二一b）は、そうした原理論に立脚した、謂わば日常の実践論で、ことばのパンデミックとも言うべき今日における、言語に対する〈構え〉を、と述べる。言語と意味をめぐっては、柄谷行人《からたにこうじん》（一九八六）が重要である。

オノマトペについては、一般言語学的な総論として野間秀樹（二〇〇一、二〇〇八d）、朝鮮語のオノマトペについては、青山秀夫（一九八六）、青山秀夫編著（一九九一）、野間秀樹（一九九〇b、一九九二、一九九八b）を参照。一五世紀のオノマトペについては、朝鮮語で書かれた남풍현《ナム・プンヒョン》［南豊鉉］（一九九三）などを参照。日本語に関してはオノマトペの辞書も数種類が出

ている。

第2章 〈正音〉誕生の磁場

漢字については、牛島徳次・香坂順一・藤堂明保《とうどうあきやす》編（一九六七／一九八一五）、藤堂明保（一九六七／一九八一五、一九七七）、中国語の上古音、中古音などまで示した漢和辞書・藤堂明保編（一九七八）、藤堂明保・相原茂（一九八五）、平山久雄《ひらやまひさを》（一九六七）、白川漢字学の出発点・白川静《しらかわしずか》（一九七〇）、とりわけ河野六郎（一九七九ab、一九八〇）、中国語学研究会編（一九六九／一九七九五）、阿辻哲次（一九九四、一九九九）、中田祝夫・林史典《はやしちかふみ》（二〇〇〇）、大島正二（二〇〇三、二〇〇六）などに、本書も大いに助けられた。亀井孝・大藤時彦《おおとうときひこ》・山田俊雄編（一九六三／一九七〇七）とその改版、亀井孝・大藤時彦・山田俊雄編（二〇〇七）は、日本語から文字というものを考える上では、必読であろう。

漢文の受容や訓読をめぐっては、平川南編（二〇〇〇）、子安宣邦《こやすのぶくに》（二〇〇三）、国立歴史民俗博物館／平川南編（二〇〇五）、村田雄二郎、C・ラマール編（二〇〇五）、加藤徹（二〇〇六）、鐘江宏之《かねがえひろゆき》（二〇〇八）、笹原宏之《ささはらひろゆき》（二〇〇八）、中村春作《なかむらしゅんさく》・市來津由彦《いちきつゆひこ》・田尻祐一郎・前田勉編（二〇〇八）、小林芳規《こばやしよしのり》（二〇〇九b）などが、刺激的な論議を行っている。朝鮮語などの訓読、口訣、日本語の訓読との関係、吏読や郷札など借字表記などについては、小倉進平《おぐらしんぺい》（一九二九）、中樞院調査課編（一九三六）、河野六郎（一九七九a）、菅野裕臣（一九八一b）、藤本幸夫（一九八六、一九八八、一九九二）、岸俊男編（一九八八）、南豊鉉《ナム・プンヒョン》（一九九七、二〇〇七、二〇〇九a）、小林芳規・西村浩子（二〇〇一）、小林芳規（二〇〇二、二〇〇九）、庄垣内正弘《しょうがいとまさひろ》（二〇〇三）、李《リ・》成市《ソンシ》（二〇〇〇）、鄭光《チョン・グァン》・北郷照夫《ほんごうてるお》（二〇〇六）、伊藤英人（二〇〇四、二〇〇八）、朴鎭浩《パク・チノ》（二〇〇九）などに教えられた。日本語で書かれた口訣の入門として鄭在永《チョン・ジェヨン》・安大鉉《アン・デヒョン》（二〇一八）が解りやすい。

藤本幸夫編（二〇一四）は日本と韓国の研究者たちが交流する中で結実した、漢文訓読研究の一つの集大成。日本語ではないが、南豊鉉（一九八一、一九九九、二〇〇〇、二〇〇九b）の古代語などに関する一連の研究は、時代を牽引する、重要な著作群である。金完鎭《キム・ワンジン》（一九八〇）、李丞宰《イ・スンジェ》（一九九二）なども参照。朝鮮語で書かれた簡潔な研究史としては、장윤희《チャン・ユニ》［張允熙］（二〇〇三、二〇〇四）、정재영《チョン・ジェヨン》［鄭在永］（二〇〇三、二〇〇六）、한재영《ハン・ジェヨン》［韓在永］（二〇〇三）などがある。

例に挙げた『舊譯仁王經《くやくにんのうぎょう》』の読法《どくほう》や敬語法については、やや専門的になるが、小倉進平（一九二九）、沈在箕《シム・ジェギ》（一九七五）、李丞宰（一九九六）、南星祐《ナム・ソンウ》・鄭在永（一九九八）、南豊鉉（二〇〇九b）参照。須賀井義教のWebサイトも参照。その解説や資料にも助けられた。

韓国の文字研究としては、송기중《ソン・ギジュン》・이현희《イ・ヒョニ》・정재영《チョン・ジェヨン》・장윤희《チャン・ユニ》・한재영《ハン・ジェヨン》・황문환《ファン・ムヌアン》［宋基中・李賢熙・鄭在永・張允熙・韓在永・黃文煥］（二〇〇三）などがある。

朝鮮古代の地名の言語学的な問題については、李基文（一九七五、一九八三）、白鳥庫吉（一九八六）などを参照。後者は題名こそ『朝鮮史研究』であるが、内容は地名学や言語学に関わる論考が豊富である。

中国語と朝鮮語をめぐる詳細な文献目録に、遠藤光暁《えんどうみつあき》・嚴翼相《オム・イクサン》編（二〇〇八）がある。

文字の概説としては、ジャン（一九九〇）、クルマス（二〇一四）などを始め、欧米のものの翻訳が少なくない。文字の原理などを扱う文字論としては、何と言っても河野六郎（一九九四）が必読。もともとは河野六郎（一九七七）で述べられていたものである。また河野六郎・西田龍雄（一九九五）も見よ。

ユーラシアの文字をめぐっては、本文でも参看したように、東京外国語大学アジア・アフリカ言語文化研究所編（二〇〇五ｃ）がわかりやすい。さらに橋本萬太郎編（一九八〇）、一連の西田文字学・西田龍雄（一九八二、一九八四、二〇〇二）、西田龍雄編（一九八一／一九八六）を参照。ユーラシアの言語については、東京外国語大学語学研究所編（一九九八ａｂ）が簡便である。町田和彦編（二〇一一、二〇二一）や庄司博史編（二〇一五）では世界の文字と言語を楽しみながら知ることができる。町田健（二〇〇八）『言語世界地図』は新書版の地域ごとの簡便な言語地図。専門的な言語地図は入手も難しいので、これでおおまかに地理的、空間的な把握をしておくとよい。

一般音声学や一般言語学の入門書については、朝鮮語を視野に入れている、後藤斉《ごとうひとし》（二〇〇八）、風間伸次郎（二〇〇八）、益子幸江《ますこゆきえ》（二〇〇八）の文献案内が役立つ。ソシュールについてはソシュール（一九四〇）とその改訳であるソシュール（一九四〇／一九七二）に併せて、丸山圭三郎編、富盛伸夫・前田英樹・丸山圭三郎他著（一九八五）をぜひ参看したい。ソシュールを核として広く言語学一般を照らしてくれる。ソシュール（二〇〇三、二〇〇七）と照らし合わせても、興味は尽きない。ソシュールの「『一般言語学』講義を可能なかぎり授業の順序どおりに読むことを試みる」という体験をしながら、一九世紀から二〇世紀への言語学と言語思想を克明に検めてゆくのが、互盛央（二〇〇九）。

　言語音そのものを見る音声学については、いくつかの入門書があるが、日本語を対象にした斉藤純男《さいとうよしお》（二〇〇六）がわかりやすい。英語音声学であれば、ラディフォギッド（一九九九）などが基本的文献である。朝鮮語の音声学については、野間秀樹（二〇〇七c）参照。朝鮮語で書かれた概論には、이호영《イ・ホヨン》［李豪榮］（一九九六）などがあり、先駆的な研究書として우메다히로유키《うめだひろゆき》［梅田博之］（一九八三）がある。

　音素などは言語学の基本的な概念で、音韻論で扱う。音韻論については、朝鮮語や日本語を素材にした野間秀樹（二〇〇七d）を参照されたい。伝統的な音韻論を概観するには、ヨーアンセン（一九七八）があり、プラハ学派や旧ソ連、英国などの音韻論については小泉保・牧野勤（一九七二）がある。中国音韻学については第2章の参考文献にあげた漢字関連の書物を見られたい。日本語の音韻については、大野晋・柴田武編（一九七七a）、上村幸雄《うえむらゆきお》（一九八九）、杉藤美代子《すぎとうみよこ》編（一九八九）などを参照。

アクセントについては、上野善道《うわのぜんどう》（一九七七、一九八九）、早田輝洋《はやたてるひろ》（一九七七）参照。中期朝鮮語のアクセントについては福井玲（一九八五）、また伊藤智《いとうち》ゆき（一九九九）参照。日本語のアクセント辞典として、NHK放送文化研究所編（一九九八）、秋永一枝《あきながかずえ》編、金田一春彦監修（二〇〇一）がある。

形態音韻論を日本語でわかりやすく解いた書物や論考は、ほとんどないと言ってよい。朝鮮語や日本語を素材にした野間秀樹（二〇〇七e）と同稿の参考文献一覧を参照されたい。〈終声の初声化〉などの詳細も同稿で扱っている。日本と違って、とりわけ韓国では形態音韻論の専門的な論考は、송 철의《ソン・チョリ》［宋喆儀］（二〇〇八）などを始め、非常に豊富である。これも言語的な特徴の反映であるのみならず、ハングルという文字との関わりへの関心の反映であろう。

トゥルベツコイの音韻論、形態音韻論はトゥルベツコイ（一九八〇）がある。

日本語の表記や他の言語との表記の関わりについては、武部良明《たけべよしあき》編（一九八九）、加藤彰彦編（一九八九）がある。朝鮮語の表記に関して、ローマ字表記については金珍娥《キム・ジナ》（二〇〇七）、片仮名表記については梅田博之（一九八九b）や熊谷明泰《くまたにあきやす》（二〇〇七）、外来語表記については中島仁（二〇〇七）を参照。

『訓民正音』解例本への入門には、趙義成《チョ・ウィソン》（二〇〇八a）が簡潔ながら、良い。志部昭平《しぶしょうへい》（一九八五）も参照。『訓民正音』をめぐる本格的な論考としては、何と言っても姜信沆《カン・シンハン》（一九九三）とその原著・姜信沆（二〇〇三a）を第一に挙げねばならない。本書も多くをこれに依拠している。前述の李基文《イ・ギムン》（一九七五）、『訓民正音』を核とした論考の集成である中村完《なかむらたもつ》（一九九五）、日本語ではないが、韓国を代表する文献学者、言語学者であった安秉禧《アン・ビョンヒ》（안 병희：一九三三—二〇〇六）の『訓民正音』関連の論考集・安秉禧（二〇〇七）なども重要である。欧文文献であるが、Kim-Renaud, Young-Key (ed.) (1997) も参照。이현희《イ・ヒョニ》［李賢熙］（二〇〇三）では研究史を簡潔明解に得ることができる。최현배《チェ・ヒョンベ》［崔鉉培］（一九四〇／一九八二）と金允經《キム・ユンギョン》（一九三八／一九八五）も参照。『訓民正音』解例本発見の経緯は、김주원《キム・ジュウォン》［金周源］（二〇〇五a）に詳しい。『訓民正音』解例本については、平凡社東洋文庫から趙義成訳註（二〇一〇）がある。『訓民正音』の音韻体系については、福井玲（二〇〇三）を参照。朝鮮語の音韻史についての研究書として福井玲（二〇一二）がある。

第4章 〈正音〉エクリチュール革命——ハングルの誕生

鄭麟趾《チョン・インジ》の序など『訓民正音』解例本や、『訓民正音』諺解本、崔萬理《チェ・マルリ》の上疏文は、姜信沆

（一九九三）、趙義成訳註（二〇一〇）で読める。

〈話されたことば〉と〈書かれたことば〉については、まだまだその本質的な議論が深められているとは言えない。具体的な言語研究でもこの区別はしばしば混同されている。オング（一九九一）、河野六郎（一九七七、一九九四）、デリダの論考は重要なものが多いが、とりわけデリダ（二〇〇一）、また野間秀樹（二〇〇八ａｂ）、金珍娥（二〇一三）は〈話されたことば〉の実現体である談話を文法論的な視座から照射し、日本語東京方言、朝鮮語ソウル方言話者、一六〇名の実際の談話を解析している。本書によって韓国語と日本語の実際の〈話されたことば〉の姿が初めて文法的に照らし出されたと言ってよい。〈話されたことば〉を扱う〈談話論〉のエッセンスは、金珍娥（二〇一二）で摑める。

飜訳と諺解の意義については、野間秀樹（二〇〇七ｂ）も参照。

『龍飛《りゅうひ》御天歌《ぎょてんか》』については朝鮮語原文への註釈『龍歌故語箋』を含む前間《まえま》恭作《きょうさく》（一九七四）がある。全文の日本語訳などはまだない。小倉進平著、河野六郎増訂補注（一九六四）なども参照。

第5章　〈正音〉エクリチュールの創出

日本漢字音や中国語の字音、韻書などについては前述の藤堂明保編（一九七八）など漢字に関する文献を見られたい。朝鮮漢字音や漢字語については、菅野裕臣（二〇〇四）、伊藤英人

（二〇〇七ａｂ）が薦められる。専門書であるが、伊藤智ゆき（二〇〇七）は河野六郎（一九七九ｂ）以来の本格的な朝鮮漢字音研究である。

詩文の日朝交流などについては、李鍾默《イ・ジョンムク》（二〇〇二）があり、朝鮮通信使については、仲尾宏（二〇〇七）がある。実際の紀行文などは、宋希璟《ソン・ヒギョン》著、村井章介校注（一九八七）、姜在彦《カン・ジェオン》訳注（一九七四）、金仁謙《キム・インギョム》著、高島淑郎《たかしましろう》訳注（一九九九）などで読める。雨森芳洲《あめのもりほうしゅう》については上垣外憲一《かみがいとけんいち》（一九八九）がある。

『東國正韻』『釋譜詳節』などの古文献については、小倉進平著、河野六郎増訂補注（一九六四）が、今日なお欠かせない重要文献であり、本書も依拠するところ大である。志部昭平《しぶしょうへい》（一九八六ａｂ）、中村完（一九九五）も参照。朝鮮語で書かれたものとしては、이현희《イ・ヒョニ》［李賢熙］（一九九六）が正音文献を簡潔にまとめている。安秉禧《アン・ビョンヒ》（一九九二ａｂ）はハングル文献をはじめ朝鮮語史研究に不可欠の基本的書籍となっている。최현배《チェ・ヒョンベ》［崔鉉培］（一九四〇／一九八二）、洪起文《ホン・ギムン》（一九四六／一九八八）、金允經《キム・ユンギョン》（一九三八／一九八五）も参照。

日本に残存する朝鮮文献を訪ね歩き、総網羅せんとする藤本幸夫《ふじもとゆきお》（二〇〇六、二〇一八）は、その四十年の孤高の闘いの結晶である。その研覈《けんかく》の部では、刊記、金属活字の種類、序文、跋《ばつ》文、刻手名、紙質、蔵書印に至るまで精査することによって、それぞれの書物の出版経緯、刊者、刊年、刊地、同版異版の精緻な解明が行われる。文字通り、不滅とも言うべき、金字塔。

正音以後の朝鮮語史と日本語史の関わりについては、辻星児《つじせいじ》（一九九七ａｂ）が示唆するところ大である。辻星児（一九九七b）は、一七世紀に朝鮮の司訳院《しやくいん》という機関で作られた日本語学習のための教科書である『捷解新語《しょうかいしんご》』についての研究書であるが、その第一部「朝鮮語史における日本資料」では、研究史も含めて、朝鮮語史における日本資料の概観と意義を得ることができる。朝鮮語と中国語の関わりの中では、金文京《きんぶんきょう》・玄幸子《げんゆきこ》・佐藤晴彦訳注、鄭光《チョン・グァン》解説（二〇〇二）も参照。

本文でも触れた『諺解三綱行實圖』についての志部昭平（一九九〇）は、言語学的、文献学的研究が見事に統一された名著である。一五世紀朝鮮語を本格的に学ぶためにも有用である。索引が別冊となっている。『千字文』などについては、小川環樹・木田章義注解（一九九七）、藤本幸夫（一九八〇、一九九〇）、후지모토 유키오《ふじもとゆきお》［藤本幸夫］（二〇〇六）、洪允杓《ホン・ユンピョ》（二〇〇九）参照。反切表《はんせつひょう》と呼ばれるハングル字母表と、ハングル教育をめぐる問題を扱った論考に、宋《ソン》・喆儀《チョリ》（二〇〇九）がある。

『杜詩諺解』については、朝鮮語で書かれた이현희《イ・ヒョニ》［李賢熙］・이호권《イ・ホグォン》［李浩權］・이종묵《イ・ジョンムク》［李鍾默］・강석중《カン・ソクチュン》［姜晳中］（一九九七ab）が詳細な分析を加えている。

時調については、野崎充彦《のざきみつひこ》（二〇〇八）で概略を得たい。対訳書に若松實（一九七九）がある。パンソリについては姜漢永《カン・ハニョン》・田中明訳注（一九八二）とその解説が参考になる。朝鮮の詩歌史については、金允浩《キム・ユンホ》（一九八七）がある。詩の対訳書として、金素雲《キム・ソウン》（一九七八）、大村益夫《おおむらますお》（一九九八）を薦めたい。古典を中心とする文学史全般としては、山田恭子（二〇〇八）、近現

代文学史としては白川豊《しらかわゆたか》（二〇〇八）が入門的論考であり、単行本としては金思燁《キム・サヨプ》（一九七三）、金東旭《キム・ドンウク》（一九七四）、小説史は金台俊《キム・テジュン》（一九七五）がある。現代韓国文学研究まで含めた朝鮮文学研究の網羅的な解説目録として渡辺直紀（二〇〇八）が薦められる。波田野節子・斎藤真理子・きむふな共編（二〇二〇）は旅と文学という視点から六〇人の作家、作品を扱った現代韓国文学入門。金素雲と翻訳をめぐる鮮烈な論考、四方田犬彦（二〇〇七）。燕山君と正音をめぐる問題については、姜信沆《カン・シンハン》（一九九三）に詳しい。千葉県館山市に残る正音の石碑については、石和田秀幸（二〇〇一）参照。四面石塔を素材にした文字論に노마히데키［野間秀樹］（二〇一七）がある。

なお、日本語で読める朝鮮史の概略については、梶村秀樹（一九七七）、朝鮮史研究会編（一九八一、一九九五）、武田幸男編（一九八五）、礪波護《となみまもる》・武田幸男（一九九七／二〇〇八）、岸本美緒・宮嶋博史（一九九八／二〇〇八）などがある。武田幸男編（二〇〇〇）が最も新しい概説書である。朝鮮近代史研究についての月脚達彦《つきあしたつひこ》（二〇〇八a）も参照。

第6章　〈正音〉——ゲシュタルト（かたち）の変革

朝鮮における書については任昌淳《イム・チャンスン》編（一九七五）、飯島春敬編（一九七五）、書学書道史学会編（二〇〇五）を参照。正音の書については、本書も朴炳千《パク・ピョンチョン》（一九八三、一九八五）に多くを

学んでいる。예술의《イェスレ》 전당《チョンダン》［藝術의 殿堂］（一九九四）も参照。これらは朝鮮語で書かれたものである。ハングルの書体の変遷などについては、野間秀樹（一九八五）、朝鮮語で書かれた한글학회《ハングルハックェ》［한글學會］（一九九五）、김두식《キム・ドゥシク》（二〇〇八）などを参照。

朝鮮の絵画については、朝鮮語文献であるが、안휘준《アン・フィジュン》［安輝濬］（一九八〇）が必携。一四〇〇点余りの白黒とカラーの図版や「用語解説」「歴代画家略譜」なども付されている。안휘준［安輝濬］（二〇〇四）はさらに新しい研究成果で、一〇〇点余りのカラー図版も美しい。一九九六年、ソウルの湖巌《ホアム》美術館で開催された「朝鮮前期国宝展」では、日本の天理大学中央図書館蔵になる「夢遊桃源圖」が公開された。蓋《けだ》し絶品である。湖巌美術館編（一九九六）は同展の図録と解説。朝鮮の絵画では、山水画などのほか、民画と呼ばれる絵画群も注目したい。李朝民画の画集、伊丹潤編、水尾比呂志・李禹煥《イ・ウファン》解説（一九七五）は一見の価値がある。文字絵なども朝鮮民画の重要なモチーフである。朝鮮語で書かれた李禹煥の民画論として、李禹煥（一九七七）がある。이성미《イ・ソンミ》 외（二〇〇五）も参照。

正音で書かれた書簡などについては、朝鮮語で書かれた金一根《キム・イルグン》編註（一九五九）、金一根（一九八六）がある。

中国の芸術論についての福永光司《ふくながみつじ》（一九七一）はすこぶる面白く、朝鮮芸術を考える上でも示唆するところ大である。韓榮瑄《ハン・ヨンソン》註解（一九八五）も参照。三度足を運んだ「書の至宝展」であったが、その図録である東京国立博物館・朝日新聞社編（二〇〇六）も貴重。

朝鮮書誌学や文献学、印刷術などについては、前述の藤本幸夫（二〇〇六）が不可欠である。また藤本幸夫（二〇一四）が朝鮮の出版文化史についての貴重な概論。こうした問題については植民地時代の雑誌の総集編である書物同好会編（一九七八）が、マニアックというほどに多様な問題を扱っており、貴重である。金斗鍾《キム・ドゥジョン》（一九八一）、尹炳泰《ユン・ビョンテ》（一九八三）、西野嘉章編（一九九六）なども参照。

第7章〈正音〉から〈ハングル〉へ

近代のハングル運動については、三ツ井崇《みついたかし》（二〇〇一）、朴泳濬《パク・ヨンジュン》・柴政坤《シ・ジョンゴン》・鄭珠里《チョン・ジュリ》・崔炅鳳《チェ・ギョンボン》（二〇〇七）、野間秀樹（二〇〇七b）参照。朝鮮近代における文学者の日本留学を扱った波《は》田野《たの》節子《せつこ》（二〇〇九）も参照。板垣竜太（二〇一二）は、解放後の共和国で重要な役割を果たした言語学者・金壽卿《キム・スギョン》（一九一八—二〇〇〇）を扱っており、貴重。〈解き書き〉については、これも朴泳濬・柴政坤・鄭珠里・崔炅鳳（二〇〇七）、ハングル・タイプライタについては、野間秀樹（一九八五）参照。

紙幅の関係もあり、本書では扱えなかったけれども、同時代のエクリチュールを考えるにあたって、漫画を欠かすことはできない。申明直《シン・ミョンジク》（二〇〇八）を参看されたい。なお韓国ではウェブトゥーン（웹툰；Webtoon）と呼ばれるネット上のコミックが二〇一〇年代以降、隆盛

を極めており、ドラマの原作にもなるヒット作も多々生まれている。インターネットのエクリチュールについては須賀井義教《すがいよしのり》（二〇〇八）、また映画については多くの文献があるが、言語教育との関わりの点で、沈元燮《シム・ウォンソプ》（二〇〇八）を挙げておく。

終章　普遍への契機としての〈訓民正音〉

最後に辞典類に触れておく。言語学辞典として、亀井孝・河野六郎・千野栄一《ちのえいいち》編著（一九八八―九六）は世界に冠たる辞書だと言わねばならない。なお、同辞典は活字による組版になるもので、日本の活字印刷の終焉を飾る書物ともなった。河野六郎・千野栄一・西田龍雄編著（二〇〇一）は文字の辞典として圧巻である。

木村誠・吉田光男・趙景達《チョ・ギョンダル》・馬淵貞利編（一九九五）と伊藤亞人《いとうあびと》・大村益夫・梶村秀樹・武田幸男・高崎宗司編（二〇〇〇）は朝鮮半島関連の人物や事項を知る辞書として信頼できる。本書もしばしばお世話になった。松岡正剛企画監修、編集工学研究所構成編集（一九九〇）は文字やコミュニケーションを考えるにあたって、刺激的な年表である。

한국민족문화대백과사전 편찬부편「韓國民族文化大百科辭典 編纂部編」（一九九一）には言語や文字、種々の文献に関わる膨大な記述が盛り込まれており、大変貴重である。百科辞書や専門の辞書、言語の辞書については日本では圧倒的な蓄積があるが、これに相当するような書

物は、日本にはあるだろうか。現在はＷｅｂでも読める。刊行されて月日は経つが、서울大學校 東亞文化研究所編（一九七三）は一巻本の朝鮮語学、文学関連の充実した辞典である。

檀國《タングク》大學校附設 東洋學研究所 編（一九九二―九六）は朝鮮語の漢字語の辞典であり、日本の漢和辞典で見ることのできない漢字語を、これで知ることができる。

各種団体、学会、大学、辞典などのＷｅｂサイトのほか、油谷幸利、趙義成、中島仁、須賀井義教ら朝鮮語研究者、また著者のＷｅｂサイトも参照。

第7章三の三三〇頁で言及した、韓国の国立国語院のサイトの辞書群は凄い。出版物を電子化した『標準国語大辞典』のほか、『우《ウ》리《リ》말《マル》샘《セム》』（我らがことばの泉）と名づけられた、一般の人々が編纂に参画できる、新語、俗語、流行語、方言を擁する巨大な辞書があり、基礎語彙についての『韓国語基礎辞典』、11の言語との基礎語彙対訳辞書『国立国語院 韓国語＝外国語 学習辞典』、さらに『韓国手話辞典』がある。https://www.korean.go.kr/

あとがき

〈ハングル〉と〈訓民正音〉をめぐる、日本語で書かれた書物は、多いようで、専門書を除けば、実はほとんどない。新書という形式でもほとんどこれを見ない。ハングルの名を冠しても、文化という視野から論じられた書はあったが、ハングルについて言語学的な視座、〈知〉という視座から述べた書は、少なくとも新書ではなかった。それゆえに最初はハングルの誕生が易しく手短にわかるようにという要望を、いただいたのであった。

簡潔にハングルの構造などを知るには、世に優れた教材があるので、これに譲ればよい。しかしながら、専門的な書物以外には、ハングルの真の面白さ、深さを、広くエクリチュールへの言語学的、文字論的な視座、〈知〉という視座から描いたものは、これまで存在していない。どうしてもこのくらいの内容はほしい。執筆をと、お話をいただいた平凡社東洋文庫編集部の関正則編集長、さらに新書編集部の松井純編集長、そして丹精込めて仕事を共にしてくださった福田祐介氏にはご無理をお願いしてしまった。さらに、本書が終着点ではなく、開かれた沃野への出発点となるよう、新書では贅沢な、用語集や文献案内まで盛り込ませていただいた。感謝あるのみである。

本書を書くにあたっては、文献案内で述べた多くの書物に負うところが大きい。先人の偉業には、これまた、驚嘆と感謝のみである。ただし本書は定説をまとめるというような書き方にはしていない。これまで述べられていないようなことを、実は大胆に多々書いてしまっている。そもそも〈正音〉を見る構え自体が、既存の論考とは随分異なったものであるだろう。もとより浅学非才の身であってみれば、そうした点ではお叱りを頂戴するようなことも、あるやもしれない。予めお詫びしておくと共に、広くご教示を賜りたく、心よりお願い申し上げる次第である。

著しえたのは、こうしたささやかな書物であったのに、姜信沆《カン・シナン》先生、李基文《イ・ギムン》先生、成百仁《ソン・ベギン》先生、高永根《コ・ヨングン》先生、そして故・安秉禧《アン・ビョンヒ》先生、また梅田博之先生、藤本幸夫先生、辻星児先生、油谷幸利先生、松尾勇先生といった斯界の錚々たる先生方に頂いたご厚誼を、折りにつけ幾度となく感謝の念と共に噛みしめることとなった。権在一《クォン・ジェイル》先生、金周源《キム・ジュウォン》先生、李賢熙《イ・ヒョニ》先生、徐尚揆《ソ・サンギュ》先生、高東昊《コ・ドンホ》先生といった、韓国の言語学を牽引する先生方の、常日頃のご厚誼にも心よりお礼申し上げたい。鄭光《チョン・グァン》先生、町田和彦先生の御教示も賜った。既に遠き日、『訓民正音』を初めて講読して頂いた菅野裕臣先生のご講義、『諺解三綱行實圖』の故・志部昭平先生のご講義は、ただただ感謝の念と共に思い出される。

国際文化フォーラムの小栗章氏、韓国文化院の清水中一氏、ハングル学会の김 한빛나리《キム・ハンビンナリ》先生のご協力も有難いものであった。

本書の草稿に真に貴重なご助言をくださった、中西恭子、村田寛、金珍娥《キム・ジナ》、中島仁、須賀井義教といった諸兄姉には心より感謝申し上げる。本書が学問的な立場からも読むに耐えるものとなったとしたら、それはこれらの方々のおかげである。師であったはずの身が、いつしかこうした優れた弟子諸兄姉に教えを頂戴することとなる、こんな幸せなことはない。また、東京外国語大学の趙義成《チョ・ウイソン》氏、大学院生、学部生の諸氏のご助言にも感謝したい。

最後に、本書の執筆を勧めてくださった、波田野節子先生に、心よりお礼を申し上げたい。先生との出会いがなかったら、本書も生まれてはいない。

乞い願わくは、『ハングルの誕生——音《おん》から文字を創る』というこの小さな書物を手にとってくださった方々に、本書を読みながら、いささかなりと心を躍らせる幸せな瞬間が、訪れんことを。

二〇一〇年二月

野間秀樹

平凡社ライブラリー版　あとがき

平凡社新書版の当時に新書編集部の編集長であられた松井純氏が、幽冥界を異にされた。その一年ほど前にお目にかかって、一緒にいろいろ話に花を咲かせていたとき、「日夏耿之介《ひなつこうのすけ》の話なんか出されちゃったんで、私も白状しますけどね、実は私は永井荷風フリークで……」と子供のように目を輝かせながら、顔をくしゃくしゃにして語っておられた。追及してもいないのに、自白なさる、あの「白状しますけどね」という話法、その話法を支える、いかにも憎めない表情、これは忘れられない。ちなみに日夏耿之介の荷風論はちゃんと平凡社ライブラリーになっている。この『ハングルの誕生』の平凡社ライブラリー版も、松井純編集長は、きっと顔をくしゃくしゃにして、悦《よろこ》んでくださるに違いない。

本は二人で始まる。編集者と書き手の出会いが、一冊の書物造りを駆動させるのである。平凡社新書版にあっては、当時の東洋文庫編集長、関正則氏との出会いが貴い出発点であった。そしてこの平凡社ライブラリー版にあっては、平凡社新書版の編集にあたってくださり、新書編集長として二〇一四年には『韓国語をいかに学ぶか――日本語話者のために』を刊行してくださって、現在は辞典編集部で、索引だけで一二〇頁もあるような恐ろしい書物を、悠々と造っておられる、福田祐介氏との一〇年以上に及ぶ交わりがそれである。

　ただただ感謝しかない。

　また、可愛がってくださった先生方が、学界でもこの一〇年の間に相次いで物故された。李《イ・》基文《ギムン》先生、成百仁《ソン・ベギン》先生、梅田博之《うめだひろゆき》先生。それぞれ朝鮮語学や満州語学の文字通りの大学者であられ、誰よりも平凡社新書版と韓国語版の刊行を喜んでくださった方々である。ここに新版の刊行を謹んでご報告申し上げたい。

　돌베개《トルベゲ》から刊行された韓国語版についても、感謝を込めて、ここで少しだけ触れておきたい。韓国語版は金珍娥《キム・ジナ》、金奇延《キム・ギヨン》、朴守珍《パク・スジン》、三氏の共訳である。副題は平凡社新書の日本語版と違って『ハングルの誕生――〈文字〉という奇跡』とした。ハングルが「音から文字を創る」仕組みのものであることは、韓国語圏では小学生でも知っていることだからである。逆に、韓国語圏の読者の方々のために、日本語版にはない詳細な訳注が、脚注の形で付されている。脚注はしばしば二〇行、三〇行に及び、本文よりも大きな紙面を占めるたりするほどに、熱い。訳者・金珍娥氏の解説も付されていて、日本語版ともまた違った息吹を吸えるものとなっている。翻訳への評価も高い。

さらに、ご覧いただいたように、『ハングルの誕生』には朝鮮漢文の引用があちこちにある。それら漢文を、懸吐文《けんとぶん》と呼ばれる、朝鮮語圏における伝統的な漢文の読法で示したことも、韓国語版の特徴である。懸吐文など漢文の読法については、本書第2章四で触れた。懸吐文による漢文の引用は、韓国の学界でも今日ではまず行われておらず、ハングルに関する既存の書物でも、ほとんど見ることができない。韓国語版におけるそれは、韓国における訓民正音研究の圧倒的な第一人者、姜信沆《カン・シナン》先生のご教示を得て、可能になったものである。

新版の執筆にあたって、日本の朝鮮大学校文学部朝鮮語講座長であられた金禮坤《キム・イェゴン》先生、ハングル学会会長・権在一《クォン・ジェイル》先生、ソウル大学校教授・李豪榮《イ・ホヨン》先生、国立国語院の語文研究室長・鄭稀元《チョン・ヒウォン》先生、韓国フォント協会副会長・鄭碩源《チョン・ソグォン》先生、Hancom Inc. の류홍곤《リュ・ホンゴン》先生、Yoondesign Inc. の강진희《カン・ジニ》先生のご協力を得た。感謝申し上げたい。

書物は形になったからといって、それが直ちに書物として生きるわけではない。それはあたかも、文字が創られたからといって、それがただちに文字として生きるわけではないことに、似ている。そこにはどうしても〈命がけの飛躍〉が必要だからである。

書物が書物として生きるためには、読まれねばならない。読まれるための、人々のあらゆる営みがなければならない。それが書物の〈命がけの飛躍〉である。そうした飛躍を共にしてくださる多くの方々に、著者渾身の感謝を捧げたい。

野間秀樹

解説――アポロ的知性とディオニュソス的感性の結実

辻野裕紀

『ハングルの誕生』と野間秀樹

二〇一〇年、第二次韓流ブームの最中《さなか》、『ハングルの誕生――音《おん》から文字を創る』は綺羅星の如く現れた。隣国の大衆文化への関心は既に顕在化していたけれども、言語や文字への知的関心を誘起する一般向けの書物は当時烏有《うゆう》であり、日本語圏の読書人に大きな反響をもって迎えられた。本書は、「第二二回アジア・太平洋賞」大賞を受賞し、その後、朝鮮語にも翻訳されて(『한글의 탄생――〈문자〉라는 기적』[*1]、金珍娥《キム・ジナ》・金奇延《キム・ギヨン》・朴守珍《パク・スジン》訳)、ハングルの産土《うぶすな》、韓国においても多くの読者を獲得することとなる。これにより、著者の朝鮮語学者・野間秀樹氏は、日韓両国に跨る知識人としての地歩を固めたと言ってよいだろう。本書を契機に、韓国の権威ある朝鮮語学関連学会のひとつ「ハングル学会」が選定する「周時経《チュ・シギョン》学術賞」も受賞している。

野間秀樹氏は、夙に朝鮮言語学の泰斗として知られており、現代朝鮮語の文法論・語彙論を中心とした研究業績も厖大だが、『ハングルの誕生』以降、朝鮮語学界の外部の人々をも宛先として、朝鮮語や日本語、言語学の面白さを世に広く知らしめる著書を上梓してきた。とりわけ最近は、専門の朝鮮言語学のみならず、〈言語がいかに在るか〉を根問いする〈言語存在論〉という領域を拓くなど、〈言語学〉というよりは、〈言語論〉と称呼すべき領野においても精力的に執筆活動を展開している。具体的には、『言語存在論』（東京大学出版会、二〇一八年）、『言語 この希望に満ちたもの―― TAVnet時代を生きる』（北海道大学出版会、二〇二一年）があり、いずれも間然するところのない秀作である。前者は言語の原理論、後者は実践論とでも呼ぶべきものであって、かかる思考の嫩芽《どんが》は本書にも垣間見える。このように後方視的に見ると、本書は、氏の新たなるフェーズの出発点となった著作であり、氏の学究人生のひとつの里程標のようにも思われる。全体的に明鬯《めいちょう》な理路と雄勁《ゆうけい》な筆致に貫かれ、浩瀚なる先行研究に立脚しつつも、そこから脱皮せんとする野心と創見が随所に光る名著である。

『ハングルの誕生』が刊行されるや、書評も許多発表され、いずれも高く品騭《ひんしつ》している。例えば、斯界の碩学・辻星児氏は「本書は、ハングルの縦糸と横糸が織りなす知の世界とそのドラマをみごとに描き出し、多くの人々にハングルの真の面白さを実感させるとともに、ことば、人間そして歴史について考える契機を与えてくれる作品である」などと論評した。[*2] ほかにも、養老孟司氏、川村湊氏、柄谷行人氏など、錚々たる知識人によって肯定的に評され、[*3] 韓国においては、数十もの新聞や雑誌、テレビなどのメディアで大きく取り上げられた。また、西谷修氏は、本書を「どんな分断も対立も越えて行き交える知の営みによる、東アジアの相互理解への掛け値なしの貢献」だと称讃したが、[*4] 在日コリアンの『民団新聞』と『朝鮮新報』の双方に本書をめぐる著者へのインタビュー記事が大々的に掲載されたこと[*5]は、それを象徴的に示している。

　書名は『ハングルの誕生』とシンプルでありながら、そこで扱われているトピックスは多岐に亙る。ハングル＝訓民正音という文字の誕生とそのシステムを本格的に論ずる第3章までの前奏だけでも、朝鮮語の総論、文法構造、語彙、漢字の六書《りくしょ》、訓読論、口訣《こうけつ》、吏読《りとう》、郷札《きょうさつ》、言語の線条性、角筆《かくひつ》、メソポタミア・地中海から朝鮮半島に至る〈単音文字の道《アルファベット・ロード》〉など、実に多くの事項が論及されている。正音の創制原理の先駆性や水準の高さなど、その真面目《しんめんもく》を十全に了知するためには、かなりの前提知識が必要であることがこのことでよく分かるであろう。朝鮮語やハングルに初めて接する読者は固より、朝鮮語学にある程度明るい読者でも、劈頭から循行していかれることを勧めたい。自己増殖装置としての漢字、訓読における言語の重層性、テクストの身体性など、「正音以前」の諸問題として、刮眼すべき卓見が散見される。第3章以降は、正音をめぐる詳論であり、朝鮮語学、朝鮮語史の入門書としても推挙しうる。テクニカルタームを適宜使用しつつも、必要に応じて、センテンスに開き、どこまでも分かりやすく記述しようとする姿勢が見える。

　本書の魅力を限られた紙幅で言い果《おお》すのは難しいが、筆者の考える、本書の特長を挙げるとすれば、大きく次の五点に集約しうる。

〈知〉からの切開

第一に、正音を〈知〉という観点から切開している点である。典型的には、第4章に見られる議論である。本書に叙述されている通り、伝統的に朝鮮における知とは、すなわち漢字漢文のことであった。そして、その知の在り方を根柢から変革することとなったのがほかならぬ訓民正音の創制だと本書は主張する。著者が正音創制を〈正音エクリチュール革命〉と称する所以である。朝鮮において漢字漢文は知という観念的な存在であると同時に、知識人たちの生死そのものでもあり、彼らの実存を支える漢字漢文のありように根本的に背馳するシステムを蔵する正音の波及は、朝鮮の知の伝統を崩壊させうる。そうした事態の出来《しゅったい》可能性に戦慄し、戦端を開いたのが崔萬理《チェ・マルリ》らの反対上疏文であり、かくして〈正音エクリチュール革命派〉とそれに服《まつろ》わぬ〈漢字漢文原理主義派〉の抗争が展開される。従来の研覈《けんかく》においては、この争いを、事大主義に関わる政治的イデオロギー闘争と見做すのが一般的だったが、本書では、〈用音合字〉に象徴される思想闘争であると喝破しており、こうした捉え方は非常に斬新である。著者自身も、崔萬理らの議論が、言語学的、文字論的な〈知〉の平面での思想闘争であった点について、既存の訓民正音論は「ほとんど位置づけてこなかった」（二一六頁）と述べている。

〈美〉からの照射

第二に、ハングルを〈美〉という側面からも照射している点である。これには字形＝〈かたち〉の問題も含まれる。特に第6章で述べられている問題である。文字論 grammatology は、一般に文字の機能を扱う学問であるが、本書では、文字のかたちそのものについても、書藝や印刷などの問題と併せて論じている。これは、美術家でもある著者らしい着眼であり、「筆による〈線〉とはいかなるものか」という問いのもと、李禹煥《イ・ウファン》氏の「線より」を挙げているところ（二九〇頁）などは、もう思わず唸ってしまう。こうした視点は、言語学徒の手になる正音論においては脱漏しやすいが、文字をめぐる思考にあっては本来欠かすことのできない極めて重要なものである。

〈言語存在論〉的思路

第三に、〈言語存在論〉的な思路が諸処に触知される点である。〈言語存在論〉とは、前述の通り、本書の著者によって拓かれた〈言語がいかに在るか〉を問う思考である。

例えば、文字というものは、創られても、それが直ちに〈文＝センテンス〉や〈文章＝テクスト〉になるわけではない。文字から文、そして文章への飛躍は、著者曰く〈命懸けの飛躍〉（一五、二三二頁）である。とりわけ、朝鮮語のような形態音韻論的に複雑な言語にあっては、単語ひとつ綴るにも、精緻な言語学的観察と分析が要請される。さらに、それらを組み合わせ、文や文章という、より大きな単位にまで編み上げるためには、様々な困難が随伴するが、こうした事実に焦点を当てて言挙げするのは、いかにも〈言語存在論〉的である。

また、〈話されたことば〉と〈書かれたことば〉は位相論的に大きく異なる。これは〈言語存在論〉の基本テーゼのひとつであり、著者はこの点も強調している。そして、〈話されたことば〉しか存在しなかった言語を書き記すということは、〈書きことば〉の文体＝スタイルを別途に案出せねばならないということを意味する。朝鮮語の場合、〈諺解《げんかい》〉、すなわち漢文エクリチュールの朝鮮語への〈翻訳〉という営為を通じて、〈書きことば〉が生み出されていくわけだが、第5章には、その〈正音〉エクリチュールの創出のプロセスと、いくつかの具体的な文献解題が示されており、たいへん興味深い。訓民正音公布後も、十九世紀末の甲午改革に至るまで、朝鮮の公的文書はすべて漢文で物されており、正音の使用が知の世界に全域化するのは二十世紀を俟たねばならなかったという歴史はあるにせよ、仏典や経書、教化書、実学書、詩歌、韻書、書簡など、正音が多様なジャンルのテクストに用いられ、しかもそれが杜絶することなく、脈々と承継されてきたことは愕眙《がくち》すべきである。

対照言語学的視座

第四に、広い意味での対照言語学的視座に基礎づけられている点である。厳密には、対照文字論的、文字類型論的などと言ったほうが正確な部分も少なからずあるが、いずれにせよ、本書には常に〈比べる〉という構えが通奏低音の如く伏流している。これは著者の爾余の著作群についても同断であり、朝鮮語を日本語をはじめとする他の諸言語と対照させながら、朝鮮語の姿態を剖析《ぼうせき》しようとする態度が頻見される。本書でも、例えば、ハングルという文字が、仮名や漢字、他のアルファベット等といかに異なるかという点について、仔細な説明が施されている。こうした〈対照〉という方法は、読者にとって単に分かりやすさを齎《もたら》すだけでなく、ハングルの身実《むざね》を顕現させることに直結する。ハングルのみを凝然と諦視していても見えにくいことが、他の文字体系と較量《きょうりょう》することで、よりけざやかに活現してくるのである。これは本質的に対照言語学の醍醐味でもあるのだが、本書でもそのことを確認しうる。また、こうした対照による差異の焙《あぶ》り出しによって、ハングルや朝鮮語を視瞻《しせん》していたつもりが、いつの間にか、仮名や漢字、日本語、さらには文字一般、言語一般の世界へと、眼路が大きく立体的に広がっていることに気づくであろう。これはまさに著者の言う「普遍への契機としての〈訓民正音〉」ということにも繋がっていく。

「物語」としての『ハングルの誕生』

第五に、本書の「物語」としての面白さである。本書全体が徹底して学術的に至当な所見によって構成されていることは贅言を要さないが、単に知識を濟々と並び立てるような教科書的体裁をとっていない。また、言語や文字に関する一般書には、トリヴィアルな蘊蓄の類の列挙に終始するものも少なくないが、そうした書物とも一線を画している。新書版の副題にもなっていた「音から文字を創る」という、まさにこのわくわくするような一連の営みの過程を、我々は本書を通して追体験できる。広く読書人を対象とした人文書にとって大切なことのひとつは、いかに読者に〈知的愉悦〉を与えられるかだと筆者は愚考するが、本書には、読者が倦まず愉しく読み進められるような技巧が凝らされている。

一般に、非専門家を読者に想定したとき、事実の羅列は面白さをあまり醸成しない。何となれば、事実の羅列は、多くの場合、間事実的な余白を補うための識見と想像力が読者側に要求されるからである。しかし、本書は、細部に至るまで論件をひとつひとつ丁寧に活写し、読者に解釈を委ねない。何が面白いのか、さらに、なぜ面白いのかまでを、具体例に徴し、時に卓抜な比喩を駆使しつつ、細大漏らさず解説する。これは、一般向けの書物として最も理想的な形ではなかろうか。ハングルの堂奥へ、どこまでも懇切に嚮導してくれる。

専門家にとっても、本書の内容は清新であり、繙読しているうちに、いつしか未知の風景を眺望していることになる。朝鮮語学の世界に身を浸している筆者も、本書を初めて手にとった際、ハングルと出会い直したような深い感慨を覚え、齝《にれか》むように読んだ記憶がある。既知の事柄であっても、こんな定位の仕方や「編集」が可能だったのかと、新たなる発見も少なからずあった。単に個別具体的事実を断片的に知っていることと、補助線を引きつつ、それらをゆるやかに連結させ、創案をも交えながら、「物語」として堅緻に組み上げられることとのあわいには、千里の逕庭《けいてい》があると言ってよい。そして、これは著者の精深なる学知と尤《ゆう》なる才藻のなせる業であって、本書は、著者のアポロ的知性とディオニュソス的感性が書物として融合、結実した、類書に見ない稀有な事例である。

ハングルへの満腔の愛情、そして宛先への誠実さ

著者は、「ハングルはこんなにも面白い」と、ハングルの妙味を粒度の高いことばで一再ならず我々に差し出してくる。これでもかと、ハングルを、言ってみれば、矢状面からも冠状面からも横断面からも自由自在に切り分けて、その断面の面白さを、緻密に諄々と解きほぐす。そして、何よりもハングルに対する満腔の愛情が至るところに充溢している。また、末尾の詳細な索引や文献一覧、年表など、読者に対する丁寧すぎるほどの配慮は、本書の美質のひとつでもある。こうしたメッセージの宛先への誠実さは、ハングルへのふくよかな愛や、結紮《けっさつ》しきれぬ学問への情熱のみに起因するものではおそらくない。「ことばは容易に通じ得ない」という〈言語の疎通不可能性〉と、それが齎す悲しみを知悉している著者だからこそであろう。

最後に、『ハングルの誕生』が「平凡社ライブラリー」に加わることを言祝《ことほ》ぎつつ、装いを新たにした本書が「新しき古典」として今後も長らく読み継がれることを一言語学徒として衷心から庶幾《しょき》したい。

（つじの ゆうき／言語学、朝鮮語学）

＊1　日本語に直訳すると、『ハングルの誕生――〈文字〉という奇跡』となる。副題が日本語の原題と異なっている。出版社はトルベゲ（돌베개）。

＊2　『朝鮮学報』第二一九輯、二〇一一年四月刊行。なお、『朝鮮学報』は、日本における朝鮮学の中心的な学会である朝鮮学会の学会誌。

＊3　養老孟司「十五世紀の朝鮮国王が音を形にした」（二〇一〇年六月二十七日『毎日新聞』）、川村湊「言葉と文字に関する深遠な思考」（二〇一〇年七月十八日『日本経済新聞』）、柄谷行人＋キム・ウチャン「東アジア文明をめぐる対話――過去と現在」（『現代思想』一月臨時増刊号第四二巻第一八号、青土社、二〇一四年）。

＊4　西谷修「野間秀樹『ハングルの誕生』」（『破局のプリズム――再生のヴィジョンのために』、ぷねうま舎、二〇一四年）。

＊5　「〈知〉の世界を拡げる『訓民正音』」（二〇一〇年八月十五日『民団新聞』）、「東アジアの相互理解へ掛け値なしの貢献」（二〇一一年二月十八日『朝鮮新報』）。

ガ行	ガ 가	ギ 기	グ 구	ゲ 게	ゴ 고	ギャ 갸		ギュ 규		ギョ 교
ザ行	ザ 자	ジ 지	ズ 즈	ゼ 제	ゾ 조	ジャ 자		ジュ 주	ジェ 제	ジョ 조
ダ行	ダ 다	ヂ 지	ヅ 즈	デ 데	ド 도			デュ 듀		
							ディ 디	ドゥ 두		
バ行	バ 바	ビ 비	ブ 부	ベ 베	ボ 보	ビャ 뱌		ビュ 뷰	ビェ 볘	ビョ 뵤
パ行	パ 파	ピ 피	プ 푸	ペ 페	ポ 포	ピャ 퍄		ピュ 퓨	ピェ 폐	ピョ 표

가, 카のように2つあるものは，次のように使い分ける

語頭の清音 → 平音ㄱ，ㄷ，ㅂ，ㅈ
語中の清音 → 激音ㅋ，ㅌ，ㅍ，ㅊ
語中の濁音 → 平音ㄱ，ㄷ，ㅂ，ㅈ

かがく：가가쿠，ががく：가가쿠，すずき：스즈키

促音「ッ」はㅅ：
はっとり핫토리，ほっかいどう：홋카이도

「ン」はㄴ：
けんじ：겐지，けんいちろう：겐이치로

長音は表記しない：
さとう：사토，とうきょう：도쿄

日本語の五十音をハングルで書く

大韓民国の外来語表記法による

ア行	ア	イ	ウ	エ	オ					
	아	이	우	에	오					
カ行	カ	キ	ク	ケ	コ	キャ		キュ		キョ
	가	기	구	게	고	갸		규		교
	카	키	쿠	케	코	캬		큐		쿄
サ行	サ	シ	ス	セ	ソ	シャ		シュ	シェ	ショ
	사	시	스	세	소	샤		슈	셰	쇼
タ行	タ	チ	ツ	テ	ト	チャ		チュ	チェ	チョ
	다	지	쓰	데	도	자		주	제	조
	타	치		테	토	차		추	체	초
						ツァ			ツェ	ツォ
						자			제	조
						차			체	초
			テュ							
			듀							
			튜							
		ティ	トゥ							
		디	두							
		티	투							
ナ行	ナ	ニ	ヌ	ネ	ノ	ニャ		ニュ	ニェ	ニョ
	나	니	누	네	노	냐		뉴	녜	뇨
ハ行	ハ	ヒ	フ	ヘ	ホ	ヒャ		ヒュ	ヒェ	ヒョ
	하	히	후	헤	호	햐		휴	혜	효
						ファ	フィ		フェ	フォ
						화	휘		훼	훠
マ行	マ	ミ	ム	メ	モ	ミャ		ミュ	ミェ	ミョ
	마	미	무	메	모	먀		뮤	몌	묘
ヤ行	ヤ		ユ	イェ	ヨ					
	야		유	예	요					
ラ行	ラ	リ	ル	レ	ロ	リャ		リュ	リェ	リョ
	라	리	루	레	로	랴		류	례	료
ワ行	ワ				ヲ		ウィ		ウェ	ウォ
	와				오		위		웨	워

現代語の18種の初声子音と19種の初声字母

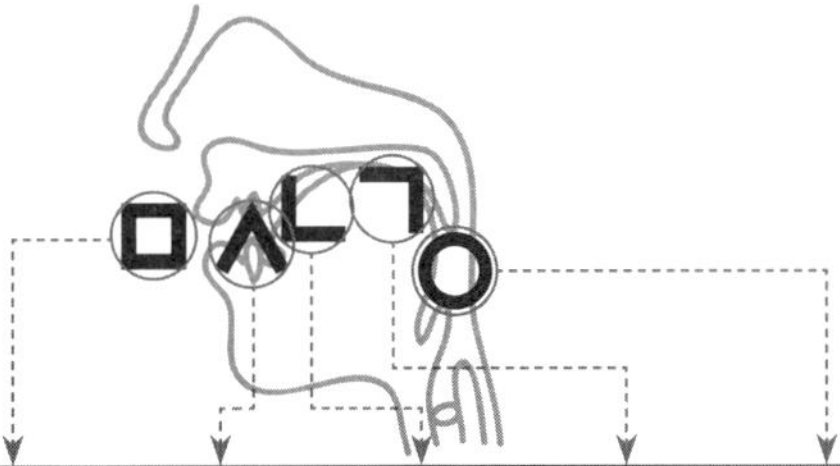

	唇音 唇で発音するmやpの系列	歯音 歯を使った摩擦のsと破擦のtʃチュの系列	舌音 舌を使ったnやtの系列とr	牙音 下の奥が上あごの奥につくkの系列	喉音 喉の摩擦のh
	ㅁ	ㅅ	ㄴ	ㄱ	ㅇ
鼻音 鼻に抜く音	ㅁ m		ㄴ n	ㅇ ŋ	ㅇ 子音なし
平音 強い息や喉の緊張を伴わない音	ㅂ p	ㅅ s/ʃ	ㄷ t	ㄱ k	
		ㅈ tʃ			
激音 強い息を伴う音	ㅍ pʰ	ㅊ tʃʰ	ㅌ tʰ	ㅋ kʰ	ㅎ h
濃音 喉などの緊張を伴う音	ㅃ ˀp	ㅆ ˀs/ˀʃ	ㄸ ˀt	ㄲ ˀk	
		ㅉ ˀtʃ			
流音 ラ行の子音に似たrやlの音			ㄹ r/l		

現在、初声に子音がないことを表すㅇと、終声の［ŋ］を表すㆁは、訓民正音創製時には区別していた。今日はいずれもㅇで表す。第３章「〈終声の初声化〉をいかに表記するか」表記③の図、第３章「子音字母の派生の仕組み」の図を参照。

ㄹ［r］は말［mal］（ことば）のように終声に立つと［l］で発音され、말로［mallo］（ことばで）のように、終声［l］の直後に立つ初声の場合も［l］で発音される。野間秀樹（2021a:31）。

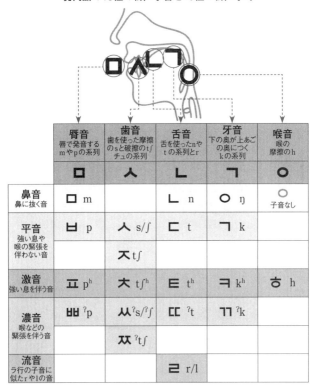

母音三角形

日本語東京ことばの母音と韓国語＝朝鮮語ソウルことばの単母音を図式化して対照した図。図の左にあるほど、舌先が口の前方に寄り、右にあるほど、後ろに寄る。また図の下にあるほど、口を開き、上にあるほど、口の開きが狭くなる。日本の朝鮮語教育では、この図に示した発音記号が、事実上の標準となっている。野間秀樹（2021a:20）。

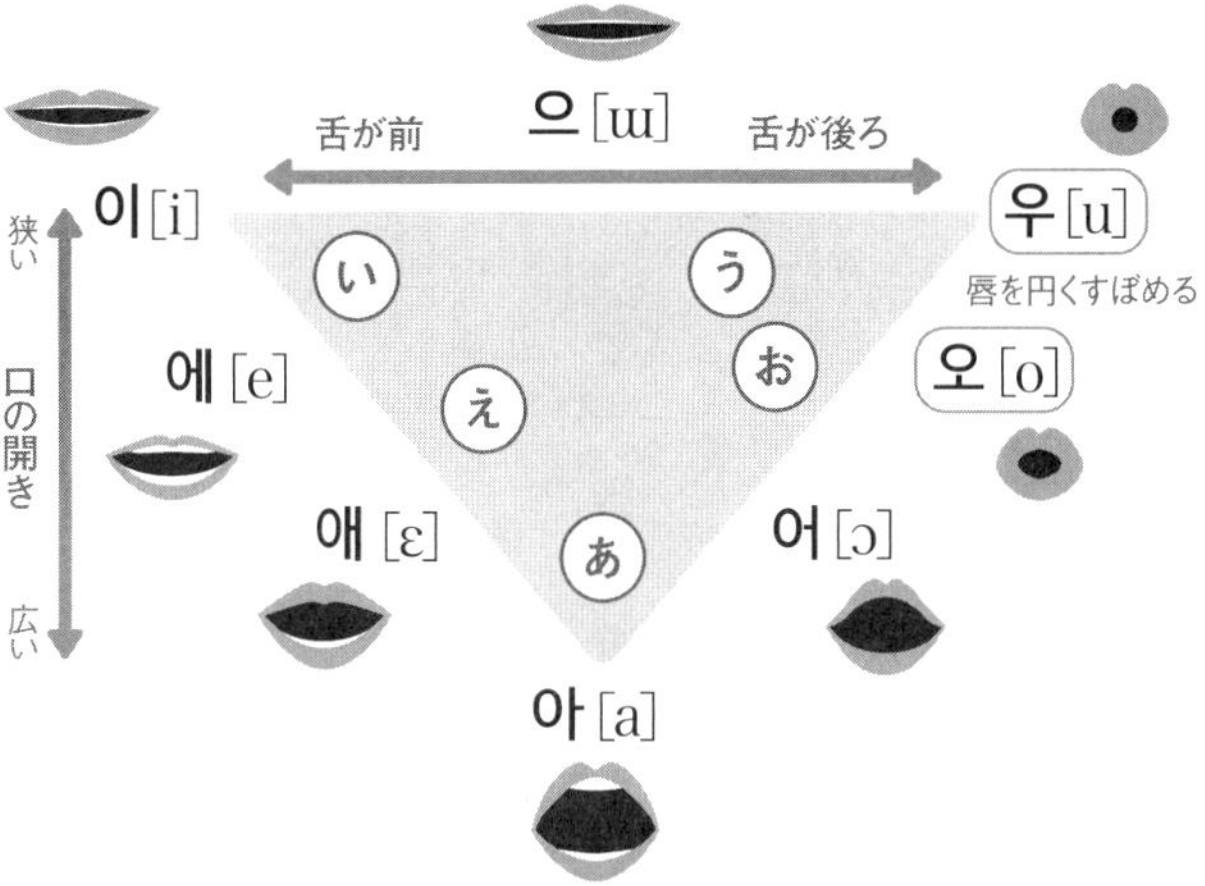

単母音は八つある。ソウルことばでは音の上では事実上、七つ。ㅏ［a ア］とㅣ［i イ］は東京ことばの「あ」「い」とほぼ同じ。「う」に聞こえる母音が二つある。ㅜ［u ウ］は唇を円くすぼめて突き出す「う」、ㅡ［ɯ ウ］はㅣ［i イ］と同じ唇の形で「う」。「え」に聞こえる、広いㅐ［ɛ］と狭い［e］の区別は、標準語では区別する建前だが、今日のソウルことばでは失われ、いずれも東京ことばの「え」ほどに発音される。「お」に聞こえる母音も二つある。ㅗ［o オ］唇を円くすぼめて突き出す「お」、ㅓ［ɔ］は非円唇母音で、口を大きく開いて「お」。ㅗ［o］とㅜ［u］だけが、円唇母音で、円く突き出す。

平壌のことばの発音については韓《ハン》 成《ソン》求《グ》（2018）「共和国の言語——文化語と平壌方言」が詳しい。

母音 子音	ㅏ a 「ア」	ㅑ ja 「ヤ」	ㅓ ɔ 広い 「オ」	ㅕ jɔ 広い 「ヨ」	ㅗ o 狭い 「オ」	ㅛ jo 狭い 「ヨ」	ㅜ u 円唇の 「ウ」	ㅠ ju 円唇の 「ユ」	ㅡ ɯ 平唇の 「ウ」	ㅣ i 「イ」
ㅇ 子音なし	아 ア a	야 ヤ ja	어 オ ɔ	여 ヨ jɔ	오 オ o	요 ヨ jo	우 ウ u	유 ユ ju	으 ウ ɯ	이 イ i
ㅈ tʃ	자 チャ tʃa	쟈 チャ tʃa	저 チョ tʃɔ	져 チョ tʃɔ	조 チョ tʃo	죠 チョ tʃo	주 チュ tʃu	쥬 チュ tʃu	즈 チュ tʃɯ	지 チ tʃi
ㅉ ˀtʃ	짜 チャ ˀtʃa	쨔 チャ ˀtʃa	쩌 チョ ˀtʃɔ	쪄 チョ ˀtʃɔ	쪼 チョ ˀtʃo	쬬 チョ ˀtʃo	쭈 チュ ˀtʃu	쮸 チュ ˀtʃu	쯔 チュ ˀtʃɯ	찌 チ ˀtʃi
ㅊ tʃ^h	차 チャ tʃ^{h}a	챠 チャ tʃ^{h}a	처 チョ tʃ^{h}ɔ	쳐 チョ tʃ^{h}ɔ	초 チョ tʃ^{h}o	쵸 チョ tʃ^{h}o	추 チュ tʃ^{h}u	츄 チュ tʃ^{h}u	츠 チュ tʃ^{h}ɯ	치 チ tʃ^{h}i
ㅋ k^h	카 カ k^{h}a	캬 キャ k^{h}ja	커 コ k^{h}ɔ	켜 キョ k^{h}jɔ	코 コ k^{h}o	쿄 キョ k^{h}jo	쿠 ク k^{h}u	큐 キュ k^{h}ju	크 ク k^{h}ɯ	키 キ k^{h}i
ㅌ t^h	타 タ t^{h}a	탸 テャ t^{h}ja	터 ト t^{h}ɔ	텨 テョ t^{h}jɔ	토 ト t^{h}o	툐 テョ t^{h}jo	투 トゥ t^{h}u	튜 テュ t^{h}ju	트 トゥ t^{h}ɯ	티 ティ t^{h}i
ㅍ p^h	파 パ p^{h}a	퍄 ピャ p^{h}ja	퍼 ポ p^{h}ɔ	펴 ピョ p^{h}jɔ	포 ポ p^{h}o	표 ピョ p^{h}jo	푸 プ p^{h}u	퓨 ピュ p^{h}ju	프 プ p^{h}ɯ	피 ピ p^{h}i
ㅎ h	하 ハ ha	햐 ヒャ hja	허 ホ hɔ	혀 ヒョ hjɔ	호 ホ ho	효 ヒョ hjo	후 フ hu	휴 ヒュ hju	흐 フ hɯ	히 ヒ hi

●この反切表の字母の順序は、大韓民国の一般の辞書の字母の順序となっている。

●朝鮮民主主義人民共和国の辞書における字母の順序は以下のとおり。

母音：ㅏ、ㅑ、ㅓ、ㅕ、ㅗ、ㅛ、ㅜ、ㅠ、ㅡ、ㅣ、ㅐ、ㅒ、ㅔ、ㅖ、ㅚ、ㅟ、ㅢ、ㅘ、ㅝ、ㅙ、ㅞ

子音：ㄱ、ㄴ、ㄷ、ㄹ、ㅁ、ㅂ、ㅅ、ㅈ、ㅊ、ㅋ、ㅌ、ㅍ、ㅎ、ㄲ、ㄸ、ㅃ、ㅆ、ㅉ、ㅇ

●□のうち、ㄱ、ㄷ、ㅂ、ㅅ、ㅈは平音、ㄹは流音、ㄴ、ㅁは鼻音。□でマークしたㄲ、ㄸ、ㅃ、ㅆ、ㅉは濃音。■でマークしたㅊ、ㅋ、ㅌ、ㅍ、ㅎは激音。

●日本ではこの表のように「ㅓ」「ㅕ」の発音記号を［ɔ］、［jɔ］で表すことが一般的である。本書では［ʌ］［jʌ］で表している。元来、［ɔ］は円唇母音、［ʌ］は非円唇母音の記号。「ㅓ」「ㅕ」は非円唇母音である。

ハングル字母表　反切表《はんせつひょう》

母音 子音	ㅏ a 「ア」	ㅑ ja 「ヤ」	ㅓ ɔ 広い 「オ」	ㅕ jɔ 広い 「ヨ」	ㅗ o 狭い 「オ」	ㅛ jo 狭い 「ヨ」	ㅜ u 円唇の 「ウ」	ㅠ ju 円唇の 「ユ」	ㅡ ɯ 平唇の 「ウ」	ㅣ i 「イ」
ㄱ k	가 カ ka	갸 キャ kja	거 コ kɔ	겨 キョ kjɔ	고 コ ko	교 キョ kjo	구 ク ku	규 キュ kju	그 ク kɯ	기 キ ki
ㄲ ˀk	까 カ ˀka	꺄 キャ ˀkja	꺼 コ ˀkɔ	껴 キョ ˀkjɔ	꼬 コ ˀko	꾜 キョ ˀkjo	꾸 ク ˀku	뀨 キュ ˀkju	끄 ク ˀkɯ	끼 キ ˀki
ㄴ n	나 ナ na	냐 ニャ nja	너 ノ nɔ	녀 ニョ njɔ	노 ノ no	뇨 ニョ njo	누 ヌ nu	뉴 ニュ nju	느 ヌ nɯ	니 ニ ni
ㄷ t	다 タ ta	댜 テャ tja	더 ト tɔ	뎌 テョ tjɔ	도 ト to	됴 テョ tjo	두 トゥ tu	듀 テュ tju	드 トゥ tɯ	디 ティ ti
ㄸ ˀt	따 タ ˀta	땨 テャ ˀtja	떠 ト ˀtɔ	뗘 テョ ˀtjɔ	또 ト ˀto	뚀 テョ ˀtjo	뚜 トゥ ˀtu	뜌 テュ ˀtju	뜨 トゥ ˀtɯ	띠 ティ ˀti
ㄹ r	라 ラ ra	랴 リャ rja	러 ロ rɔ	려 リョ rjɔ	로 ロ ro	료 リョ rjo	루 ル ru	류 リュ rju	르 ル rɯ	리 リ ri
ㅁ m	마 マ ma	먀 ミャ mja	머 モ mɔ	며 ミョ mjɔ	모 モ mo	묘 ミョ mjo	무 ム mu	뮤 ミュ mju	므 ム mɯ	미 ミ mi
ㅂ p	바 パ pa	뱌 ピャ pja	버 ポ pɔ	벼 ピョ pjɔ	보 ポ po	뵤 ピョ pjo	부 プ pu	뷰 ピュ pju	브 プ pɯ	비 ピ pi
ㅃ ˀp	빠 パ ˀpa	뺘 ピャ ˀpja	뻐 ポ ˀpɔ	뼈 ピョ ˀpjɔ	뽀 ポ ˀpo	뾰 ピョ ˀpjo	뿌 プ ˀpu	쀼 ピュ ˀpju	쁘 プ ˀpɯ	삐 ピ ˀpi
ㅅ s	사 サ sa	샤 シャ ʃa	서 ソ sɔ	셔 ショ ʃɔ	소 ソ so	쇼 ショ ʃo	수 ス su	슈 シュ ʃu	스 ス sɯ	시 シ ʃi
ㅆ ˀs	싸 サ ˀsa	쌰 シャ ˀʃa	써 ソ ˀsɔ	쎠 ショ ˀʃɔ	쏘 ソ ˀso	쑈 ショ ˀʃo	쑤 ス ˀsu	쓔 シュ ˀʃu	쓰 ス ˀsɯ	씨 シ ˀʃi

서울大學校 東亞文化研究所編（1973）、李基文（1975）、安秉禧（1992b）、李基文・張素媛（1994）、辻星児（1997）、三枝壽勝（1997）、武田幸男編（2000）、文京洙（2005）、国立歴史民俗博物館／平川南編（2005）、藤本幸夫（2007）、野間秀樹・中島仁（2007）、伊藤英人（2008）、白川豊（2008）、月脚達彦（2008）、山田恭子（2008）、中島仁（2008）などをもとに作成

平成 令和 | 中華人民共和国 | 朝鮮民主主義人民共和国 | 大韓民国

2017　〈韓国文学のオクリモノ〉シリーズ刊行開始。晶文社。『走れ、オヤジ殿』（달려라，아비 タルリョラ アビ）キム エラン（김애란 金愛蘭）、古川綾子訳

2017　この頃日本で第三次韓流ブーム

2018　南北首脳会談。文在寅大統領と金正恩朝鮮労働党委員長。板門店宣言

2018　6月12日、シンガポールでドナルド・トランプ米国大統領と金正恩朝鮮労働党委員長、米朝首脳会談

2018　米国の音楽チャート Billboard 200 において『LOVE YOURSELF 結 'Answer'』など BTS の2つのアルバムが1位。多くが韓国語で歌われている。その後2021年現在も次々に国際的なヒットへ

2018　チョ・ナムジュの小説『82年生まれ、キム・ジヨン』斎藤真理子訳、筑摩書房、日本で21万部を超えるベストセラーに。韓国でも130万部

2019　奉俊昊（봉준호 ポン・ジュノ）監督、映画『パラサイト 半地下の家族』（기생충 キセンチュン；寄生虫）、カンヌ国際映画祭でパルム・ドール受賞。非英語作品で初のアカデミー賞作品賞。また監督賞、脚本賞、国際長編映画賞

2019　6月、米朝首脳会談。トランプ、金正恩、文在寅という米朝韓の首脳が板門店で一堂に会す

2019　スマートフォンの世界のシェア、Samsung が21.6%で1位。2位 Huawei、17.6%、3位 Apple、13.9%、4位 Xiaomi、9.2%。IDC による

2020–2021　2019年に始まる新型コロナウイルス感染症（COVID–19）が世界的に拡大

2020　地上波ではないインターネット配信 Netflix による韓国ドラマ『愛の不時着』（사랑의 불시착 サランエ プルシチャク）、国際的にヒット。この頃韓国ドラマのネット配信が拡大

2020　韓国書店の売上高、1位教保文庫（교보문고 キョボムンゴ）6942億、2位はネット書店の YES24 6130億、3位アラジン（알라딘 アルラディン）3570億ウォン

2021　1997年に始まった韓国語能力試験（TOPIK）、世界70カ国以上で実施

平成	中華人民共和国	朝鮮民主主義人民共和国	大韓民国		
				2011	現代の韓国文学の日本語への翻訳シリーズ「新しい韓国の文学」、クオンから刊行開始。第1巻、韓江（ハン・ガン）『菜食主義者』。2021年7月までに23冊刊行
				2011	坡州出版都市で第1回坡州ブック・ソリ（파주 북소리：坡州のブックの声＝坡州の太鼓の音）フェア、以後毎年開催
				2012	Amazon、日本版の Kindle ストア開設
				2013	朴槿恵（박근혜 パク・クネ）大統領
				2013	男性アイドルグループ・防弾少年団（BTS）デビュー。K-POP がアジア、欧米にも広く認知され始める
				2014	セウォル号（세월호）沈没事故
				2014	Google、Adobe と共同開発の、Pan-CJK 日中韓フォント Noto Sans CJK をオープンソースで無料配信。Adobe では Source Han Sans 名で。サンセリフのゴシック体。日本語、簡体中国語、繁体中国語、韓国語用
				2014	韓国語の初中級から中上級用の学習雑誌『韓国語学習ジャーナル hana』、HANA より刊行開始
				2014	ソウル市龍山区に国立ハングル博物館開館
				2016	国立国語院、動画を用いた『韓国手話辞典』（한국수어사전 ハングク スオ サジョン）をサイトに公開
				2016	国立国語院、一般の使用者が編集に参画し、新語、俗語、流行語、方言なども豊富に収録する辞書『우리말샘』（私たちのことばの泉＝ことばの先生）、基礎語彙の韓国語＝韓国語辞書『한국어기초사전』（韓国語基礎辞典）、11言語との基礎語彙対訳辞書『국립국어원 한국어－외국어 학습사전』（国立国語院 韓国語＝外国語学習辞典）をサイトに公開
				2016	崔順実（최순실 チェ・スンシル）ゲート事件を契機とする、朴槿恵大統領弾劾の運動が全国的に拡大。弾劾制度により大統領罷免
				2016	〈韓国女性文学〉シリーズ刊行開始、書肆侃侃房《しょしかんかんぼう》。第1巻は『アンニョン、エレナ』金仁淑（김인숙 キム・インスク）、和田景子訳
				2017	文在寅（문재인 ムン・ジェイン）大統領
				2017	Adobe、Google と共同開発の、Pan-CJK 日中韓フォント「源《げん》ノ《の》明朝《みんちょう》」をオープンソースで公開。Google では Noto Serif CJK 名で。セリフつきの明朝系フォント。日本語、簡体中国語、繁体中国語、韓国語用。65,535のグリフ（字形）。開発にあたり韓国からは Sandoll Communications もパートナーとして参加

平成 | 中華人民共和国 | 朝鮮民主主義人民共和国 | 大韓民国

グル講座テキスト、歴代最多の22万部を記録。英語以外の言語では同年の1位

2005 2000年代中頃から韓国内のDTPソフト、Adobe InDesignがQuarkXPressを圧倒し始める

2006 2005年設立のYouTubeをGoogleが買収

2005-2008 国際韓国語教育学会編、閔賢植（민현식 ミン・ヒョンシク）他著『韓国語教育論』（한국어교육론）全3巻、韓国文化社。世界の韓国語教育の研究者が一堂に会した論集

2007-2018 『韓国語教育論講座』第1-4巻、くろしお出版。日韓の70名以上が寄稿する、韓国語学と韓国語教育の講座

2007 Apple、第一世代iPhone発売。インターネットとの親和性により、フィーチャーフォン時代の終焉をもたらす

2007 Google、クアルコムなどがAndroid OSを発表。インターネットが携帯デバイスの当然の条件となってゆく

2007 女性アイドルグループ・少女時代（소녀시대 ソニョシデ；SNSD; Girls' Generation）デビュー。2009年『Gee』のヒットなど。この頃、男性グループ・東方神起（동방신기 トンバンシンギ）など活躍

2007 10月、盧武鉉大統領、金正日（김정일 キム・ジョンイル）総書記と会談

2007 Amazon、米国でKindle販売開始

2008 YouTube、韓国で開始

2008 李明博（이명박 イ・ミョンバク）大統領

2008 国立国語院、ネット上に公開の『標準国語大辞典』を改訂

2010 Apple、初代iPad発売。以後、タブレットPCの比重が拡大。また日本でも各社の電子書籍端末が発売。2010年がいわゆる電子書籍元年と呼ばれる

2010 この頃日本で第二次韓流ブーム。第一次が韓国ドラマ、第二次はK-POPを核にしていると言われる

2010 Samsung（三星電子；삼성전자 サムソン チョンジャ）、スマートフォンGalaxy S発表。Galaxyは2010年代を通じ、iPhoneと並ぶ、国際的なシェアを獲得

2010 この頃、韓国におけるスマートフォンの数種のハングル入力システムが広く一般化

2010 （『ハングルの誕生』平凡社新書版）

2011 3・11、東日本大震災。福島原発崩落、大規模な放射能汚染

平成 | 中華人民共和国 | 朝鮮民主主義人民共和国 | 大韓民国

のカラー挿画。韓国と異なる共和国の語彙も収録。当時112億ウォンの予算で制作

1999 日本の朝鮮語研究会、学会組織として発足

2000年代前半 高速のブロードバンド接続によるインターネットが徐々に一般化する

2000 韓国の金大中大統領と共和国の金正日国防委員長（朝鮮労働党総書記）、平壌で会談。6.15南北共同宣言

2001 Apple、デジタル・オーディオ・プレイヤー初代 iPod 発表。音楽配信を普及させる決定的な前提となる

2001 9・11、米国同時多発テロ事件

2002 日本の大学入試センター試験の外国語科目に「韓国語」導入。第二外国語ではなく英語と同資格の外国語科目

2002 朝鮮語研究会編『朝鮮語研究１』不定期刊。１－３号はくろしお出版、４号は朝鮮語研究会、５－８号はひつじ書房刊行。2019年に第８号

2002 韓国語の学習雑誌『韓国語ジャーナル』アルク。2013年の休刊まで44号を刊行

2002 国立国語院、『標準国語大辞典』をネット上に公開

2002 この頃、坡州市に出版社、印刷所、デザイン事務所などがソウルより大挙して移り始め、坡州出版都市が形成されてゆく

2003 盧武鉉（노무현 ノ・ムヒョン）大統領

2003 日本の４年制大学で韓国語＝朝鮮語を開設している大学は335校、全体の47.7％。国際文化フォーラム調査

2003 NHK 放送の韓国ドラマ『冬のソナタ』（겨울연가 キョウル ヨンガ）がヒット。主演・裵勇浚（배용준 ペ・ヨンジュン）。女性を中心に「ヨン様ブーム」が起こる。日本で韓国ドラマを核にした第一次韓流ブーム

2004 カシオ、エクスワード XD–H7600 発売。斗山東亜の『プライム韓日辞典』『プライム日韓辞典』などを収録した、日本初の、韓国語も引ける複言語電子辞書。

2004 韓国、国立国語研究院を国立国語院とする。文化体育観光部所属

2004 日本の高等学校での韓国語＝朝鮮語授業の開設校は247校、6,960名が履修。英語以外での最多言語は中国語、481校、17,111名に次ぐ。国際文化フォーラム調査

2005 NHK、韓国の時代劇ドラマ『宮廷女官チャングムの誓い』（大長今；대장금）。韓流ブームが中年男性層にも拡大したと言われる。韓国では2003–2004年放送

2005 金珍娥（김진아 キム・ジナ）講師の NHK テレビハン

平成 / 中華人民共和国 / 朝鮮民主主義人民共和国 / 大韓民国

1993　日本において日本語話者向けの「ハングル」能力検定試験が開始。ハングル能力検定協会。問題は日本語と韓国語＝朝鮮語双方を使用

1993　油谷幸利・門脇誠一・松尾勇・高島淑郎編、小学館・金星出版社共同編集『朝鮮語辞典』小学館

1994　1969年から書き継がれた朴景利（박경리 パク・キョンニ）の大河小説『土地』完成

1995　阪神・淡路大震災

1995　Windows95。32ビット PC が徐々に一般化

1995　韓国の全国紙『中央日報』横書きとなる

1996頃　DVD-Video が登場、DVD が徐々に一般化してゆく

1990年代後半　この頃、K-POP ということばが日本語圏で広く使われ始める

1990年代後半　インターネットが広く認知され、普及し始める

1996　Unicode 2.0 公開、既存のハングルを11,172字の新たな領域に改訂

1997　３大書店の１つ、鐘路書籍（종로서적 チョンノソジョク）がネット書店を開始

1997　この頃より南北の境界、イムジン河を臨む坡州（파주 パジュ）市に、出版都市の造成が始まる

1997　韓国、いわゆる IMF 経済危機

1997　韓国語能力試験（TOPIK）が開始。問題は全て韓国語からなる

1998　『東亞日報』横書きとなる

1998　金大中（김대중 キム・デジュン）大統領。南北の緊張緩和政策・太陽政策、国内のインターネット回線敷設など IT 化を推進

1998　延世大学校言語情報開発研究院編『延世韓国語辞典』（연세한국어사전）斗山東亜。1960年代以降の小説などから言語コーパスを構築して作成。使用頻度14回以上の約５万語を詳述

1999　『朝鮮日報』も横書きとなり、2000年代以降の主要全国紙は全て横書きとなった

1999　図書専門のインターネット・ショッピング・モール YES24（예스이십사 イェスシシプサ）。現在は韓国最大のネット書店

1999　出版レイアウトソフト Adobe InDesign（어도비 인디자인）米国などで登場。以後、国際的に浸透

1999　韓国の国立国語研究院編『標準国語大辞典』全３巻、斗山東亜（두산동아）刊行。50万語、7300頁、１万点

昭和 平成 中華人民共和国 朝鮮民主主義人民共和国 大韓民国

改憲など民主化を闘い取る。民衆が民主化を自らの手で勝ち取った、東アジア初の国となる

1987 Macintosh 用出版用レイアウトソフトウェアとして米国 Quark 社の QuarkXPress（쿼크익스프레스）登場。以後、Mac OS 9 と共に国際的に浸透、韓国でも1990年代から2000年代前半まで独占状態へ

1988 韓国、「ハングル正書法」（한글맞춤법 ハングルマッチュムポプ）、「標準語規定」告示

1988 盧泰愚（노태우 ノ・テウ）大統領。直接選挙により選出

1988 全面横書きハングル専用表記の全国紙『ハンギョレ新聞』（한겨레신문）創刊。1996年には『ハンギョレ』と名称を変更している

1988 金石範、長編小説『火山島』。雑誌『文學界』に1981年より

1988 ソウル・オリンピック

1988 菅野裕臣・早川嘉春・志部昭平・浜田耕策・松原孝俊・野間秀樹・塩田今日子・伊藤英人共編、金周源・徐尚揆・浜之上幸協力『コスモス朝和辞典』白水社

1989–1990 梅田博之・康仁善・金東俊・三枝壽勝『スタンダードハングル講座』全5巻、大修館書店。日本語圏における最大の学習講座

1990 IBM 互換 PC（DOS/Vマシン）が日本で普及し始める

1990 韓国、国立国語研究院。日本の文部省にあたる文化部所属。院長・安秉禧（안병희 アン・ビョンヒ）

1990年代 インターネットが一般化してゆく

1991 ユニコードコンソーシアム設立。米国カリフォルニアの非営利法人

1991 Unicode 1.0.0 公開、ハングルを含む。1992年には中日韓の CJK 統合漢字（CJK Unified Ideographs）指定

1991 国連に南北同時加盟

1992 国立国語研究院、1999年までに6,765万語の韓国語言語コーパス（資料体）を構築開始。1400–1990年までの〈書かれたことば〉からなる

1992 日本の小学館と韓国の金星出版社共同編集『朝鮮語辞典』全2巻、刊行。

1992 社会科学院言語学研究所編『朝鮮語大辞典』（조선말대사전 チョソンマル テサジョン）社会科学出版社。全2巻、33万語。約105万語からなる言語コーパスへの単語の出現頻度、基本的な語彙の単語の音の高低も示す

1993 金泳三（김영삼 キム・ヨンサム）大統領

昭和 ｜ 中華人民共和国 ｜ 朝鮮民主主義人民共和国 ｜ 大韓民国

1979 河野六郎『河野六郎著作集』平凡社
1979 10・26、朴正熙大統領が金載圭（김재규 キム・ジェギュ）中央情報部部長によって殺害
1979 崔圭夏（최규하 チェ・ギュハ）大統領。全斗煥ら軍部の粛軍クーデターで辞任
1979 カセットテープによる小型ステレオ再生装置、ソニーの初代WALKMAN発売。ウォークマン型のデバイスは、音楽鑑賞や言語学習のスタイルを変える起爆剤となってゆく
1980 全国的な民主化運動。4月「ソウルの春」と言われる。非常戒厳令が全国に
1980 光州民主化抗争。全斗煥、盧泰愚ら軍の弾圧
1980 全斗煥（전두환 チョン・ドゥファン）大統領
1981 菅野裕臣『朝鮮語の入門』白水社。入門から金東仁「赤い山」まで学ぶ、1つの時代の象徴となった学習書
1981 16ビットIBM PCが登場、マイクロソフトのOS、MS-DOSが事実上の世界標準に
1982 日本で、ソニー、日立製作所、日本コロムビアからCDプレーヤー発売。以後、CDが音楽鑑賞や言語学習、言語データの蓄積、頒布の重要な柱となってゆく
1984 韓国文教部「国語ローマ字表記法」告示
1984 初代Macintoshが発売
1984 NHKテレビ、ラジオで『ハングル講座』放送開始。講師に梅田博之、大江孝男
1984 韓国、文教部傘下に国語研究所。のちの国立国語院
1985 Macintosh 512K発売。ページレイアウトソフトAldus PageMaker、Adobeのページ記述言語PostScriptにより、DTPが実用化
1985 三修社、日本初のCD-ROMソフトウェア「最新科学技術用語辞典」を発売
1985-1987 月刊誌『基礎ハングル』、編集主幹・菅野裕臣、三修社
1985 国際韓国語教育学会（IAKLE）設立。学会誌『韓国語教育』。初代会長は米国ワシントン大学のFred Lukoff。韓国語教育の国際的な学会
1986 韓国、「外来語表記法」告示
1986 チェルノブイリ原発事故
1986 大阪外国語大学朝鮮語研究室『朝鮮語大辞典』角川書店最大の朝日辞書
1987 韓国、全人民的な六月民主抗争。大統領の直接選挙制

昭和 | 中華人民共和国 | 朝鮮民主主義人民共和国 | 大韓民国

1964　劉昌惇（유창돈）『李朝語辭典』

1965　日韓基本条約調印

1967　天理大学朝鮮学科研究室『現代朝鮮語辞典』養徳社

1967　この頃から国際的な反体制運動。日本では全共闘運動や労働運動、三里塚闘争などが活性化してゆく

1968　マーティン S. E. Martin 他『韓美大辞典』

1968　詩人・金洙暎（김수영 キム・スヨン）死す。詩集に『거대한 뿌리』（巨大な根）など

1968　社会科学院言語学研究所『현대조선말사전』（現代朝鮮語辞典）

1970　朴正熙政権下で漢字廃止を宣言、小学校での漢字教育を全面廃止するも、言論界の反対などにより1972年に選択科目として復活

1970　この頃、李禹煥（이우환 イ・ウファン）日本の現代美術「もの派」を牽引。韓国現代美術への国際的な関心の核となる

1970　金敏基（김민기 キム・ミンギ）作詞、作曲の『朝露』（아침 이슬 アチム・イスル）。この頃、韓国で反体制フォークソングが闘争の現場などで広く歌われる。民主化まで禁止曲も多かった。歌手に楊姫銀（양희은 ヤン・ヒウン）など

1971　李禹煥『出会いを求めて』田畑書店

1972　南北共同声明

1972　金素雲（김소운）『精解韓日辞典』高麗書林

1973　社会科学院言語学研究所『조선문화어사전』（朝鮮文化語辞典）

1973　安田吉実・孫洛範『民衆エッセンス日韓辞典』民衆書館・三修社

1973　兵庫県立湊川高校で朝鮮語が必修正科に。詩人・金時鐘（김시종 キム・シジョン）が教える

1973　申庚林詩集『農舞』（농무 ノンム）創作と批評社

1974　詩人・金芝河（김지하 キム・ジハ）２度に渡る死刑判決。国際的な釈放運動起こる。1980年に釈放。韓国の反体制運動の象徴であったが、2012年の大統領選挙では朴正熙の長女、朴槿恵支持を表明するなど、とりわけ2000年代以降、政治的な立場が大きく変化している

1976　北京大学东语系朝鲜语专业・延边大学朝语系朝鲜语专业 会编『朝鲜语实用语法』北京：商务印书馆

1979　科学、百科事典出版社『조선문화어문법』（朝鮮文化語文法）

昭和 中華民国 中華人民共和国 朝鮮 朝鮮民主主義人民共和国 大韓民国

1945　在日朝鮮人の朝鮮語教育を〈国語講習所〉で8月より開始、各地に展開
1946　洪起文（홍기문）『正音発達史』
1946　東京朝鮮中学校設立
1947　-1957朝鮮語学会『큰사전』（大辞典）全6巻刊行
1948　済州島蜂起
1948　大韓民国樹立
1948　朝鮮民主主義人民共和国樹立
1948　尹東柱詩集『空と風と星と詩』（하늘과 바람과 별과 시）、正音社
1949　朝鮮語学会、ハングル学会と改称
1949　韓国語通訳案内士（ガイド）試験、運輸省（現、国土交通省）が実施
1949　朝鮮最初の眼科博士（名古屋帝国大学）・公炳禹（공병우 コン・ビョンウ）、初声字、中声字、終声字を打鍵する、実用的な最初のハングル・タイプライタ開発
1950　朝鮮戦争勃発
1950　詩人・鄭芝溶（정지용 チョン・ジヨン）死す
1950　日本、朝鮮学会設立
1952　韓国、国語国文学会設立
1953　休戦協定調印
1954　ホロドヴィッチ A. A. Холодович “Очерк грамматики корейского языка”（朝鮮語文法概論）
1956　科学百科事典総合出版社『조선어문』（朝鮮語文）創刊
1956　李承晩、大統領に三選
1956　東京に朝鮮大学校創立
1959　韓国、国語学会設立
1959　在日朝鮮人帰国事業、始まる
1960　四月革命
1960　宋枝学『朝鮮語小辞典』大学書林
1960　科学院言語文学研究所『조선어 문법』（朝鮮語文法）
1961　朴正煕、実権を握る
1961-1962　金禮坤「国語講座」月刊『新しい世代』朝鮮青年社。在日青年のための朝鮮語講座の連載。共和国などの文法論と奥田靖雄の文法論を取り入れた記述。同連載を改稿した単行本に金禮坤（2021）がある
1961-1962　科学院言語文化研究所辞典研究室『조선말사전』（朝鮮語辞典）
1961　李熙昇（이희승）『국어대사전』（国語大辞典）
1961　李基文（이기문）『國語史概説』

大正 / 昭和 | 中華民国 | 日帝時代

1922　金枓奉（김두봉）『깁더조선말본 精解朝鮮語文法』が刊行
1922　第2次朝鮮教育令。普通学校で日本語の時間の増加と朝鮮語の時間の減少
1925　奈良県の天理外国語学校に朝鮮語部設立、現在の天理大学まで教育を継承
1926　韓龍雲（한용운）詩集『愛しき人の沈黙』
1926　京城帝国大学創設
1927　新幹会結成
1927　京城放送局、ラジオ放送を開始
1927　東京外国語学校朝鮮語学科廃止
1928　洪命熹（홍명희）『朝鮮日報』に大河小説『林巨正』連載
1929　光州学生運動
1929　小倉進平『郷歌及び吏読の研究』
1931　朝鮮語研究会、朝鮮語学会と改称
1931　朴勝彬（박승빈）、朝鮮語学研究会を組織
1933　朝鮮語学会「ハングル綴字法統一案」
1934　震檀学会設立
1935　朴勝彬『朝鮮語學』
1936　『東亜日報』、日章旗抹消事件で停刊
1937　崔鉉培（최현배）『우리말본』（ウリマルボン）
1937　詩人・李箱（이상 イ・サン）、東京で客死
1937　「皇国臣民の誓詞」制定
1937　第3次朝鮮教育令。学校を「忠良ナル皇国臣民」育成の場と規定。朝鮮語は必須科目から除外
1938　金允経（김윤경）『朝鮮文字及語學史』
1938　文世栄（문세영）『朝鮮語辞典』
1939　ラムステッド“A Korean Grammar”（朝鮮語文法）
1940　創氏改名
1940　朝鮮語書籍の出版を禁止
1941　国民学校規程施行
1942　朝鮮語学会関連人士33名が治安維持法違反の名目により投獄＝朝鮮語学会事件
1942　梁柱東（양주동）『朝鮮古歌研究』
1943　第4次朝鮮教育令
1943, 44　朝鮮語学者・李允宰（이윤재）、韓澄（한징）獄死
1945　詩人・尹東柱（윤동주 ユン・ドンジュ）、福岡刑務所にて27歳で獄死
1945　河野六郎『朝鮮方言学試攷』
1945　植民地支配から解放

日本	中国	朝鮮	年	事項
明治	清	朝鮮	1884	甲申政変
			1884	『春香歌』の申在孝（신재효）没
			1885	『漢城周報』創刊
			1889	アンダーウッド Horace. G. Underwood『韓英文法』
			1894	甲午農民戦争 日清戦争 甲午改革始まる
			1895	王后閔氏殺害される 漢城に最初の小学校が設立
			1895	兪吉濬（유길준）国漢文混用体の『西遊見聞』
			1896	徐載弼（서재필）、尹致昊（윤치호）ら『獨立新聞』を創刊
			1896	独立協会結成
			1897	李鳳雲（리봉운）『國文正理』
		大韓帝国	1897	高宗、皇帝に即位し、国号を大韓に改める
			1904	日露戦争
			1906	兪吉濬（유길준）『朝鮮文典』
			1906	李人稙（이인직）『萬歳報』に新小説『血の涙』
			1908	周時経（주시경）『國語文典音學』
			1908	崔南善（최남선）「海より少年へ」近代詩の出発
			1909	前間恭作『韓語通』
			1909	安重根（안중근）、ハルビンで伊藤博文を射殺
			1910	周時経（주시경）『國語文法』
			1910	金沢庄三郎『日韓両国語同系論』
			1910	「韓国併合に関する条約」締結
		日帝時代	1910	朝鮮総督府設置
			1911	第1次朝鮮教育令。「教育勅語」に基づき「忠良ナル国民」の養成を掲げる
			1911	私立学校規則公布、多くの私立学校が廃校に
大正	中華民国		1917	李光洙（이광수）『無情』本格的近代小説
			1919	金東仁（김동인）、朱耀翰（주요한）ら最初の純文学同人誌『創造』
			1919	三・一運動起こる
			1919	上海で大韓民国臨時政府樹立
			1920	『朝鮮日報』創刊
			1920	『東亞日報』創刊
			1920	小倉進平『朝鮮語学史』
			1920	朝鮮総督府『朝鮮語辞典』
			1921	周時経の弟子ら、朝鮮語研究会を結成
			1921	金億（김억）、翻訳詩集『懊悩の舞踏』

江戸　清　朝鮮

17世紀後半　〈宮体〉現れる
1670　中国語学習書の諺解『老乞大諺解』
1676　康遇聖（강우성）、司訳院の日本語学習書『捷解新語』
1690　中国語の発音と意味をハングルで示した分類語彙集『譯語類解』
1692　金万重（김만중）、ハングル小説『九雲夢』『謝氏南征記』
18世紀初頭成立、末に刊行？　洪舜明（홍순명）、分類体の日朝辞書『倭語類解』
1728　金天澤（김천택）、時調集『青丘永言』編纂
1729　雨森芳洲の朝鮮語学習書『全一道人』稿本成立
1750　申景濬（신경준）『訓民正音韻解』完成
18世紀以降、パンソリ系小説盛行
1765　崔厚澤（최후택）満州語学習書『清語老乞大』
1772　『十九史略諺解』明の余進「十九史略通攷」の諺解
1776　正祖、即位、奎章閣を設置
1777　満州語学習書『八歳児』満州文字にハングルで発音と意味を示す
1778　洪命福（홍명복）ら対訳語彙集『方言集釋（類釋）』編纂
1790　崔麒齢（최기령）、日本語学習書『隣語大方』刊行
1790　蒙古語学習書『蒙語老乞大』モンゴル文字にハングルで発音と意味を示す
18世紀後半〈宮体〉ルネサンス期
1819　実学者・丁若鏞（정약용）『雅言覚非』
1824　実学者・柳僖（유희）、訓民正音論『諺文志』
1852　『太上感応篇圖説諺解』道教的な内容を諺解
1861　実学者、地理学者・金正浩（김정호）、朝鮮全土の地図『大東輿地圖』
1863　高宗が即位、大院君の執政始まる

明治

1873　大院君政権が倒れ、閔氏政権が成立
1874　プツィロ M. Пуцилло “Опыть русско-корейского словаря”（露朝辞典試案）
1875　江華島事件
1876　日朝修好条規締結
1876　朴孝寛（박효관）・安玟英（안민영）、歌曲集『歌曲源流』編纂
1879　アストン William. G. Aston “A Comparative Study of the Japanese and Korean Languages”（日本語と朝鮮語の比較研究）
1872　対馬厳原に外務省管轄の韓語学所
1880　東京外国語学校に朝鮮語学科を置く

室町　安土桃山　江戸
明　清
朝鮮

1346　高麗時代の『舊譯仁王經』文殊寺如来像に胎蔵
1392　李成桂（이성계）、高麗を滅ぼす
1393　国号を朝鮮とする
1394　都を漢陽（漢城）に移す
1403　鋳字所設置、金属活字を大量に鋳造
1417　重刊本『郷薬救急方』高麗語の薬名が借字表記
1418　世宗即位
1420　世宗、集賢殿を設立する
1420　宋希璟（송희경）、回礼使として日本へ、後に『老松堂日本行録』
1443　〈訓民正音〉が作られる
1446　『訓民正音』が公にされる
1447　『釋譜詳節』『月印千江之曲』『龍飛御天歌』
1450　世宗没す
1451-1459?　『訓民正音諺解本』
1456　成三問（성삼문）ら没す
1459　『月印釋譜』
1461　世祖、刊経都監を設置、仏典の飜訳刊行を企図
1461　『楞嚴經諺解』
1464　上院寺重創勧善文・御牒、最古のハングル筆写本
1469　『經國大典』成立
1471　申叔舟（신숙주）『海東諸國紀』
1481　『分類杜工部詩諺解』杜甫の詩の諺解
1490　民衆の教化書『刪定諺解三綱行實圖』
1492　司訳院の日本語学習書『伊呂波』
1504　燕山君、甲子士禍
1517　申叔舟（신숙주）の「四声通攷」を崔世珍（최세진）が補完した韻書『四声通解』
1527　崔世珍（최세진）『訓蒙字會』
1559　林巨正の乱
1565　李退渓（이퇴계）『陶山十二曲』
1575　『（光州）千字文』
1578　李栗谷（이율곡）『高山九曲歌』
1583　『石峰千字文』
1588　『小学諺解』校正庁より刊行
1592　壬辰倭乱（文禄の役）
1597　丁酉再乱（慶長の役）
1607　回答兼刷還使を日本に派遣、江戸時代の通信使始まる
1618　許筠（허균）ハングルによる小説『洪吉童傳』
17世紀前半？　『陰徳記』「高麗詞之事」

ハングル略年譜

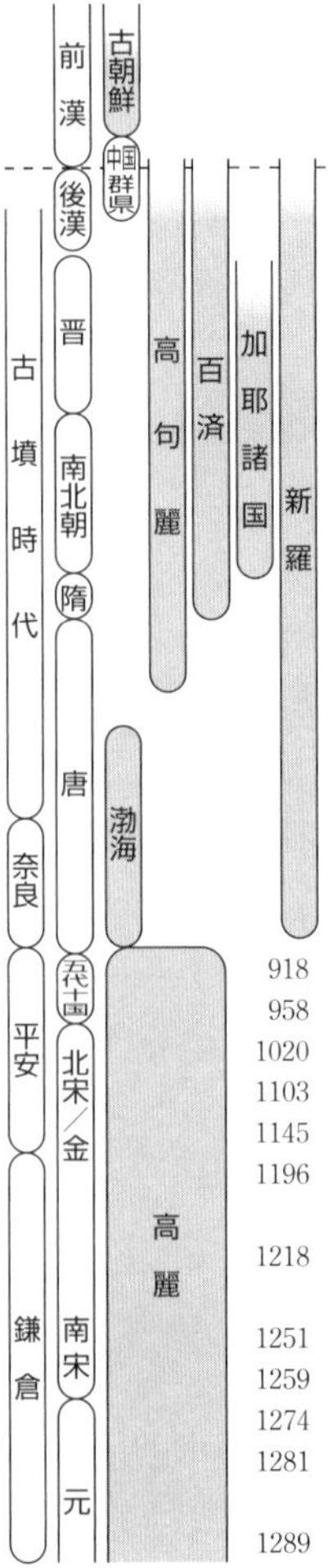

195頃　衛氏朝鮮成立
108　漢、衛氏朝鮮を滅ぼし、楽浪郡などを置く
B.C
A.D
85　楽浪近隣に漢字の隷書80字よりなる秥蟬県碑
313　高句麗、楽浪・帯方郡を滅ぼす
372　高句麗に仏教伝来。国立大学たる「太学」設置
372頃　百済、倭に七支刀を贈る
414　高句麗、広開土王碑
446? / 556?　高句麗城壁刻書。吏読文
524　新羅の法興王、蔚珍鳳坪碑を建てる。吏読文
538　百済、都を泗沘城（扶余）に移す
552? / 612?　新羅、壬申誓記石。誓記体の吏読文
611　隋の煬帝、以後３度にわたって高句麗に侵攻
663　新羅・唐軍、百済復興軍と倭を白村江で破る
668　新羅、唐軍と連合して高句麗を滅ぼす
676　新羅、唐を排除、朝鮮半島統一
698　大祚栄（대조영）、震国を建てる
７世紀後半、薛聡（설총）活躍
712　『古事記』
713　震国、渤海と号す
720　『日本書紀』
918　王建（왕건）、高麗を建国
958　高麗、科挙制度始まる
1020　この頃、『高麗大蔵經』彫板始まる
1103　宋の孫穆『鶏林類事』高麗語350語ほどが漢字表記
1145　金富軾（김부식）、正史『三國史記』50巻を撰述
1196　武臣の崔忠献（최충헌）、政変を起こす
（崔氏政権の成立）
1218　モンゴルが侵入
鎌倉時代、『二中暦』「高麗語」などの記述
1251　『大蔵經』復元成る
1259　モンゴルに降伏
1274　元、日本に第１次の遠征（文永の役）
1281　元、日本に第２次の遠征（弘安の役）
1280年代、一然（일연）『三國遺事』撰述
1289　安珦（안향）『朱子全書』を将来、朱子学を導入

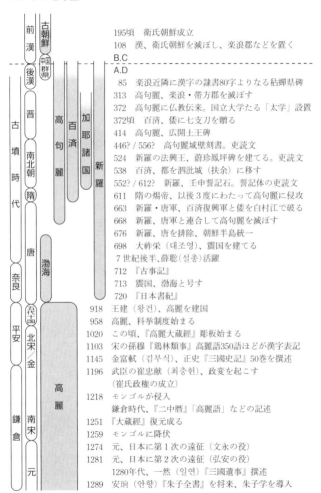

Martin, Samuel. E. (1951) Korean Phonemics, *Language*, vol. 27, no.4, Baltimore: Linguistic Society of America

Martin, Samuel. E. (1954) *Korean Morphophonemics*, Baltimore: Linguistic Society of America

Martin, Samuel. E. (1992) *A Reference Grammar of Korean*, Rutland, Vermont & Tokyo: Charles E. Tuttle Company

Ministry of Culture and Information, Republic of Korea (ed.) (1970) *A History of Korean Alphabet and Movable Types*, Seoul: Ministry of Culture and Information

Moseley, Christopher（ed.）（2010）*Atlas of the World's Languages in Danger*, 3rd edition, Paris: UNESCO Publishing

Noma, Hideki (2005a) When Words Form Sentences; Linguistic Field Theory: From Morphology through Morpho-Syntax to Supra-Morpho-Syntax. *Corpus-Based Approaches to Sentence Structures*. Usage-Based Linguistic Informatics 2. Edited by Toshihiro Takagaki et al. Amsterdam & Philadelphia: John Benjamins

Noma, Hideki (2005b) Korean, *Encyclopedia of Linguistics*, Volume 1, Philipp Strazny (ed.), New York: Fitzroy Dearborn; London: Routledge

Pulleyblank, Edwin G. (1995) *Outline of Classical Chinese Grammar*, The University of British Columbia

Ramsey, S. Robert（1987;1989）*The Languages of China*, Princeton: Princeton University Press

Ramstedt, G. J. (1939) *A Korean Grammar*. (= MSFOu 82). Helsinki: Suomalais- Ugrilaisen Seura

Rogers, Henry (2005) *Writing Systems: A Linguistic Approach*, Oxford: Blackwell Publishing

Sampson, Geoffrey (1985) *Writing Systems: A Linguistic Introduction*, Stanford: Stanford University Press

Sohn, Ho-min (1994) *Korean*, London & New York: Routledge

Umeda, Hiroyuki (1957) The Phonemic System of Modern Korean.『言語研究』第32号, 日本言語学会

Vachek, Josef (1973) *Written Language: General Problems and Problems of English*, The Hague & Paris: Mouton

Vachek, Josef (1989) *Written Language Revisited*, Philip A. Luelsdorff (ed.), Amsterdam & Philadelphia: John Benjamins

Трубецкой,Н. С. (1987) *Избранные труды по филологии*, Москва: Прогресс

*

Холодович, А. А. (1954) *Очерк грамматики корейского языка*, Москва: Издательство литературы на иностранных языках

●その他の言語で書かれた文献
北京大学东语系朝鲜语专业・延边大学朝语系朝鲜语专业 会编（1976）《朝鲜语实用语法》北京：商务印书馆
宣德五・金祥元・赵习 编著（1985）《朝鲜语简志》北京：民族出版社
王力（1984）《中國語言學史》香港：中國圖書刊行社
遠藤光暁・嚴翼相 編（2008）《韓漢語言研究》首爾：學古房
Brown, Lucien & Jaehoon Yeon（eds.）（2015;2019）*The Handbook of Korean Linguistics*, Chichester: Wiley Blackwell
Chang, Suk-Jin (1996) *Korean*, Amsterdam, Philadelphia: John Benjamins Publishing Company
Cho, Sungdai & John Whitman（2019）*Korean: A Linguistic Introduction*, Cambridge and New York: Cambridge University Press
Coulmas, Florian (1989) *The Writing Systems of the World*, Oxford: Basil Blackwell
Coulmas, Florian (2003) *Writing Systems: An Introduction to their Linguistic Analysis*, Cambridge: Cambridge University Press
Daniels, Peter T., William Bright (eds.) (1996) *The World's Writing Systems*, New York: Oxford University Press
DeFrancis John (1989) *Visible Speech: The Diverse Oneness of Writing Systems,* Honolulu: University of Hawaii Press
Gelb, I. J. (1963) *A Study of Writing*, Chicago: University of Chicago Press
Harris, Roy（2002）*Rethinking Writing*, London: Continuum
Jakobson, Roman（1990）*On Language*, Linda R. Waugh & Monique Monville-Burston（eds.）, Cambridge: Harvard University Press
Kim, Nam-Kil (1992) Korean, *International Encyclopedia of Linguistics*, Volume 2, (ed.) William Bright, New York & Oxford: Oxford University Press
Kim-Renaud, Young-Key (ed.) (1997) *The Korean Alphabet: Its History and Structure*, Honolulu: University of Hawaii Press
King, J.R.P. (1987) An Introduction to Soviet Korean, *Language Research*, Vol. 23, No. 2, Seoul: Language Research Institute, Seoul National University
King, Ross (1996) Korean Writing, In: Daniels, Peter T., William Bright (eds.) (1996)
King, Ross（2021）Editor's Preface: *Vernacular Reading in the Sinographic Cosmopolis and Beyond, Literary Sinitic and East Asia*: A Cultural Sphere of Vernacular Reading, by Kin Bunkyō, edited by Ross King, Leiden: Brill
Ledyard, Gari Keith (1966) *The Korean Language Reform of 1446: The Origin, Background, and Early History of the Korean Alphabet*, Ph.D. Dissertation, University of California, Berkeley
Lee, Hansol H. B. (1989) *Korean Grammar*, Oxford: Oxford University Press
Lee, Ki-moon (1977) *Geschichte der koreanischen Sprache*, (hrsg.von) Bruno Lewin, Wiesbaden: Dr. Ludwig Reichert Verlag
Lee, Ki-moon & S. Robert Ramsey（2011）*A History of the Korean Language,* Cambridge and New York: Cambridge University Press